TEORIA DA NORMA JURÍDICA: INTERPRETAÇÃO CONCRETIZADORA E AS RELAÇÕES TRIBUTÁRIAS

CIP-BRASIL. CATALOGAÇÃO NA PUBLICAÇÃO
SINDICATO NACIONAL DOS EDITORES DE LIVROS, RJ

M548t

Messias, Adriano Luiz Batista
Teoria da norma jurídica : interpretação concretizadora e as relações tributárias/Adriano Luiz Batista Messias. - 1. ed. - São Paulo : Noeses, 2020.

348 p. ; 23 cm.
Inclui bibliografia
ISBN 978-65-990513-8-8

1. Direito tributário - 2. Direito tributário - Interpretação e construção - Brasil. 3. Incidência de impostos - Brasil. I. Título.

20-67329 CDU: 34:351.71(81)

Meri Gleice Rodrigues de Souza - Bibliotecária - CRB-7/6439

Adriano Luiz Batista Messias

Doutorando e Mestre em Direito Tributário pela PUC/SP. Especialista em Direito Tributário pela COGEAE-PUC/SP. Professor de Especialização em Direito Tributário da COGEAE-PUC/SP. Professor assistente do Mestrado da PUC/SP. Professor assistente do Mestrado e orientador de monografias do IBET – Instituto Brasileiro de Estudos Tributários. Professor de graduação em Direito da Anhanguera Educacional. Membro do Grupo de Estudos do Professor Paulo de Barros Carvalho e do IBET Florianópolis, SC.

TEORIA DA NORMA JURÍDICA: INTERPRETAÇÃO CONCRETIZADORA E AS RELAÇÕES TRIBUTÁRIAS

2020

editora e livraria
NOESES

Fundador e Editor-chefe: Paulo de Barros Carvalho
Gerente de Produção Editorial: Rosangela Santos
Arte e Diagramação: Renato Castro
Revisão: Georgia Evelyn Franco
Designer de Capa: Aliá3 - Marcos Duarte

2020

editora e livraria
NOESES

Editora Noeses Ltda.
Tel/fax: 55 11 3666 6055
www.editoranoeses.com.br

Ao Professor Paulo de Barros Carvalho.

AGRADECIMENTOS

Agradeço a Deus.

Ao meu filho, Arthur Messias, de quem o sopro de vida faz bater esperançoso meu coração, demonstrando-me a dimensão do amor incondicional. À minha esposa, Suelen Resende Cardoso Messias, por compreender os longos períodos de privação do convívio familiar.

À minha mãe, Maria Aparecida Batista Messias (*in memoriam*), ao meu pai, Geremias Messias, à minha avó Maria de Jesus Batista (*in memoriam*), ao meu tio, Martinho Altran, à minha tia, Dirce Batista Altran, e ao meu irmão Eduardo Batista Messias, pelo apoio sempre presente, pelos conselhos e pelas balizas que me orientam em todos os caminhos.

Ao amigo Cesar Antunes Martins Paes, pela paciência em ouvir minhas epifanias, e por ajudar a compreendê-las através de intensos debates.

À minha orientadora do Mestrado e Doutorado, Fabiana Del Padre Tomé, a quem devo todo o progresso na vida acadêmica, e à Íris Vânia Santos Rosa, que me honra ao partilhar novas formas de pensar.

Aos amigos, amigas e colegas que a vida acadêmica e profissional me presenteou, cujo rol não é taxativo, em especial Ana Luiza Vieira Santos, Bruce Bastos Martins, Cecilia Priscila de Souza, Celia Maria de Souza Murphy, Charles William

McNaughton, Clarice von Oertzen de Araujo, Clobson Fernandes, Cristiane Pires, Daniela de Andrade Braghetta, Diógenes Teófilo de Jesus, Jacqueline Mayer da Costa Ude Braz, Jade Thomaz Veloso, José Eduardo de Paula Saran, Josiane Minardi, Leonardo Lucci, Lucas Galvão de Britto, Mauren Gomes Bragança Retto, Marília Bezzan Rodrigues Alves, Michele Cervo Toldo, Neiva Aparecida Baylon, Nicholas Guedes Coppi, Paulo Bassil Hanna Nejm, Pedro Felipe de Oliveira Rocha, Rafael Batista Altran, Rayane Dornelas Sukar, Renata Altran Ikeda, Robson Maia Lins, Rodrigo Henrique Crichi, Sávio Salomão, Sílvia Regina Zomer, Tácio Lacerda Gama, Talita Pimenta Félix, Tatiana Dratovsky Sister, Thiago Santos da Silva, Yrlanna Borges de Carvalho Simionatto e tantos outros com quem pude partilhar ideias e teses sobre o Direito.

Ao Professor Paulo de Barros Carvalho, a quem devo meus agradecimentos pela alteração da minha visão de mundo em razão das suas profundas observações sobre o Direito, pela paciência de esclarecer minhas dúvidas, por me acolher em seu Grupo de Estudos e pela oportunidade de inserir-me no mundo acadêmico. A ele dedico esta obra.

PREFÁCIO

Foi com enorme prazer que recebi a solicitação para dizer algumas palavras sobre o texto de Adriano Luiz Batista Messias, acerca de sua dissertação de mestrado – *Teoria da Norma Jurídica:* Interpretação concretizadora e as relações tributárias.

O título escolhido pelo Autor já é, por si só, instigante, sugerindo reflexões nos planos da Linguística e, sobretudo, no domínio da Teoria do Direito, no qual opera com o Constructivismo Lógico-Semântico e suas categorias fundamentais. Proporciona, com isso, uma visão grandiosa do fenômeno jurídico, abrindo espaço para cogitações insinuantes que, projetadas no campo da experiência, certamente trarão resultados auspiciosos.

Estou convencido de que o aprofundamento do saber requer, de modo inafastável, incursões constantes e incisivas aos horizontes da Filosofia e da Teoria do Direito. Para além disso, os avanços da Teoria Comunicacional, com as conquistas obtidas no terreno das matérias adjacentes à Linguística e, particularmente, à Neurociência, favoreceram sobremaneira os progressos da Ciência do Direito em sentido estrito, permitindo movimentações intelectuais que os prognósticos mais otimistas estiveram longe de supor. Bem certo que as especulações cognoscitivas sobre o fenômeno jurídico ganharam em teor de complexidade e as pesquisas foram levantando dificuldades imensas no caminho do conhecimento. Mas, que fazer? Tais problemas são inerentes à "pós-modernidade" e dizem respeito a todos os setores do intermundo social que atravessamos.

O livro de Adriano transita de ideia para ideia, mediante associações, relações e categorias, que se unificam pela presença de um propósito maior, de cunho filosófico e, portanto, de metalinguagem superior. Ao mesmo tempo, sua retórica é suave; não precisando forçar a argumentação para atingir o encantamento e incitamento necessários para seduzir o interlocutor. O expediente deixa seu estilo também mais leve e acessível àquele que se dispõe a compreendê-lo, procurando absorver sua mensagem.

Aquilo que marca, porém, de maneira mais acentuada a evolução e a qualidade do trabalho é a presença do método. A todo o momento, deparamo-nos com a coesão e a consistência dos argumentos, preenchendo os espaços porventura livres, a ponto de propiciar a sequência dos raciocínios, evitando, com isso, os vazios semânticos tão comuns em obras sobre o Direito Tributário. Aliás, esse ramo do Direito que acabo de mencionar tem contribuído, em larga escala, para o desenvolvimento da Teoria Geral, assim como já o fizeram o Direito Civil, Penal, Administrativo e Processual. E o título desta obra ou um de seus paratextos confirma a procedência dessa informação: "Teoria da Norma Jurídica".

Estão de parabéns a Pontifícia Universidade Católica de São Paulo e a Editora e Livraria Noeses, responsáveis pela produção material deste livro, a orientadora do trabalho e, sobretudo, o Dr. Adriano Luiz Batista Messias que tão bem elaborou seu conteúdo.

Congratulo-me também com todos aqueles que se dispuserem a percorrer este escrito que enriquece e enobrece o Direito Tributário e, mais do que isso, amplia os horizontes da já respeitada experiência jurídica brasileira.

São Paulo, 06 de novembro de 2020.

Paulo de Barros Carvalho

Emérito e Titular da PUC/SP e da USP.
Membro Titular da Cadeira nº14 da Academia Brasileira de Filosofia.

SUMÁRIO

1. INTRODUÇÃO

A construção normativa consubstancia-se num processo dialeticamente complexo, condicionada por (e condicionante de) vários fatores, dentre estes, a experiência do indivíduo, formada pelas situações vivenciadas em sua existência, conformadas em sua essência.

A hipótese do presente trabalho circunscreve-se ao Direito Tributário, especificamente à construção da norma jurídica tributária, por meio do percurso gerador de sentido, além da necessidade de interpretação concretizadora para implicação das relações tributárias. Ainda, como as decisões judiciais interferem no processo de positivação do Direito Tributário. Isola-se, portanto, dos acontecimentos no mundo social, um setor que opera especificamente com proposições jurídicas voltadas à regulação das condutas intersubjetivas que desencadeiam nas construções de relações jurídico-tributárias.

Adota-se como axioma que toda interpretação é *concretizadora*, no sentido de adjudicação de sentido, que chega ao final de uma cadeia de positivação. O que se pretende estabelecer é o limite em que o *dever-ser* atua com a finalidade de regular as condutas tributárias no plano do *ser*.

Para tanto, necessário imiscuir-se na forma de síntese do dever-ser, e na implantação de valores sociais em determinado contexto histórico, dado que o termo *concretização* é semanticamente e pragmaticamente depreciado, em razão das diversas acepções decorrentes da linha epistemológica adotada. Opta-se, portanto, pelo Constructivismo Lógico-Semântico como método para aferir a dimensão específica do que se entende por concretização. Serão considerados, porque necessários, os diferentes níveis de interpretação que conduzem às camadas da Filosofia e da Teoria Geral, daqueles que levam a apreciações de cunho científico e meramente técnico, já que as linguagens cumprem, no âmbito da comunicação, papéis específicos.

Em atitude zetética, voltada à resolução dos problemas teóricos, cuja perquirição busca verificar as premissas adotadas, impor-se-á metodologicamente que o presente estudo será adstrito ao ordenamento vigente, sem excluir a realidade social que nos circunda, propondo exatidão aos termos vagos e resolvendo incoerências em relação à norma jurídica tributária, em atitude dogmática, aqui tomada como Ciência do Direito em sentido estrito.

Tomado o mundo como um fenômeno comunicacional, não se refuta que o ato cognoscente é depurado dos elementos decisório e axiológico, numa ascese temporária voltada ao contato com seus objetos. Daí a necessidade de fixação de conceitos que dão firmeza às iniciativas comunicacionais: a percepção do mundo é guiada pela compreensão do universo da linguagem.

Os juristas que assumem a teoria comunicacional fazem esforço de análise para domínio das articulações lógicas presentes no direito positivo, sem deixar de voltar seus pensamentos à linguagem dos fatos que estão no "mundo da vida", identificando a estrutura dual da proposição normativa, consolidando, assim, a relação jurídica prescrita em seu consequente.

Como aos objetos culturais pressupõe-se contato por meio do método empírico-dialético, o esforço para sua compreensão demanda a consideração de cortes necessários, expedientes complexos em linguagem artificialmente construída, pois o real é uno e irrepetível, infinito em seus aspectos. Entretanto, a busca por dar sentido científico ao mundo é isenta de neutralidade, pois o ser humano não pode ficar impassível diante do objeto que se encontra no mesmo espaço circunstancial. Sempre haverá comprometimento com o objeto, ainda que mínimo: a neutralidade absoluta é inatingível, ainda que cientificamente busca-se sua tendência.

Considerações desse jaez permitem dizer que o direito posto, um contínuo de normas, possui heterogeneidade de conteúdo voltado à pretensão de regular as condutas intersubjetivas no contexto social. Entretanto, o plano da conduta não advém com a palavra do legislador, mas demanda ato de vontade do receptor da mensagem, pois, ainda que eivada de característica coativa, não toca materialmente os eventos regulados, mas esse elemento de intersecção entre a linguagem jurídica e a linguagem da realidade garante, contudo, a concretude das relações jurídicas.

Isso não quer dizer que tomamos uma atitude voltada ao consequencialismo. A pragmática, embora relevante à implicação normativa, não constitui isoladamente solução para o enquadramento da norma jurídica, pois se limita à descrição daquilo que se encontra posto nos diplomas normativos, reduzindo, destarte, a doutrina jurídica a uma doutrina puramente pragmática, que não investiga as razões escusas dos textos normativos.

Entretanto, a compreensão dos enunciados jurídicos somente se torna possível no momento da tomada da decisão normativa aplicadora, onde serão postas as circunstâncias fáticas específicas ao caso concreto. A construção de juízos normativos não é previamente determinada pelo ordenamento, o que levaria a uma interpretação estática e incompleta à dimensão do sentido. Como a afirmativa, requisito de um trabalho científico, é falseável, será demonstrado que a compreensão do conteúdo da norma jurídica não se desconecta da intelecção do intérprete e do problema concreto a ser resolvido, em correlação com a realidade a ser ordenada, considerando que o direito tem como finalidade regular a conduta humana. A emissão de decisões normativas deve ser adequada às peculiaridades da situação concreta, tendo como elemento de conexão as necessidades pragmáticas. Necessário, portanto, desenvolver maior consciência acerca da concretização da interpretação da norma jurídica para implementar segurança jurídica às relações jurídico-tributárias.

Assim, a presente obra irá se imiscuir na interpretação da norma jurídica e no correlato percurso de construção de sentido, como também nas edificações linguísticas dos fatos que ensejam imposições tributárias, por meio dos desdobramentos da assunção da linguagem das provas como meio para constituição daquilo que, recortado da realidade social, é juridicamente relevante e apto a implicar as consequentes relações jurídicas. Neste aspecto, toma como expediente instrumental a Teoria das Provas para incorporar os eventos ao mundo jurídico, exsurgindo fatos jurídicos tributários, que viabilizam a investigação da existência ou ocorrência das situações componentes da norma individual e concreta.

Trata, ainda, da aplicação, interpretação e integração da legislação tributária no Código Tributário Nacional, e como a concretização atua como elemento de adequação do fato à hipótese normativa, implicando a relação jurídica tributária prescrita no consequente normativo. Tais considerações levam a necessárias lucubrações acerca da interferência das decisões judiciais no processo de positivação no Direito Tributário, e da necessidade da interpretação concretizadora da norma jurídica para a efetividade da regulação de condutas prescritas nas relações jurídico-tributárias.

Ressalte-se, por fim, que a atividade do exegeta é guiada cientificamente, porém jamais substituída pela própria ciência, pois esta traça as diretrizes que condicionam o esforço e metodizam as lucubrações sem, contudo, dispensar o coeficiente pessoal, o valor subjetivo. Partilha a Hermenêutica, assim, da sorte da linguagem.

2. DIREITO, LÓGICA E LINGUAGEM

2.1 Lógica, Linguagem e Conhecimento

A Gnosiologia, ou Teoria Geral do Conhecimento, volta-se a uma reflexão sobre os limites, a origem e a natureza do ato cognitivo. Trata-se, em geral, de técnica para aferir um objeto qualquer. Como procedimento de aferição, qualquer operação cognitiva visa a um objeto e tende a instaurar com ele uma relação da qual venha a emergir uma característica efetiva deste.

A Epistemologia é termo mais restrito que Teoria Geral do Conhecimento ou Gnosiologia, pois seu foco temático não é o simples conhecimento, mas o saber qualificado como científico.

O conhecimento consubstancia-se na forma da consciência humana por meio do qual o homem atribui significado ao mundo, representando-o intelectualmente. A consciência, assim, consiste na função em que o homem trava contato com suas vivências interiores e exteriores, relativamente a algo, cuja apreensão se dará mediante certa forma, produzida por determinado ato.

Neste sentido, diferenciam-se: (i) o ato de consciência (conhecer, ou *noeses*), tais como perceber, lembrar, imaginar etc.; (ii) o resultado deste ato, ou seja, sua forma (conhecimento), que consiste na percepção, lembrança, imaginação etc.; e (iii) seu conteúdo, que é o objeto do conhecimento (*noema*) captado pela consciência e articulável no intelecto, como, por exemplo, o percebido, o lembrado e o imaginado.[1]

O ato de conhecer, portanto, consubstancia-se na tentativa de satisfação do espírito humano em estabelecer uma ordem lógica para o mundo, tanto exterior como interior, tornando-o inteligível, ou seja, posto numa ordem lógica passível de articulação intelectual, que chamamos de racionalidade.

Em sentido amplo, toda forma de consciência que aprisiona um objeto intelectualmente como seu conteúdo é conhecimento. Em sentido estrito, por sua vez, o conhecimento se dará quando seu conteúdo aparecer numa de suas modalidades, como na forma de juízo de valor, submetido a critérios de confirmação ou infirmação, onde serão atribuídas características a estes objetos e as propriedades que lhes definem.

Isso não quer dizer, contudo, que os objetos serão ontologicamente considerados. Parte-se da premissa de que as manifestações cognoscíveis são limitadas à consideração dos objetos como fenômenos. Ainda que se pretenda a suspensão de juízos, a contemplação desinteressada não nega a existência do objeto, como alude a *epokhé* (εποχη) fenomenológica de Husserl.[2] Entretanto, a atitude dogmática demanda emissão de juízos e, em relação aos objetos culturais, a implantação de valores.

A partir da intuição, ou seja, sensação direcionada e incerta de existência acerca de determinado objeto, nasce o conhecimento. A intuição não consiste em uma linha de pensamento ordenado, pois as impressões absorvidas pelo cérebro são realizadas por instinto natural e inicial do ser humano em assimilar tudo que está ao seu redor.

Conhecer consiste na representação perante um objeto, cujo processo cognitivo está fundado na representação,

---

1. HUSSERL, Edmund. *Investigações filosóficas* – sexta investigação. Elementos de uma elucidação fenomenológica do conhecimento. São Paulo: Nova Cultural, 2005, *passim*.

2. HUSSERL, Edmund. *Ideias para uma fenomenologia pura e para uma filosofia fenomenológica*. São Paulo: Ideias & Letras, 2006, *passim*.

no objeto representado e no sujeito que representa referido objeto.[3]

Neste aspecto, vale ressaltar algumas lições acerca da Psicologia Cognitiva e da Neurociência exploradas a partir do modo pelo qual as informações são obtidas e filtradas pelo cérebro e novamente exteriorizadas, como bem analisou Daniel Kahneman,[4] que buscou compreender os erros sistemáticos durante a tomada de decisão a partir de dois sistemas de julgamento e escolha, denominados Sistema I e Sistema II. Tal epistemologia é imprescindível ao presente trabalho.

O Sistema I é aquele que opera automática e rapidamente, tomando a maior parte das decisões, sob o influxo de impulsos e propensões, forma de maior controle voluntário. O Sistema II, por sua vez, diz respeito àquelas áreas do cérebro responsáveis pelo esforço de calcular, pela concentração, pelo monitoramento, pelo poder de veto e pelo controle das sugestões formuladas pelo Sistema I.

O Sistema I abusa de atalhos heurísticos[5] e simplifica demais, especialmente ao substituir questões difíceis por fáceis, além de inventar causas e produzir memórias fantasiosas, isto é, predisposto à confirmação tendenciosa das crenças iniciais, sem o exercício de lógica, do planejamento e da avaliação para refutar as inclinações preliminares. O Sistema II, conquanto responda uma análise mais detalhada e de atenção regulatória, com desafortunada assiduidade, revela-se preguiçoso e acolhedor à lei do menor esforço, sujeitando-se, não raro, aos pré-julgamentos

---

3. ALVES, Alaôr Caffé. *Lógica* – Pensamento formal e argumentação: elementos para o discurso jurídico. São Paulo: Edipro, 2000, p. 27.

4. KAHNEMAN, Daniel. *Rápido e devagar:* duas formas de pensar. Tradução de Cássio de Arantes Leite. Rio de Janeiro: Objetiva, 2012, *passim*.

5. Segundo Daniel Kahneman, atalhos heurísticos são atalhos mentais cuja escolha é a que dá menos trabalho. Heurística constitui que uma resposta para uma questão difícil é simplesmente substituída por uma questão mais compreensível. Porém esse método de substituição esconde erros que influenciarão diretamente na resolução do problema. (KAHNEMAN, Daniel. *Rápido e devagar:* duas formas de pensar. Tradução de Cássio de Arantes Leite. Rio de Janeiro: Objetiva, 2012, p. 123).

concebidos e gerados no Sistema I, fazendo surgir o que a psicologia cognitiva denomina de vieses cognitivos ou distorções cognitivas, consubstanciados em raciocínios tendenciosos.

Acerca deste problema, merece atenção Juarez Freitas,[6] para quem a interpretação jurídica, empreendida com plena consciência dos vieses, demanda uma hermenêutica reorientada cientificamente pela capacidade de reflexão sobre o automatismo do cérebro, onde a interpretação sólida, sustentável e balanceada somente se dará pelo redirecionamento das rotinas de pensamento. Esta etapa se dará na racionalização.

Após a racionalização, isto é, processo mediante o qual o conhecimento é legitimado, aceito como verdadeiro, o intelecto justifica e legitima a intuição e as correlatas proposições construídas. Trata-se da organização das ideias, em que são firmadas as condutas e atitudes conscientes, num pensamento ordenado. O ato de conhecer pressupõe uma redução de complexidades, tendo o conhecimento como seu produto, expresso em sinais captados pelos sentidos humanos através da linguagem.

Lourival Vilanova[7] destaca os componentes do conhecimento, que são inseparáveis, entretanto discerníveis: "a) o sujeito cognoscente; b) os atos de percepção e de julgar; c) o objeto do conhecimento (coisa, propriedade, situação objetiva); d) a proposição (onde diversas relações de conceito formam estruturas)".

Adverte-se que a racionalidade jamais atingirá a completude de suas afirmações, uma vez que na proposta de conhecimento integral abrangerá inclusive certezas em relação ao futuro, com a possibilidade de antecipar as consequências de determinado fato. Tal pensamento é ilusório, pois o ser cognoscente não tem a capacidade de prever o futuro e, ainda que tal possibilidade fosse plausível, seu conteúdo se apresentaria fragmentado, envolto em hipóteses conhecidas e ocultando as incertezas.

6. FREITAS, Juarez. Hermenêutica jurídica e desvios cognitivos. *In: Revista de Direitos e Garantias Fundamentais*, n. 13. Vitória, jan.-jun. 2013, pp. 277-308.

7. VILANOVA, Lourival. *As estruturas lógicas e o sistema do direito positivo.* São Paulo: Noeses, 2005, p. 1.

O conhecimento, cuja construção se dará através de proposições e relacionados a juízos, não existe sem linguagem. Assim, através da linguagem e de seus limites é que o homem constrói a sua realidade. O conhecimento está limitado à capacidade de formular proposições sobre determinado objeto, ou seja, fixam-se as significações conceituais e se comunica o conhecimento. É neste sentido que Ludwig Wittgenstein[8] doutrina: "os limites da minha linguagem significam o limite do meu mundo". A realidade do indivíduo é representada pela subjetividade do conteúdo dos objetos captada no ato de conhecimento, ou seja, como tal objeto se apresenta como elemento integrante do mundo da consciência, havendo uma relação dialética entre o sujeito e o objeto.

Cabe aqui uma advertência quanto à proposição de Ludwig Wittgenstein: logicamente, o conectivo negador somente existe a partir de uma proposição base, ou seja, o recorte metodológico do suporte fáctico consiste em delimitar aquilo que não se quer conhecer para delimitar aquilo que se quer, isolando o objeto e reduzindo complexidades, compondo algo homogêneo a partir daquilo que é heterogêneo. Ainda segundo Ludwig Wittgenstein, aquilo que não tem como se representar linguisticamente não existe, mas isso nos conduziria à conclusão de que não haveria como delimitar o horizonte cultural, pois a utilização do conectivo negador à proposição base, para delimitação do objeto, já faria parte da linguagem e, portanto, do mundo, conduzindo a uma expansão infinita da espiral hermenêutica.

Mas aquele que toma contato com o objeto estabelece limites provisórios, tendo em vista que o ser humano é carente, e a necessidade de cindir o objeto existe desde o início.[9] O homem necessita da linguagem, e é através dela que constitui os objetos do mundo, não havendo problema insolúvel:

---

8. WITTGENSTEIN, Ludwig. *Tractatus logico-philosophicus*. São Paulo: Edusp, 2001, p. 111.

9. MIRANDA, Francisco Cavalcanti Pontes de. *O problema fundamental do conhecimento*. Porto Alegre: Globo, 1937.

o mero estabelecimento por meio da linguagem dos limites do objeto não se trata de ausência de limites ao helicoide da interpretação.

A Lógica consiste na estrutura do raciocínio, do próprio pensamento. É o conhecimento *a priori*. Geraldo Ataliba, no prefácio da obra de Lourival Vilanova,[10] ensina:

> Há a forma jurídica, o lógico do Direito reside em suas estruturas formais: na proposição jurídica e no sistema de proposições. A estrutura do Direito Positivo são estruturas que se revelam com a análise da linguagem do Direito. A Lógica vem a ser a formalização da linguagem, quer dizer, a separação das estruturas que estão encobertas pela matéria ou conteúdo das proposições (relações sociais, valores).

Na Lógica, a proposição como tal se torna seu fim temático, abstraindo-se o conteúdo referente ao mundo para ficar apenas com as variáveis e constantes numa retroversão do sujeito para as estruturas expostas em seu esquema formal. Não se trata de simples metalinguagem de terceiro nível em relação à Ciência do Direito ou ao direito positivo, a despeito de situar-se em sobrenível destas: busca expor a estrutura proposicional em que as linguagens de objetos se manifestam.

A Lógica é linguagem formalizada cujo elemento nuclear se traduz na denominada forma lógica, ou seja, estruturas linguísticas dotadas de variáveis, ou categoremas, e constantes, ou functores ou sincategoremas.[11]

A Lógica, na condição de sobrelinguagem, não altera o ordenamento jurídico, mas o descreve em linguagem formalizada, transformando o objeto cultural em objeto ideal. Atua do mesmo modo que uma sobrelinguagem da Ciência Jurídica, descrevendo e codificando a linguagem descritiva do

---

10. VILANOVA, Lourival. *As estruturas lógicas e o sistema de direito positivo*. 4ª ed. São Paulo: Noeses, 2010, p. XXVI.

11. MOUSSALLEM, Tárek Moysés. A lógica como técnica de análise do direito. *In:* CARVALHO, Paulo de Barros. (coord.) *Constructivismo lógico-semântico*. v. I. São Paulo: Noeses, 2014, p. 161.

direito, cujas linguagens-objeto são: a do direito positivo, a da Ciência do Direito e da retórica do direito.[12] A Lógica pode ser vista como método, um caminho de aproximação do jurista em relação ao direito positivo, para descrever por compreensão sintática o objeto, revelando as estruturas proposicionais em que se manifesta.

A Lógica Formal, ou Lógica Menor, quando aplicada a um determinado segmento especulativo, em atitude cognoscente, ou seja, aplicada às leis universais ao campo particular proposto, faz surgir a Lógica Aplicada, Lógica Maior, Lógica Material ou, simplesmente, Metodologia.

Parte-se da experiência do fato comunicacional, e pelo processo de formalização retiram-se os conteúdos de significação das palavras, remanescendo os símbolos representativos do objeto em geral, do predicado em geral e as partículas operatórias que exercem função sintática, atingindo as entidades lógicas, como estruturas que podem receber qualquer tipo de objeto e qualquer tipo de predicado. O procedimento que leva ao formal é o mesmo, variando o domínio dos objetos a que se dirige, que advém da quantidade de métodos. O objeto de tal maneira recortado reivindica um meio próprio de aproximação e de exploração cognoscitiva, ou seja, um método. Qualquer dado linguístico pode ser objeto da análise lógica.

A Lógica jurídica é expressão ambígua utilizada para mencionar a linguagem prescritiva do direito positivo, a linguagem da Ciência do Direito e o estudo do complexo de formas de argumentação que surpreende o sentido retórico das comunicações jurídicas. Acomodam-se no campo semântico da expressão "Lógica jurídica" nos nomes, respectivamente, de "Lógica deôntico-jurídica", "Lógica da ciência jurídica" e "Lógica da retórica jurídica". O saber lógico pressupõe a linguagem, que a ela se dirige como índice temático, pois o pensamento humano está indissociavelmente jungido à linguagem,

12. CARVALHO, Paulo de Barros. *Direito tributário, linguagem e método*. 5ª ed. São Paulo: Noeses, 2013, p. 69.

meio exclusivo de fixar o produto da atividade cognoscitiva e de transmiti-lo nas situações comunicacionais. A Lógica deôntico-jurídica tem como objeto a linguagem dos enunciados prescritivos e a Lógica da Ciência do Direito, preocupada com os enunciados descritivos proferidos pelos juristas.[13]

Em relação ao Direito, não é preocupação da Lógica os conceitos oriundos dos suportes físicos, cabendo tais lucubrações a cada ramo didaticamente autônomo do próprio Direito. À Lógica, cabe a averiguação formal das estruturas linguísticas da Ciência do Direito e do direito positivo.

Quando empregada no campo do direito positivo, denomina-se Lógica Deôntica, ou Lógica das Normas e parte da análise dos enunciados prescritivos e normas jurídicas para observar as leis deônticas, seus modais e as demais operações de deduções no interior do direito positivo. Contudo, sua análise limita-se ao aspecto sintático da linguagem do Direito, não no sentido gramatical-semântico, mas no aspecto lógico formal, ou seja, tomando a norma jurídica como estrutura lógico-sintática de significação.

Como o direito positivo é fato cultural, cuja apreensão pelo investigador se dá mediante o ato da compreensão, a interpretação demanda a atribuição de sentido aos suportes físicos em que o objeto linguístico se manifesta. Como os enunciados consistem em suporte das significações, sua produção de sentido demanda a saída do plano da literalidade textual para subida na espiral hermenêutica com ingresso no plano de conteúdo e de visualização do contexto.

Paulo de Barros Carvalho[14] observa que a lógica é apenas um ponto de vista do conhecimento, de modo que ultrapassar seus limites conduz a logicismo. A experiência jurídica integral considera todos os aspectos constituintes do dado: o

---

13. CARVALHO, Paulo de Barros. *Direito tributário, linguagem e método*. 5ª ed. São Paulo: Noeses, 2013, p. 71.

14. Idem, p. 84.

lógico nos enunciados e o empírico nos dados-de-fato, valorativamente selecionados da realidade física e social, juridicamente relevantes. A lógica, por si só, não é suficiente para nos conduzir à concreção material da experiência jurídica, isolando, na sua platitude, tão só os caracteres formais das normas.

A lógica aplicada ao Direito não teria função sem a interpretação, ou seja, a saturação das variáveis das formas lógicas mediante o ato de interpretação dos textos do direito positivo. A Lógica, como método, não é suficiente para compreender o direito positivo, pois se deve buscar um avanço no plano semântico, preenchendo as estruturas lógicas mediante processo de desformalização, construindo rigorosos conceitos jurídicos e, além disso, como objeto voltado à regulação da conduta humana, demanda avanço ao plano pragmático.

Adentramos, assim, na sua relação com a linguagem. Vale ressaltar a premissa adotada no sentido de que nada existe fora da linguagem, ou seja, as coisas (objeto de conhecimento em sentido estrito) sejam elas naturais, ideais, culturais e metafísicas, são constituídas proposicionalmente pelo homem como conteúdo de um ato de consciência, por meio de abstrações na continuidade-heterogênea de sensações ou intuições por ele experimentadas, pois não há acesso ao empírico (físico), apenas à linguagem que o constitui, ou seja, a sua significação.[15] A realidade e o mundo jurídico têm, na linguagem, seu modo de aquisição do saber científico, através de mecanismos lógicos.

Importante mencionar que o raciocínio de estabelecimento de limites à espiral hermenêutica mediante o uso de um conectivo negador encontra similaridade com a Teoria das Classes, em que o conjunto vazio é subconjunto de qualquer conjunto dado e, identificados elementos que não pertencem ao conjunto, este se trata de conjunto complemento.

Como a própria língua se trata do conjunto de signos ordenados para comunicação e a fala é cada um dos atos utilizados

15. CARVALHO, Aurora Tomazini de. *Curso de teoria geral do direito*: o constructivismo lógico-semântico. 4ª ed. São Paulo: Noeses, 2014, p. 51.

para comunicar algo a alguém, temos uma relação de coimplicação. A linguagem, por sua vez, é tomada como a atividade de produzir atos de fala em geral, trazendo a noção de comunicação.

Na comunicação sempre existirá o emissor, que transmitirá a mensagem (ou texto) a um destinatário. O emissor da mensagem tem o trabalho de dar à mensagem um formato acessível para o destinatário, procurando evitar a ocorrência de ruídos na comunicação. O papel do destinatário, por sua vez, consiste na reconstrução da intenção do emissor e de interpretar a mensagem. A atribuição de sentido à mensagem transmitida, portanto, é feita pelo destinatário, numa atitude que considera os próprios conhecimentos, tema que será melhor tratado em tópico específico.

A comunicação pressupõe que todos nós compreendemos as palavras da mesma maneira. Ainda que um enunciado revele-se falso, logo em seguida, de uma maneira geral, admite-se a compreensão em nossas mentes; quando falamos aos outros, é uma questão que se pode decidir senão pelo uso que fazemos das palavras nos enunciados. Nesse sentido, o significado das expressões não depende, essencialmente, das intenções dos falantes, mas, na verdade, as intenções são formadas e tornadas possíveis – elas próprias – por meio dos hábitos, das práticas e das instituições de uma comunidade linguística, pois, "[...] a intenção [de pronunciar palavras] está inserida na situação, nos hábitos humanos e nas instituições. [...] Pensar não é nenhum processo incorpóreo que empresta vida e sentido ao ato de falar, e que pudéssemos separar do falar [...].[16]"

Adverte Vilém Flusser[17] sobre a abertura da língua (que engloba a linguagem e o texto), seu aspecto dinâmico que se atualiza no presente, com a ressalva de seu caráter transmissor de tradição, ou seja, o conteúdo semântico mínimo que, se

16. WITTGENSTEIN, Ludwig. *Investigações filosóficas*. Tradução de José Carlos Bruni. São Paulo: Nova Cultural, 1989, p. 113.

17. FLUSSER, Vilém. *Língua e realidade*. 3ª ed. São Paulo: Annablume, 2007, p. 37.

rompido de forma abrupta, sem observar o contexto, implica a subversão do texto:

> Ela [a língua] encerra em si toda a sabedoria da raça humana. Ela nos liga aos nossos próximos e, através das idades, aos nossos antepassados. Ela é, a um tempo, a mais antiga e a mais recente obra de arte, obra de arte majestosamente bela, porém sempre imperfeita. E cada um de nós pode trabalhar essa obra, contribuindo, embora modestamente, para aperfeiçoar-lhe a beleza.

A pragmática universal distingue o uso cognitivo do uso comunicativo ou interativo da linguagem; neste são considerados somente atos de fala característicos de certas relações que falante e ouvinte possam adotar concernente ao contexto normativo de sua ação. No uso cognitivo da linguagem, pelo contrário, todo proferimento linguístico é considerado representação. Nesse uso é tematizado o conteúdo da emissão como um enunciado acerca de algo que tem lugar no mundo; são permitidos apenas atos de fala em que os conteúdos proposicionais tomam a forma explícita de orações enunciativas, especialmente se tal uso apresentar um limite: não expressar a relação interpessoal. Esse é o uso que Jürgen Habermas detecta no conceito jogo de linguagem, mas entende que Ludwig Wittgenstein não o tenha percebido, pois para ele o conceito wittgensteiniano do jogo de linguagem é insuficiente para a análise da linguagem. Indo mais além dos limites impostos pelos jogos de linguagem, essa análise deve avançar em duas dimensões: a relação intersubjetiva entre os falantes e a referência da fala a algo no mundo.[18]

Ressalte-se que uma articulação linguística do plano social somente fará parte do mundo jurídico se rearticulada na estrutura própria do Direito, através da produção da linguagem da facticidade jurídica. Lourival Vilanova[19] pondera: "a

18. HABERMAS, Jürgen. Wahrheit und Rechtfertigung – Philosophische Aufsätse. Frankfurt am Main: Suhrkamp. 1999. *In:* MARTINS, Clélia Aparecida. Sobre jogo de linguagem: Habermas e Wittgenstein. *Revista de Filosofia.* v. 35, n. 2, 2010, p. 99.

19. VILANOVA, Lourival. *Causalidade e relação no direito.* 5ª ed. São Paulo: Noeses,

abertura por onde entram os fatos são as hipóteses fácticas; e as consequências em fatos se transformam pela realização dos efeitos". Assim, para que uma relação se projete no campo das condutas intersubjetivas e adentre aos domínios do ser, necessariamente haverá a produção de nova linguagem social, para que traspasse os domínios do dever-ser.

Gregorio Robles[20] afirma:

> as regras da linguagem são, em parte, regras de origem convencional, e em parte, na medida em que a linguagem é a expressão externa da lógica, o modo em que a lógica toma corpo, são regras que escapam da convencionalidade, pelo menos se entendermos esta da mesma forma que entendemos a convenção que subjaz a determinadas operações da linguagem, como dar nome às coisas.

Neste sentido, a Lógica é uma propriedade do raciocínio que, por sua vez, consiste em um processo de pensamento encadeado de forma coerente. As operações consubstanciais do processo de pensamento se expressam necessariamente na linguagem. Não é possível a separação do encadeamento lógico do raciocínio do encadeamento das proposições linguísticas em que este consiste. Por conseguinte, as regras que regem os processos lógicos são aplicáveis à sua forma manifesta, isto é, à forma linguística, não indicando tão somente os passos necessários no processo lógico do raciocínio, mas também os passos necessários no processo lógico da linguagem.

Mediante a linguagem, portanto, fixam-se as significações dos conceitos e se comunica o conhecimento. Este ocorre num universo de linguagem, dentro de determinada comunidade do discurso. A exata compreensão do significado das palavras tem extrema importância para o Direito, onde são fixadas as condutas previstas nas proposições normativas. Com efeito, a linguagem consiste no repertório, assim entendido

---

2015, p. 55.

20. ROBLES, Gregorio. *As regras do direito e as regras dos jogos:* ensaio sobre a teoria analítica do direito. Tradução de Pollyana Mayer. São Paulo: Noeses, 2011, p. 144.

como conjunto sistematizado de signos, utilizado como meio de comunicação de ideias.

Não se pode deixar de considerar a relação existente entre os falantes e a linguagem, conforme observou Friedrich Schleiermacher:[21]

> em certo sentido toda pessoa está limitada pela linguagem; as coisas do lado de fora da esfera da linguagem não podem ser concebidas claramente. A formação das ideias e a extensão de suas ligações são todas controladas pela linguagem que o falante aprendeu desde a infância, que também controla a inteligência e a imaginação do falante. Apesar disso, entretanto, todos os pensadores independentes e de mente aberta são capazes de criar linguagem; de outra maneira a ciência e a arte nunca estariam aptas para desenvolverem-se de seu estado original para o seu atual estado de perfeição.

Através da lógica formal, ou seja, na compreensão e na apreensão dos processos de cognição entre os comunicantes, alcança-se grau de certeza acerca das prescrições normativas contidas no Direito.

2.2 Neopositivismo Lógico ou Empirismo Lógico

Neopositivismo Lógico ou, simplesmente Positivismo Lógico – além de Filosofia Analítica, Empirismo Contemporâneo ou Empirismo Lógico – são os nomes pelos quais dá a conhecer uma corrente de pensamento advinda de Viena, onde filósofos e cientistas se encontravam para discutir problemas relativos à natureza do conhecimento científico, num intercâmbio de ideias e de cooperação intelectual.

---

21. SCHLEIERMACHER, Friedrich. On the different methods of translation. *In*: WILLSON, A. Leslie. *German romantic criticism*. Continuum, 1982. Citação original: "In one sense every person is restricted by language; things outside the realm of language cannot be conceived clearly. The formation of ideas, and the nature and extent of their linkage are all controlled by the language the speaker has learned since childhood, which also controls the speaker's intelligence and imagination. Despite this, however, all open-minded independent thinkers are capable of creating language; otherwise science and art would never have been able to develop from their original state to their current state of perfection."

É no Círculo de Viena que encontramos as bases para a atual teoria da comunicação, influenciadas por Ludwig Wittgenstein. Apesar dele não pertencer ao grupo, seu livro *Tractatus Logico-philosophicus* influenciou os integrantes do movimento neopositivista e a filosofia da linguagem com o advento do giro-linguístico através da revisão de seu impulso inicial, ocorrida na obra *Investigações Filosóficas*. Nela, se afirma o caráter comunicacional da linguagem, ou seja, que o significado de uma palavra é estabelecido pelo uso que se lhe dá num determinado jogo de linguagem.

Os neopositivistas lógicos perceberam que a linguagem natural não traduziria adequadamente os anseios cognitivos do ser humano. Seria necessário partir-se para a elaboração de linguagens artificiais, em um processo de elucidação. Entende-se por Círculo de Viena o grupo de filósofos chamados neopositivistas ou empiristas lógicos. M. Schlick, ao assumir a cátedra filosófica das ciências indutivas da Universidade de Viena, criou um círculo em torno de si, constituído de estudantes, mas, sobretudo, de cientistas.

O Círculo de Viena formou-se dos encontros de Hans Hahn, Phillipp Frank e Otto Neurath em um café vienense, para a troca de ideias sobre a Filosofia da Ciência e, mais tarde, com a vinda de Moritz Schlick, também sobre Filosofia das Ciências Indutivas, que passou a coordenar seminários, dando origem ao famoso grupo de debates, integrado por filósofos e cientistas dos variados campos, com interesse por temas epistemológicos. Uma das características do Círculo era a atitude aberta à antidogmática existente nas discussões, em que as teses eram postas à crítica, predominando o espírito de colaboração, sem participação competitiva, coordenadas por Moritz Schlick. Em 1929, com o manifesto "O ponto de vista científico do Círculo de Viena", e a realização do congresso internacional de Praga, ficou conhecido o "Círculo de Viena".

As medidas do manifesto eram: a) colocar a linguagem do saber contemporâneo sob rigorosas bases intersubjetivas; b) assumir uma orientação humanista, reafirmando o princípio dos sofistas: o homem é a medida de todas as coisas; e c) deixar assentado que tanto a Teologia quanto a Filosofia não poderiam ostentar foros de genuína validade cognoscitiva, formando, no fundo, um aglomerado de pseudoproblemas. Assim, dois atributos emergem: 1º) todo o conhecimento fica circunscrito ao domínio do conhecimento empírico; e 2º) a reivindicação do método e da análise lógica da linguagem, como instrumento sistemático da reflexão filosófica.

Integra o manifesto um exame dos fundamentos da Aritmética, da Física, da Geometria, da Biologia e da Psicologia. São inconsistentes termos precariamente definidos, como alma, bem comum, espírito dos povos, enteléquia e outros de cunho metafísico. Ao final, declara-se que a visão científica do mundo se coloca a serviço da vida.

Inicialmente, o que poderia caracterizar ou reunir esse grupo, que, na verdade, era muito heterogêneo, era uma grande tendência ao rigor lógico e um grande interesse pelo confronto de ideias e pela discussão argumentada, bem como, talvez, um grande interesse pelo *Tractatus* de Ludwig Wittgenstein.

Segundo Mélika Quelbani,[22] o programa repousa em quatro pontos: a) a redução da filosofia a uma teoria do conhecimento; b) a distinção das ciências, não mais em ciências da natureza e ciências humanas, mas sim em ciências empíricas e analíticas; c) o logicismo como programa de redução das ciências analíticas; d) o reducionismo envolvendo as ciências sintéticas ou empíricas.

O Neopositivismo Lógico ressalta que a linguagem é instrumento do saber científico e, mais ainda, meio de controle daqueles mesmos conhecimentos, através da construção de modelos artificiais para a comunicação científica, para a compreensão do objeto. O discurso científico estaria apto a proporcionar uma visão rigorosa e sistemática do mundo, permitindo, com os recursos semióticos, analisar as três dimensões da linguagem (sintática, semântica e pragmática).

22. QUELBANI, Mélika. *O círculo de Viena*. Tradução de Marcos Marcionilo. São Paulo: Parabola, 2009, p. 17.

Paulo de Barros Carvalho[23] pontua: "um importante traço da concepção neopositivista, que não só exige a boa formação da sintaxe frásica, como também declara que os enunciados inverificáveis não poderão integrar o discurso científico [...] um enunciado terá sentido semântico se puder ser empiricamente verificável".

O movimento neopositivista era, simultaneamente, empirista (todo conhecimento não analítico só pode provir da experiência), e logicista (toda ciência deve se submeter a uma análise lógica de seus conceitos e de seus fundamentos). A reflexão dos filósofos neopositivistas, e consequentemente o programa reducionista de unificação das ciências, ilustram o interesse particular pela lógica e pela sua aplicação a todas as disciplinas. É nesse sentido que eles distinguem a si mesmos dos filósofos tradicionais, dado que sua tarefa consiste em esclarecer o sentido e não em informar sobre uma realidade qualquer. A filosofia se transforma em uma atividade de elucidação e não pode mais ser um sistema de enunciados de "significação duvidosa".[24]

Há de se questionar, contudo, se o grupo do giro linguístico ao negar a metafísica acabaria por confirmar a própria ontologia, criando um paradoxo à Filosofia da Linguagem. Contudo, é adequado fixar que nós vemos o que aparece: o fenômeno, pois aquilo do objeto que escapa à consciência (*noúmeno*, em alusão a Immanuel Kant[25]) é inacessível, mas dos dados brutos sensíveis ou do saber tomado como "não científico" chegar-se-ia ao conhecimento científico através da própria conformação do espírito, posto de forma absoluta na consciência. Neste aspecto, admite-se que inconsciência dá o direcionamento das escolhas posteriormente racionais, advindas da própria experiência.

---

23. CARVALHO, Paulo de Barros. *Direito tributário, linguagem e método*. 5ª ed. São Paulo: Noeses, 2013, p. 29.

24. QUELBANI, Mélika. *O círculo de Viena*. Tradução de Marcos Marcionilo. São Paulo: Parábola, 2009, p. 21.

25. KANT, Immanuel. *Crítica da razão pura*. São Paulo: Abril Cultural, 1980.

2.3 Direito como linguagem

A linguagem é composta de duas partes: (i) uma social (essencial), que é a língua; (ii) outra individual (acessória), que é a fala.

Língua é um sistema de signos artificialmente constituído por uma comunidade de discurso e fala é um ato de seleção e de atualização da língua, dependente da vontade do homem e diz respeito às combinações pelas quais ele realiza o código da língua com o propósito de constituir seu pensamento.[26] A língua é, enquanto sistema convencional de signos, uma instituição social. Não é possível modificá-la por atos individuais isolados, mas somente através de uma evolução histórica.[27] A língua está imersa no inconsciente humano como sistema de signos e de regras de utilização destes signos, a despeito de ser social.

A realidade jurídica é constituída pela língua jurídica. A língua não é uma estrutura por meio da qual compreendemos o mundo, mas uma atividade mental estruturante do mundo, ou seja, cada língua cria uma realidade.

Paulo de Barros Carvalho[28] ensina que a língua é tomada como sistema de signos em vigor numa determinada comunidade social, usada como instrumento de comunicação. A língua, enquanto sistema convencional de signos, está representada pela linguagem, participando do mundo físico, fisiológico e psíquico, da índole pessoal de cada um e do seu contorno social. Este é o corte metodológico. A fala é ato individual de seleção e atualização, em face da língua, que é instituição e sistema. Num processo dialético, não pode haver língua sem fala. Linguagem, língua e fala são noções correlatas, indissociáveis. A linguagem

---

26. SAUSSURE, Ferdinand de. *Curso de linguística geral.* Tradução de Antônio Chelini, José Paulo Paes e Isidoro Blikstein. São Paulo: Cultrix, 1991, pp. 15-32.

27. Observe-se, contudo, a possibilidade de consolidação das evoluções históricas da língua oficial, como ocorreu através do Acordo Ortográfico da Língua Portuguesa.

28. CARVALHO, Paulo de Barros. *Direito tributário, linguagem e método.* 5ª ed. São Paulo: Noeses, 2013, pp. 30-32.

significa a capacidade do ser humano para comunicar-se por intermédio de signos cujo sistema utilizado é a língua.

Como unidade de um sistema que permite a comunicação inter-humana, signo é um ente que tem status lógico de relação, em que um suporte físico se associa a um significado e a uma significação. O suporte físico é a palavra falada ou escrita, de natureza física, material que se refere a algo do mundo exterior ou interior, da existência concreta ou imaginária, atual ou passada, que é seu significado, e suscita em nossa mente uma noção, ideia ou conceito, que chamamos de significação. A classificação do gênero signo pode ser feita em três espécies: índice (signo que mantém conexão física com o objeto que indica), ícone (procura reproduzir, de algum modo, o objeto que se refere, oferecendo traços de semelhança ou refletindo atributos que estão no objeto significado), e símbolo (signo arbitrariamente construído, não guardando, em princípio, qualquer ligação com o objeto do mundo a que ele significa).

A fala, como dissemos, consiste num ato individual de seleção e atualização da língua.[29] O homem seleciona as palavras e as relações a serem estabelecidas, dentre os signos e regras presentes em seu inconsciente, mantendo presentes os signos e estruturações como elementos de uma língua. A fala tem caráter individual, é manifestada pelas escolhas daqueles que se utilizam da língua que, por sua vez, se transforma por meio da fala.

A linguagem é produto da fala, é o resultado da utilização da língua por um sujeito, resultante da capacidade do ser humano de comunicar-se por meio dos signos.

Na linguística de Ferdinand de Saussure,[30] as relações sintagmáticas opõem-se às relações associativas (paradigmáticas). Dentro do estruturalismo, a distinção entre o eixo sintagmático – eixo horizontal de relações de sentido entre as

---

29. SAUSSURE, Ferdinand de. *Curso de linguística geral.* Tradução de Antônio Chelini, José Paulo Paes e Isidoro Blikstein. São Paulo: Cultrix, 1991, p. 18.

30. Idem, p. 15-32.

unidades da cadeia falada, que se dão em presença – e o eixo paradigmático – eixo vertical das relações virtuais entre as unidades comutáveis, que se dão em ausência – ocorrem naquelas relações no domínio da fala, com elementos que constituem o enunciado e aquelas pertencentes ao domínio da língua, em que apenas um dos elementos pode ser válido no enunciado produzido, resultando na comutatividade das palavras, dependendo do contexto e da natureza do enunciado.

Podemos estabelecer, assim, as medidas significativas do enunciado no cotejo entre os eixos, através de representação por curva assintótica, onde serão estipuladas as dimensões do texto e do contexto, sem desconsiderar que os objetos se apresentam como fenômenos dependentes de construção humana.

Como o plano de expressão corresponde ao suporte físico, ou seja, à base empírica da comunicação, somente será considerado texto se possível construir sentido a cada uma das palavras, nos respectivos eixos sintagmático (em que há uma palavra após a outra, organizadas na forma de frases ou enunciados, segundo as regras próprias da sintaxe, que se preocupa com estes caminhos horizontais sequenciais) e paradigmático (possibilidades de conotações em eixo vertical, em que são postas as acepções semânticas).

Considerando as premissas de Vilém Flusser,[31] para quem o universo, conhecimento, verdade e realidade são aspectos linguísticos, tudo aquilo que nos vem por meio dos sentidos, sendo realidade, consiste em dado bruto que se torna somente no contexto da língua, processo de compreensão através do intelecto.

Assim, somente por meio da linguagem é possível o conhecimento como algo objetivado, criando aquilo que é real e capaz, igualmente, de desconstituir o real, criando novas realidades.

Conforme exposto, o Direito se trata de objeto cultural linguístico que constrói a sua própria realidade, dentro de fundamentos que compõem a unidade do sistema. Neste

31. FLUSSER, Vilém. *Língua e realidade*. 3ª ed. São Paulo: Annablume, 2007, *passim*.

sentido, como objeto do mundo, o Direito existe como linguagem. Através da linguagem, ele cria sua realidade, diferenciando-se de outros sistemas.

O Direito, portanto, oferece o dado da linguagem como seu integrante constitutivo, conforme explica Paulo de Barros Carvalho:[32]

> a linguagem não só fala do objeto (Ciência do Direito), como participa de sua constituição (direito positivo), o que permite a ilação forte segundo a qual não podemos cogitar de manifestação do direito sem uma linguagem, idiomática ou não, que lhe sirva de veículo de expressão.

A interpretação, neste sentido, constitui-se na atribuição de valores aos símbolos, adjudicando-lhes significações. A linguagem é sempre um objeto da cultura que carrega valores, típicos da realização do espírito humano. Trata-se de conteúdo axiológico a partir de determinado texto, onde a linguagem permite a construção de um conteúdo, a ser percorrido no percurso da construção de sentido, sobre o qual discorreremos durante este trabalho.

Considerando que o signo consiste em uma relação triádica entre um (i) suporte físico, (ii) um significado e (iii) uma significação, na terminologia de Edmund Husserl,[33] temos que a linguagem utiliza o signo como elemento intercalar no conjunto sistematizado da língua.

Vale ressaltar que o suporte físico se trata da parte material do signo, apreendida pelos sentidos através do contato físico, referente a algo que se encontra no mundo, denominado de significado, assim entendido como a representação individualizada do suporte físico. A ideia, noção ou conceito suscitada na mente de quem interpreta é a significação.[34]

---

32. CARVALHO, Paulo de Barros. *Direito tributário* – fundamentos jurídicos de incidência. 9ª ed. São Paulo: Saraiva, 2012, p. 105.

33. HUSSERL, Edmund. *Investigações filosóficas* – sexta investigação. Elementos de uma elucidação fenomenológica do conhecimento. São Paulo: Nova Cultural, 2005.

34. CARVALHO, Paulo de Barros. *Direito tributário, linguagem e método*. 5ª ed. São Paulo: Noeses, 2013, pp. 33-34.

Partindo-se dos pressupostos do giro-linguístico, temos a ideia de que significação e significado misturam-se, pois a realidade a que se refere o suporte físico sempre será construída pelo intérprete, condicionada às suas experiências, assim entendidas como vivências. Tanto o significado como a significação materializam-se noutros suportes físicos, confirmando a premissa de que nenhuma realidade existe senão pela linguagem. Além disso, que o signo consiste em uma relação em que todos estes conceitos então ligados, de modo que um influencia diretamente na existência do outro, pois todo suporte físico suscita uma interpretação que constitui uma realidade como seu significado que, por sua vez, trata-se de linguagem materializada num suporte físico que suscita outra interpretação (significação).

Neste sentido, é a linguagem que cria a realidade, ou seja, o conhecimento de algo somente é possível porque o ser humano realiza o processo de construção por meio de sua linguagem. Considerando a presença inarredável da linguagem no processo comunicativo e o fato de a comunicação ser elemento integrante do sistema social, inexiste sociedade sem linguagem.

Importante a observação de Lourival Vilanova,[35] ao discorrer sobre a formalização da linguagem jurídica:

> aqui também o caminho para encontrar-se com as estruturas lógicas é a linguagem. O direito é um fato cultural, um de cujos componentes é a linguagem. A linguagem jurídica é o suporte material das formas. Mas a expressão linguagem jurídica é ambígua. Refere-se a dois níveis de linguagem: a do direito positivo e a da Ciência-do-Direito que tem o direito positivo como objeto de conhecimento (dogmático).

Portanto, o Direito é um objeto cultural que se materializa na forma idiomática escrita, um instrumento de intervenção social, e não de intervenção no mundo físico, pois consiste

35. VILANOVA, Lourival. *As estruturas lógicas e o sistema do direito positivo.* São Paulo: Noeses, 2005, p. 29.

em linguagem prescritiva que toma como objeto a linguagem social, a fim de manipulá-la. A imposição de formas normativas ao comportamento social somente é possível através de um processo comunicacional, com a produção de linguagem própria, que é a linguagem das normas.

Oportuna, portanto, a observação de Celso Fernandes Campilongo:[36] "na rede de comunicações da sociedade, o direito se especializa na produção de um tipo particular de comunicação que procura garantir expectativas de comportamentos assentadas em normas jurídicas".

O Direito, para cumprir sua finalidade de alterar a conduta humana visando a solucionar conflitos, necessita estabelecer uma comunicação que, por sua vez, impõe uma linguagem. Relevante a lição de Gregorio Robles:[37] "no es concebible una sociedad sin lenguaje, como tampoco es concebible sin Derecho. Sociedad, lenguaje y Derecho son realidades que siempre han ido unidas".

Sendo o Direito linguagem, sua manifestação se dá através da palavra, sobretudo em textos. É um sistema de comunicação cuja função pragmática é organizar a convivência humana mediante, basicamente, a regulação das ações. Não é possível expressar o Direito senão mediante linguagem.

2.4 Ser e Dever-ser

Afirmamos que para uma relação projetar-se no campo das condutas intersubjetivas e adentrar aos domínios do ser, necessariamente haverá a produção de nova linguagem social, para que traspasse os domínios do dever-ser.

36. CAMPILONGO, Celso Fernandes. *O direito na sociedade complexa*. São Paulo: Max Limonad, 2000, p. 162.

37. ROBLES, Gregorio. *Teoría del derecho:* fundamentos de teoría comunicacional del derecho. v. I. 3. ed. Navarra: Civitas, 2010, p. 86.

A lógica proposicional reconstrói em abstrato certas relações de inferência observadas entre as proposições concretas. Assim, generalizam-se os modos de derivar umas proposições de outras, se isolam e se identificam as condições que permitem distinguir um raciocínio válido de outro falacioso.

Há um vínculo entre o sistema dedutivo e o setor da realidade que dito sistema intenta reconstruir. As noções de obrigação, proibição e permissão, da Lógica Deôntica, são tomadas da linguagem normativa e buscam reconstruir o sistema com significados precisos e vinculação mediante relações inequívocas.

No campo das modalidades aléticas, relativas às situações de estado de coisas, existe um ponto de contato entre as proposições modais e as não modais (entre o *mundo da necessidade e possibilidade* com o *mundo da realidade*), pois uma proposição necessária é verdadeira e uma proposição verdadeira é possível.

Contudo, não se pode, analogicamente, estabelecer um vínculo entre a realidade e as modalidades deônticas (ou entre o *mundo do ser* e o *mundo do dever-ser*, a que alude Hans Kelsen). E tal se dá porque os operadores deônticos não são extensionais, ou seja, o valor de verdade de uma proposição deôntica que modaliza a descrição de uma ação não depende do valor de verdade desta descrição. O modal não é extensional porque não cria valor de verdade, ou seja, não é função de verdade, mas nova proposição. Assim, a lógica modal deôntica tem leis específicas que não são aplicáveis à lógica proposicional alética. É impossível deduzir uma proposição normativa (dever-ser) de uma série de proposições descritivas (ser).

David Hume[38] reconheceu que a razão não tem influência nas paixões e ações, e será em vão pretender que a moral seja descoberta por mera dedução racional, considerando que a razão é o descobrimento da verdade ou falsidade, de acordo com uma relação real de ideias, de real existência de situação

38. HUME, David. *A treatise on human nature*. Livro III, parte 1, seção 1. Nova York: 1961, pp. 414-415.

de fato. Ou seja, aquilo que não seja suscetível deste acordo ou desacordo será incapaz de ser verdadeiro ou falso, e jamais poderá ser objeto da razão. É evidente que nossas paixões, ações e valores não são suscetíveis de tal acordo ou desacordo, já que são fatos e realidade originais, completos em si mesmos, não implicam referência a outras paixões, ações e valores. É impossível qualificá-las de verdadeiras ou falsas nem que sejam contrárias conforme a razão. Assim, certas deduções não podem ser feitas validamente, sendo um limite à lógica normativa, sob pena de, instaurando-se um predicado normativo de segundo nível, em algumas circunstâncias, o estudo das realidades empíricas ou das ideias *a priori* (razão) permita inferir o conteúdo de certas normas, como ocorre com o jusnaturalismo.

As leis de David Hume, portanto, são leis negativas. Elas assinalam que certas deduções não podem ser feitas de forma válida, ou seja, são condições extrassistemáticas da lógica deôntica, separando o direito da moral, isto é, plano normativo do plano real.

A esse respeito, Paulo de Barros Carvalho[39] define: "liberdade como possibilidade de escolha que se faz diante de limitações que hão de ser nítidas e transparentes, sendo a responsabilidade a consciência que o sujeito manifesta a respeito das fronteiras que determinam o espaço de sua liberdade". Assim, no campo em que se irradia a regulação da conduta humana, através de comandos normativos, a liberdade é um pressuposto ontológico, cujo exercício tem limites.

Aurora Tomazini de Carvalho[40] traz a distinção entre o "ser" e o "dever-ser":

> quando nos referimos ao mundo do "ser" e do "dever-ser", estamos tratando de dois corpos de linguagem, separados em razão

---

39. CARVALHO, Paulo de Barros. A respeito da liberdade. *In:* PARISI, Fernanda Drummond; TORRES, Heleno Taveira; MELO, José Eduardo Soares de. (org.). *Estudos de direito tributário em homenagem ao Professor Roque Antonio Carrazza.* v. 1. São Paulo: Malheiros, 2014, pp. 101-109.

40. CARVALHO, Aurora Tomazini de. *Curso de teoria geral do direito*: o constructivismo lógico-semântico. 4ªed. São Paulo: Noeses, 2014, p. 203.

> do vínculo que se estabelece entre suas proposições. A distinção, nesta proporção, é possível justamente porque ambos são sistemas proposicionais. Em um se opera a causalidade física, ou natural, noutro, a causalidade jurídica.

Com base nesta distinção, no plano do "ser" a implicação é mencionada, ou seja, a compreensão se dá mediante associações implicativas entre termos e proposições cujas relações são transportadas para o domínio empírico pela descrição como vínculo existente na realidade observada.

No plano do "dever-ser", a implicação é efetivamente utilizada onde as proposições (implicante e implicada) são atreladas por um ato de autoridade, onde o legislador emprega o vínculo implicacional com a finalidade de direcionar condutas subjetivas, após observar a realidade social que o cerca e eleger um fato como causa de um efeito jurídico, associando, assim, tal fato a uma consequência.

Paulo de Barros Carvalho[41] ensina que em linguagens extrajurídicas, o dever-ser traz sentido de algo que pode ser, que tem a possibilidade de acontecer, ou também, revelando o modo alético da necessidade, aquilo que tem-de-ser. No campo jurídico, está sempre ligado às condutas inter-humanas, tendo significação, ainda que nada denote, pois não aponta para objetos do mundo, inexistindo fatos ou situações que lhe possam especificamente corresponder. O dever-ser exprime sempre conceitos relacionais, seja como sintagma verbal ou nominal.

A necessidade e a possibilidade fácticas utilizam o sintagma "dever-ser" no sentido modal não deôntico, tratando-se de conduta de natureza apofântica que perde seu modal específico. A Teoria Geral do Direito considera a regra do Direito como enunciado de dever-ser, diverso do enunciado descritivo dos fatos. A juridicidade positiva ou negativa decorre da relação entre a conduta e a norma, ou seja, sem a incidência de dever-ser,

---

41. CARVALHO, Paulo de Barros. *Direito tributário: linguagem e método*. 5ª ed. São Paulo: Noeses, 2013, p. 125.

em que qualquer dado da realidade social é mero fato, inserido na relação de causa/efeito. Dever exprime ação ou conduta, cujo uso deôntico é típico. Atípico é o uso não deôntico.[42]

O dever-ser é partícula sintática, operatória, encontrada na estrutura dos enunciados, participando de sua composição. E como partícula, não tem significação *per se*, não sendo bastante para conduzir a uma expressão completa.

Tratando-se de entidade relacional, no mundo jurídico o dever-ser estará sempre ligado às condutas inter-humanas, ou seja, no plano da significação, mas sem nada denotar, pois não aponta para objetos do mundo e não têm correspondência específica a fatos ou situações, consubstanciando-se em operador diferencial da linguagem das proposições normativas. Neste sentido, avalia Lourival Vilanova:[43]

> Em rigor, o "dever-ser" é uma expressão sintática, é uma partícula operatória que se encontra na estrutura dos enunciados normativos, participando na sua lei de composição interna. Como partícula, carece de significação *per se*, não é por-si-só bastante para conduzir a uma expressão completa. Seu significado é operativo: indica uma operação a fazer com outras expressões, ou uma operação sobre outras operações (assim, 'deve-ser a implicação de q por p'). Como não é por-si suficiente para constituir estrutura completa, é um sincategorema do ponto de vista sintático. Foi tomando-o nessa classe de termo que a teoria kelseniana contrapôs a estrutura apofântica 'S é P' à estrutura deôntica, digamos, 'S deve-ser P', analisada em profundidade, com o método fenomenológico, pela teoria egológica de Carlos Cossio.

Acrescente-se, ainda, que no arcabouço normativo, enquanto estrutura lógica, também se encontra o dever-ser no consequente da norma, com caráter intraproposicional que aproxima dois ou mais sujeitos em torna da previsão de conduta (relação de cumprimento por um e exigência pelo outro)

---

42. VILANOVA, Lourival. Analítica do dever-ser. *In:* VILANOVA, Lourival. *Escritos jurídicos e filosóficos*. v. II. São Paulo: Axis Mvndi/IBET, 2003.

43. VILANOVA, Lourival. *Escritos jurídicos e filosóficos*. v. II. São Paulo: Axis Mvndi/IBET, 2003, p. 59.

e, como conectivo, triparte-se nos modais "proibido" (V), "permitido" (P) e "obrigatório" (O).

Neste aspecto, importante ressaltar que a causalidade natural não está presente no mundo dos acontecimentos físicos, aparecendo tão somente quando estes acontecimentos são pensados, isto é, constituídos em linguagem. Quanto à relação de implicação como nexo lógico e estruturado da causalidade, por sua vez, somente se tem acesso pela possibilidade de representação destes acontecimentos por meio da semiologia lógica, ou seja, em linguagem de sobrenível. Adverte-se que as relações lógicas se dão na região ôntica dos objetos ideais, e a produção desta linguagem de sobrenível tem início na experiência com uma linguagem objeto, e por isso nela não se encontra.

Outro aspecto importante consiste no relacionamento entre os modais deônticos (proibido, obrigatório e permitido) e seus modos ontológicos: o que as normas prescrevem requerem o contexto das possibilidades fáticas. Não se admite prescrição de condutas impossíveis ou o que é factualmente necessário, sob pena de carecerem de sentido semântico, conservando-se, contudo, sua estrutura sintática.

Assim, a linguagem jurídica utiliza-se do vínculo implicacional para prescrever condutas intersubjetivas, em que as relações, na causalidade jurídica, não "são", mas "devem ser", em razão de uma força autoritária. O legislador, portanto, livremente constrói o vínculo entre o fato jurídico e sua eficácia, numa relação de causa e efeito.

Contudo, adverte-se: temos como axioma que a norma jurídica, a partir da mensagem legislada, parte do contato do intérprete com o enunciado jurídico a ser analisado. No processo de adjudicação de sentido, teremos a sua construção mediante determinado percurso gerador, cujos planos serão aprofundados no decorrer deste trabalho.

O labor científico consubstancia-se em linguagem encontrada em nível superior que tem outra linguagem como objeto. No campo jurídico, isso se dá pela linguagem da Ciência do Direito e pela linguagem do direito positivo.

2.5 Ciência do Direito e direito positivo

O Direito busca igualdade, segurança e justiça, envolvido com a história e suas tormentas. Segundo Lourival Vilanova,[44] "o Direito é, essencialmente, um esforço humano no sentido de realizar o valor justiça. Essa dimensão ideal existe na norma jurídica. Pois, a norma não se reduz a uma mera forma de relacionar atos, com total indiferença para o valor. Se a norma é dever-ser, é dever-ser de algo".

O direito positivo é conjunto de normas que regem a vida do indivíduo e de determinada sociedade, dentro de um espaço temporal de vigência e em determinada territorialidade, através da expressão de juízo axiológico dos comportamentos prescritos. Tem sua estrutura de linguagem correspondente à Lógica Deôntica, ou do dever-ser, cujas proposições serão válidas ou não válidas.

A Ciência do Direito, por sua vez, guarda relação com o entendimento sistematizado, objeto de estudo científico do Direito, distinguindo-lhe de atribuições morais, aplicando-se a Lógica Apofântica, em que as proposições formuladas pelo jurista terão valores de verdade e falsidade.

Para Miguel Reale,[45]

> Ciência do Direito é, portanto, uma ciência complexa, que surpreende o fato jurídico desde as suas manifestações iniciais até aquelas em que a forma se aperfeiçoa. Há, porém, possibilidade de se circunscrever o âmbito da Ciência do Direito no sentido de serem estudadas as regras ou normas já postas ou vigentes. A Ciência do Direito, enquanto se destina ao estudo sistemático de normas, ordenando-as segundo princípios, e tendo em vista a sua aplicação, toma o nome de Dogmática Jurídica.

Suas linguagens, portanto, são distintas. O direito positivo consiste num postulado material que visa, justamente, à

---

44. VILANOVA, Lourival. *Sobre o conceito de direito*. Recife: Imprensa Oficial, 1947, pp. 85-86.

45. REALE, Miguel. *Lições preliminares de direito*. 9ª ed. São Paulo: Saraiva, 1981, p. 317.

atribuição de dado valorativo a determinado comportamento social. Já a Ciência do Direito busca enunciados que visam ao conhecimento do objeto, vindos da própria matéria, desprovida da influência de valores e da moral no Direito, afastando-se (mas não totalmente) dos elementos do subjetivismo e do relativismo. Ambos pertencem à categoria dos sistemas sociais, cujo elemento comunicacional os integra.

Para Hans Kelsen,[46] sob uma perspectiva absolutamente positivista, "a Ciência do Direito é a Ciência do Direito positivo. O conhecimento jurídico dirige-se a estas normas que possuem o caráter de normas jurídicas e conferem a determinados fatos o caráter de atos jurídicos".

Entretanto, as relações dos homens progridem no tempo e no espaço, sendo tessitura complexa e delicada, envolvida nas dobras do tempo, em constante mutação. Assim, o fenômeno jurídico tem sua dimensão conjunta de técnica e valor: é assim o Direito.

O Direito, portanto, procede da consciência humana e realiza os valores que emergem do social buscando formalização e efetividade, podendo ser classificado como um produto cultural e social. Contudo, o fenômeno jurídico não se reduz a puro instrumento normativo, pois do fato social projetam-se interesses, carências e aspirações a suscitar a regulação. Portanto, sendo o Direito dever-ser, refere-se, necessariamente, a algo, razão pela qual não pode ser totalmente desvinculado da concretude das condutas intersubjetivas.

O que caracteriza o sistema normativo do direito não é a coerção ou atribuição de sanção ao ilícito, é exatamente a coatividade. O sistema do direito é o único que coage levando ao extremo da restrição da liberdade e execução forçada. Coativo é o sistema que tem condições de efetivar o dever que foi descumprido.

Neste sentido, o direito positivo constitui nível de linguagem distinta da linguagem da Ciência do Direito, encontrando-se em lugar autônomo desta. Assim, a linguagem do direito

---

46. KELSEN, Hans. *Teoria pura do direito*. 3ª ed. v. 1. Coimbra: Arménio Amado, 1984, p. 7.

positivo, por si só, não tem o condão de modificar a realidade social, bem como a linguagem da Ciência do Direito não pode alterar o direito positivo. A linguagem filosófica, por sua vez, constitui sobrenível de linguagem, cuja compreensão dará ao intérprete a dimensão dos temas que se pretende debruçar.

Considerando estas proposições, temos que a linguagem da experiência é o elemento de conexão entre a linguagem da teoria e a linguagem da prática. Não é demais lembrar que a teoria explica a prática e a prática confirma ou infirma a teoria, possibilitando a revisão dessa teoria, para melhor aplicá-la à concretude experimentada, dando os contornos à realidade jurídica, composta do conjunto de enunciados descritivos precisamente ordenados, que chamamos de Direito.

2.5.1 Fontes do Direito

Conforme exposto, podemos definir o conceito de direito positivo como o conjunto de normas que regem a vida do indivíduo e de determinada sociedade, dentro de um espaço temporal de vigência e em determinada territorialidade, através da expressão de juízo axiológico dos comportamentos prescritos. Sua linguagem é prescritiva e seus enunciados são válidos ou não válidos, cuja lógica deôntica lhe é aplicável.

Fontes do direito são, efetivamente, as formas de entrada no sistema do ordenamento, que expressam a descrição dos modos de formação das normas jurídicas. Paulo de Barros Carvalho[47] discorre:

> Por fontes do direito havemos de compreender os focos ejetores de regras jurídicas, isto é, os órgãos habilitados pelo sistema para produzirem normas, numa organização escalonada, bem como a própria atividade desenvolvida por entes, tendo em vista a criação das normas. Significa dizer, por outros torneios, que não basta a existência do órgão, devidamente constituído, tornando-se necessária sua atividade segundo as regras aqui previstas no ordenamento.

47. CARVALHO, Paulo de Barros. *Curso de direito tributário*. 25. ed. São Paulo: Saraiva, 2013, p. 67.

As fontes do direito positivo são materiais, resultantes dos acontecimentos sociais em sentido estrito e os fatos naturais cujos partícipes diretos ou indiretos são sujeitos de direito. Tais eventos necessitam de qualificação em hipótese de normas válidas do sistema. As fontes materiais são relativas ao processo de enunciação dos fatos jurídicos, ou normas de conduta, dirigidas à conduta humana como escopo final.

As fontes formais correspondem à teoria das normas jurídicas, existentes no ordenamento com a finalidade de servir como veículo introdutor de outras regras jurídicas (*fazer-ser* o direito positivo). Assim, são os instrumentos introdutórios das normas, ou normas de produção jurídica. Como exemplo, podemos citar a lei suprema do ordenamento jurídico brasileiro, a previsão contida no art. 5º, II, da Constituição Federal: "Art. 5º. II – ninguém será obrigado a fazer ou deixar de fazer alguma coisa senão em virtude de lei; [...]".

Temos, portanto, como instrumentos primários introdutórios das normas do Direito Tributário: lei constitucional, lei complementar, lei ordinária, lei delegada, medidas provisórias e decreto legislativo. Como instrumentos secundários: decreto regulamentar, instruções ministeriais, circulares, portarias, ordens de serviço e outros atos normativos estabelecidos pelas autoridades administrativas.

"Lei" é o sentido amplo do termo, instrumento primário de introdução de normas no ordenamento jurídico. No Direito Tributário, temos as regras-matrizes de incidência dos tributos, além das normas que veiculam deveres instrumentais, sentenças condenatórias, declaratórias da existência da relação jurídica, lavratura do auto de infração e a elaboração legislativa sobre matéria até então não regulada.

Há, ainda, as normas de revisão sistêmica,[48] que se dirigem imediatamente a uma norma para mediatamente regular

48. MOUSSALLEM, Tárek Moysés. Fontes do direito tributário. *In: Curso de especialização em direito tributário:* Estudos analíticos em homenagem a Paulo de Barros Carvalho. Rio de Janeiro: Forense, 2005.

a conduta humana. Trata-se de aplicação de uma determinada norma que tem como objeto principal modificar ou extinguir outra norma. Ou seja, não visa a regular a conduta humana, mas revisar o sistema do direito positivo. Como exemplo destas normas, temos a sentença que declare a inexistência de uma relação jurídica, acórdãos em Ações Rescisórias, acórdão em Apelação, decisão do Supremo Tribunal Federal que declare a inconstitucionalidade de uma norma e a retificação do lançamento tributário.

Quanto ao nascimento dos enunciados prescritivos, convém a definição de Lourival Vilanova:[49]

> as normas de organização (e de competência), e as normas do "processo legislativo", constitucionalmente postas, incidem em fatos e os fatos se tornam jurígenos. O que denominamos "fontes do direito" são fatos jurídicos criadores de normas: fatos sobre os quais incidem hipóteses fácticas, dando em resultados normas de certa hierarquia.

Temos, portanto, que os enunciados prescritos nascem através da edição de veículo introdutor das normas, ou seja, de produção jurídica (fonte formal). Ingressam no ordenamento através da edição de normas de conduta e são retiradas do ordenamento positivo através da edição da norma de revisão sistêmica (fontes materiais).

O legislador, portanto, insere, no ordenamento, os suportes físicos das normas, em sentido amplo, que servirão de base para a construção normativa pelo intérprete, como normas ainda em sentido amplo e em sentido estrito. É na mente do intérprete, portanto, que se dotará do significado do enunciado prescritivo de efeito jurídico correspondente, atribuindo-lhe performatividade jurídica. Estas fontes serão objeto de contato do intérprete para a construção da norma jurídica.

49. VILANOVA, Lourival. *Causalidade e relação no direito.* 5ª ed. São Paulo: Noeses, 2015, p. 24.

3. NORMA JURÍDICA

3.1 Definição do conceito de norma jurídica

Os nomes são palavras tomadas para designar indivíduos e seus atributos, num determinado contexto de comunicação. Um nome geral é suscetível de ser aplicado, num mesmo sentido, a um número indefinido de coisas, denotando uma classe de objetos que apresentam o mesmo atributo – propriedade manifestada por certo objeto. Todo nome cuja significação está constituída de atributos é, em potencial, o nome de um número indefinido de objetos. Todo nome, geral ou individual, cria uma classe de objetos, com seus atributos peculiares. Classe é a extensão de um conceito geral ou universal.[50]

Albert Menne[51] define o conceito de classe como "a extensão de um conceito geral ou universal". Classificar consiste em distribuir em classes, ou seja, dividir os termos segundo a ordem de extensão, separar os objetos em classes de acordo com as semelhanças que entre eles existam, mantendo-os em posições fixas e determinadas em relação às demais classes.

Segundo Irving Copi,[52] "a ideia de classe é básica demais para ser definida em termos de conceitos mais fundamentais".

---

50. CARVALHO, Paulo de Barros. *Direito tributário: linguagem e método*. 5ª ed. São Paulo: Noeses, 2013, pp. 116-124.

51. MENNE, Albert. *Introducción a la lógica*. Madrid: Editorial Gredos, 1969, p. 140.

52. *Apud* MOUSSALLEM, Tárek Moysés. *Revogação em matéria tributária*. 2ª ed.

Lucas Galvão de Britto,[53] em opúsculo sobre o tema, escreve: "classe é a palavra empregada para designar o conjunto que reúne elementos segundo um método, sistema ou, como melhor se costuma designar nos manuais de lógica, um critério".

A classe é o conjunto abstratamente constituído para reunir certos elementos segundo um critério, cuja pertinência é resultado de um juízo binário, onde um objeto pertence ou não pertence a um dado conjunto. Classificar, assim, consiste na operação que permite reunir em conjuntos certos elementos, mediante julgamento, valorações, estimativas, positiva ou negativamente, de tais elementos segundo critérios, pressupondo, assim, uma diferença (p e -p) e fracionamento ou divisibilidade do todo submetido a esse julgamento.

A classe não pode existir fora da mente dos sujeitos, porque depende da formação de uma ideia acerca do objeto que se pretende examinar, ou seja, de valoração do sujeito a respeito dos atributos desse objeto. São construções intelectivas sem correspondência na natureza, a que alude Tárek Moysés Moussallem:[54] "não vemos as classes, criam-se, linguisticamente as classes". Assim, as classes não são descobertas, mas criadas pelos autores das proposições que as documentam, e novamente criadas na mente dos sujeitos que interpretam esses enunciados.

O princípio da identidade orienta a lógica clássica: algo é igual a si mesmo (a = a). Assim, é possível descrever uma classe de indivíduos "x" que são iguais a si próprios, ou seja, um conjunto que seria formado por todos os objetos do universo. Eis o conjunto denominado Universo: U ou V. Mas a atividade cognoscente tem por imprescindível o corte, de maneira que o todo é incognoscível: falar em um todo seria o mesmo que

---

São Paulo: Noeses, 2011, p. 44.

53. BRITTO, Lucas Galvão de. Sobre o uso de definições e classificações na construção do conhecimento e na prescrição de condutas. *In:* CARVALHO, Paulo de Barros (coord.). *Lógica e direito*. São Paulo: Noeses, 2016, p. 320.

54. MOUSSALLEM, Tárek Moysés. *Revogação em matéria tributária*. 2ª ed. São Paulo: Noeses, 2011, p. 41.

dirigir a atenção a nada. Na verdade não existe um conjunto universal contendo todas as entidades do universo (incluindo outros conjuntos e a si mesmo). Falar em conjunto universo indica apenas o conjunto das entidades que nos interessa estudar num certo momento, o universo do discurso de certa situação. Um conjunto universo firma as possibilidades de conhecimento da experiência, potencializando o trabalho cognoscitivo, impedindo que o intérprete trabalhe com elementos estranhos ao seu campo: é a fixação do universo do discurso. Nem mesmo a estipulação de um conjunto universo prescinde de um corte, sendo pressuposto para o conhecimento.

Ao lado do conjunto U, faz-se referência ao conjunto vazio (∅). Trata-se do inverso de U. É possível defini-lo como o conjunto formado por todo "x" tal que "x" seja diferente de si mesmo. Seria vazio em sua extensão, ainda que tenha intensão. O ser um conjunto vazio está relacionado à contingência de nenhum elemento do universo do discurso satisfazer o critério de pertinência à classe. A classe vazia não é preenchida por elemento algum e, apesar de ser dotada de extensão, carece de denotação e indivíduo.

Pelo princípio da extensionalidade, somente há um conjunto vazio, e várias maneiras de escolher os elementos de um conjunto, ou seja, de caracterizar um conjunto.[55] Este princípio permite definir a relação de inclusão entre conjuntos.

É válido afirmar que o conjunto vazio é subconjunto de qualquer conjunto dado. Suponhamos que $\varnothing \not\subset A$, ou seja, que o conjunto vazio não seja subconjunto de um dado conjunto A. Se isto fosse verdadeiro, então deveria existir pelo menos um elemento no conjunto ∅, que não pertenceria ao conjunto A. Ora, isto seria falso, pois o conjunto vazio não possui elementos. Então, a afirmativa $\varnothing \not\subset A$ é falsa, o que leva a concluir que $\varnothing \subset A$ é verdadeira. De uma classe ou conjunto lógico, diz-se que é o subconjunto de si mesmo, que há conjunto sem indivíduos ou membros – os conjuntos nulos ou vazios –,

55. MORTARI, Cézar. *Introdução à lógica*. São Paulo: Unesp, 2001, p. 46.

que todo conjunto nulo é parte de qualquer conjunto. Diz-se unitário o conjunto que em sua extensão reúne um e apenas um elemento. À classe que segrega de tal maneira o conjunto U chama-se também nome próprio.

Qualquer objeto de estudo é conceituável, falando-se em objeto se este se apresentar em correlação com um conceito. O conceito, em comparação com os processos intuitivos, está mais distante da realidade que, por sua vez, é constituída de individualidade, elementos heterogêneos, formando seres únicos de sua espécie, fenômenos singulares. Portanto, "da multiplicidade das coisas, fenômenos, propriedades, atributos, relações, o conceito escolhe alguns. Tem ele uma função seletiva em face do real. Em rigor, implica um ponto de vista, a partir do qual encara o ser em sua inabordável heterogeneidade."[56]

A definição do conceito de "definição" consiste em explicar o isolamento do objeto, erguer barreiras, ou limites, que lhe conferem unidade em meio à heterogeneidade do mundo. Trata-se de operação lógica pela qual a consciência se vale para restringir a atenção apenas aos objetos os quais pretende lidar.

Paulo de Barros Carvalho[57] ensina: "definir é operação lógica demarcatória dos limites, das fronteiras, dos lindes que isolam o campo de irradiação semântica de uma ideia, noção ou conceito. Com a definição, outorgamos à ideia sua identidade, que há de ser respeitada do início ao fim do discurso".

A classificação e a definição, como operações lógicas, coimplicam-se: ao assumir uma postura consciente ante o mundo, pressupõe o esforço de recortá-lo, classificando as experiências e definindo objetos.

Para cada ideia, atribuímos um nome, um termo que a represente numa instância física, para que possamos usar e

56. VILANOVA, Lourival. *Escritos jurídicos e filosóficos*. v. I. São Paulo: Axis Mvndi/ IBET, 2003, p. 7.

57. CARVALHO, Paulo de Barros. *Direito tributário, linguagem e método*. 5ª ed. São Paulo: Noeses, 2013, p. 120.

mencionar essa noção em meio a um discurso qualquer. A expressão "definição" padece da ambiguidade processo-produto, ora aludindo ao processo (operação lógica demarcatória de limites que isolam o campo de irradiação semântica de uma ideia, noção ou conceito), ora aludindo ao enunciado encarregado de documentar a realização de tal operação lógica e registrar essa identidade do conceito. Nesta segunda acepção costuma-se exprimir sob a forma alética clássica, sujeito é predicado – *S(p)* – onde o termo a ser definido (*definiendum*) ocupa a posição de sujeito, e o elemento definitório (*definiens*) que registra o corte realizado para isolar o objeto perfaz o papel de predicado.

Assim como a classe não se confunde com os indivíduos que a integram, também as definições não se devem confundir como os elementos que se pretendem definir: aquilo que se definem são os conceitos, nunca coisas-em-si. A definição, mesmo buscando a denotação exaustiva dos elementos de uma classe, nunca perde seu status de representação.[58]

Uma definição deve estabelecer a conotação convencional do termo a definir, e não deve ser excessivamente ampla nem excessivamente estreita. O *definiens* deve conter apenas termos conhecidos de antemão, e não deve estar expresso em linguagem ambígua, obscura ou figurada. O *definiens* não deve ser negativo em significação, ao menos que o *definiendum* seja primordialmente negativo em sua significação.[59]

Ao inventar nomes ou aceitar os já inventados, são traçados limites à realidade, como se cortada idealmente em pedaços e, ao assinalar cada nome, fosse identificado o pedaço que, segundo uma decisão, correspondesse a esse nome.[60] O

58. Sobre o tema, com bastante propriedade, o trabalho apresentado por Lucas Galvão de Britto. (BRITTO, Lucas Galvão de. Dividir, definir e classificar: conhecer é recortar o mundo. I Curso Internacional de Teoria Geral do Direito. Veneza, 2016. Disponível em: https://bit.ly/39F29L8 Acesso em: 28 jul. 2020.

59. MOUSSALLEM, Tárek Moysés. Sobre as definições. *In*: (coord.) CARVALHO, Paulo de Barros. *Lógica e direito*. São Paulo: Noeses, 2016, pp. 257-261.

60. CARVALHO, Paulo de Barros. *Direito tributário, linguagem e método*. 5ª ed. São Paulo: Noeses, 2013, p. 122.

definiendum liga-se ao *definiens* por meio de uma cópula alética dada pela cultura (e que aceita a participação nela) ou de uma cópula deôntica decorrente de um ato de vontade por parte de um sujeito apto para tanto.

No plano deôntico, este modo de definir um termo é definição estipulativa, conforme explica Irving Copi:[61]

> Uma definição estipulativa não é verdadeira nem falsa, mas deve ser considerada uma proposta ou uma resolução de usar o *definiendum* de maneira que signifique o que o *definiens* significa, ou como um pedido ou uma ordem. Nesta acepção, uma definição estipulativa tem o caráter mais diretivo do que informativo.

No campo alético, há definição lexicográfica, em que se busca reconhecer um uso já estabelecido numa cultura, cabendo inquirir a verdade da definição. Na segunda, prescreve-se um uso, ainda que não coincida com aquele já registrado num certo contexto, cabendo indagar a respeito de sua validade. A divisão entre definições conotativas lexicográficas e estipulativas não é completa.

Todo conceito, ideia ou noção se faz exprimir por um termo, um nome. Com o conhecimento do conceito, seus fins, confins e limites, sabe-se a que objeto se pode atribuir o termo e a quais não se pode. Assim, há uma relação próxima entre ter as propriedades de um conceito e pertencer a um conjunto.

Lucas Galvão de Britto[62] destaca:

> Num subdomínio como o das normas tributárias, que se fia intensamente na ideia de subsunção como fundamento à incidência de suas normas, assume especial relevância a exegese a respeito da "definição, conteúdo e alcance" dos conceitos legais. De fato, não se pode realizar a operação lógica de subsunção se, antes, não se compreender como os vários enunciados jurídicos se concatenam para enunciar o conjunto de propriedades

---

61. COPI, Irving. *Introdução à lógica*. São Paulo: Mestre Jou, 1978, p. 114.

62. BRITTO, Lucas Galvão de. *A regra-matriz de incidência tributária e as definições produzidas pelas agências reguladoras*. São Paulo: Noeses, 2017, p. 90.

que um elemento deve apresentar para se quadrar ao conceito normativo.

A atividade de definição consiste no meio pela qual se demarca o campo de aplicabilidade de um conceito, que atua pela extensão (definições denotativas) ou pela intensão (definições conotativas), demarcando uma classe: nas primeiras, elencam-se seus elementos, e na segunda, dão-se os critérios para que se possam submeter os objetos da experiência à prova, ainda que não se conheça todos previamente.

O número de classes numa proposta classificatória tem limite apenas na capacidade humana de encontrar uma diferença que justifique a divisão do gênero em novas espécies. Não existem classificações certas ou erradas, mas úteis ou inúteis.

Definições e classificações são expressões que devem ser tratadas com a premissa de que, no direito positivo, ainda que se apresentem com enunciados na forma alética, a proposição jurídica terá sempre a forma deôntica, pois os enunciados são articulados na estrutura de norma jurídica.

Através da segregação de certas condutas do conjunto universo de relações intersubjetivas, poderá o legislador rotulá-las como ilícitas, deixando as demais (conjunto complemento) marcadas pela licitude. Através das definições, identifica os sujeitos de uma relação, e isola no universo de coisas existentes na realidade social o núcleo do comando jurídico e a prestação pretendida.

Assim, o conceito de norma jurídica trata-se, antes de tudo, de um esquema em cujos limites o real é pensado. Desta forma, somente aquilo que do real cai na órbita desse esquema é objeto que, por sua vez, é o contraposto delineado pelo conceito.

As normas são resultantes da interpretação, adjudicação de sentido atribuída pelo intérprete, cuja construção resulta em uma significação deôntica. As normas jurídicas são, portanto, significações articuladas na forma lógica dos juízos hipotético-condicionais, relativas a comportamentos e relações jurídicas que serão instaladas entre sujeitos de direito, considerando sua acepção estrita.

A norma jurídica é unidade integrante do ordenamento jurídico vinculada à sua existência que, em sentido amplo, alude aos conteúdos significativos das frases do direito posto, vale dizer, dos enunciados prescritivos, não enquanto manifestações empíricas do ordenamento, mas como significações que seriam construídas pelo intérprete. Em sentido estrito, são as mensagens com sentido deôntico-jurídico completo produzidas pela composição articulada dessas significações. Consiste, portanto, na significação construída a partir dos textos positivados e estruturados consoante a forma lógica dos juízos condicionais, compostos pela associação de duas ou mais proposições prescritivas.[63]

É o que descreve Jonathan Barros Vita:[64]

> a norma jurídica, em sua plurissignificação, pode ser tomada como texto de direito positivo (suporte físico), como enunciado prescritivo, como ideia que é formada na mente do intérprete, como esquema interpretativo, como estrutura hipotético-condicional, entre outros. [...] Sinteticamente, a definição de norma jurídica em seu sentido estrito pode ser determinada como esquema, um esquema forma que é produzido pelo intérprete do direito a partir dos textos de direito positivo válidos e seus correspondentes enunciados prescritivos como forma de estruturar as comunicações jurídicas.

Tercio Sampaio Ferraz Junior,[65] por sua vez, esclarece: "seja como norma-proposição, seja como norma-prescrição, seja como norma-comunicação, o conceito de norma jurídica é um centro teórico organizador de uma dogmática analítica". Assim, o jurista equipara-se a um cientista social. A norma é critério de análise em que se manifesta o fenômeno jurídico

---

63. CARVALHO, Paulo de Barros. *Direito tributário, linguagem e método.* 5ª ed. São Paulo: Noeses, 2013, pp. 128-129.

64. VITA, Jonathan Barros. *Teoria geral do direito:* direito internacional e direito tributário. São Paulo: Quartier Latin, 2011, pp. 41-43.

65. FERRAZ JUNIOR, Tercio Sampaio. *Introdução ao estudo do direito:* técnica, decisão, dominação. 2ª ed. São Paulo: Atlas, 1994, p. 103.

voltado à regulação de condutas modalizadas como permissões, proibições e obrigações. Assim, são criadas pelo homem as relações de subordinação e de coordenação por meio das interpretações de suas prescrições.

As normas jurídicas serão válidas quando mantiverem relação de pertinência a um determinado sistema, ou, ainda, que nele foi posta por órgão legitimado a produzi-la, através do procedimento adequado a tal fim. Temos fundamentalmente por sistema o conjunto de elementos relacionados entre si e aglutinados perante referência determinada.[66]

A validade se confunde com a própria existência da norma. Afirmar que determinada norma existe implica reconhecer sua validade em face de determinado Sistema Jurídico. A validade da norma consiste em dizer que se trata daquela que respeitou a enunciação, ou seja, foi produzida numa organização escalonada (procedimento válido) por órgão habilitado pelo sistema para sua produção.

Eficácia jurídica diz respeito à etapa do mecanismo lógico de incidência, processo pelo qual, efetivando-se o fato previsto no antecedente, projetam-se os efeitos prescritos no consequente. É qualidade do fato e não da norma, ou seja, não se trata de atributo da norma, mas do fato previsto pela norma, que desencadeia os efeitos que lhe são próprios.

Eficácia técnica é característica da norma segundo o qual, ocorrido o fato jurídico tributário, irradiam-se os efeitos jurídicos correspondentes, sem qualquer obstáculo que o impeça. É a qualidade da norma para descrever os fatos que, uma vez ocorridos, tenham aptidão de irradiar efeitos jurídicos, já removidos os obstáculos materiais ou as impossibilidades sintáticas. A ineficácia técnica pode ser positiva ou negativa, sintática ou semântica.

Eficácia social, ou efetividade, diz respeito aos padrões de acatamento com os quais a comunidade responde aos mandamentos de uma ordem jurídica dada. É eficaz a norma cuja

---

66. CARVALHO, Paulo de Barros. *Direito tributário, linguagem e método*. 5ª ed. São Paulo: Noeses, 2013, p. 449.

disciplina é concretamente seguida pelos destinatários. Não se trata de conceito jurídico, interessando aos domínios das indagações sociológicas, mais precisamente à Sociologia Jurídica.

A noção de fato jurídico tributário, localizado no antecedente de uma norma individual e concreta, pode ser a do ato de lançamento como a de ato exarado pelo sujeito passivo a quem a lei outorgou a devida competência.

Neste sentido, se apresenta como um enunciado de teor prescritivo e não cognoscente do real, submetendo-se aos valores da Lógica Deôntico-Jurídica (válido ou não válido), nunca os da Lógica Alética (verdadeiro ou falso). Relatando um evento do passado, caracterizado no tempo e espaço, o enunciado declara ter ocorrido uma alteração no plano físico-social. Neste sentido, o fato jurídico tributário tem caráter declaratório, aplicando-se a legislação em vigor no momento da ocorrência do evento. Entretanto, o relato do acontecimento pretérito é exatamente o modo como se constitui o fato. Assim, o enunciado projeta-se para o passado, recolhe o evento e, ao descrevê-lo, constitui-se como fato jurídico tributário. Ou seja, o enunciado do antecedente da norma individual e concreta que analisamos se constitui como fato ao descrever o evento.[67]

O ato constitutivo tem como objetivos principais alterar, adquirir e extinguir direitos e possui efeito *ex nunc*. O ato declaratório, por sua vez, admite a existência de um direito anterior e possui efeito *ex tunc*.

Esquema 1: Atos constitutivo e declaratório

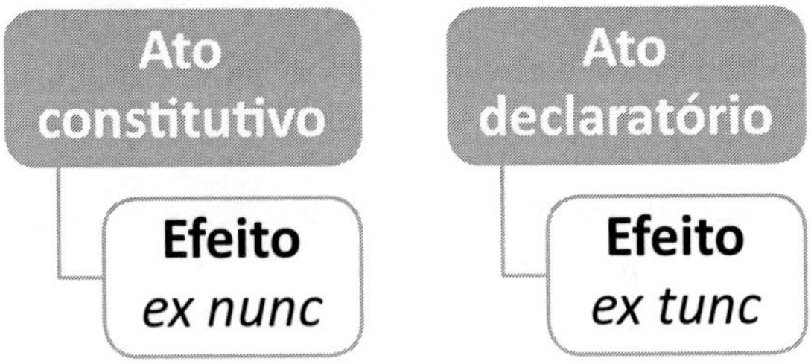

67. CARVALHO, Paulo de Barros. *Curso de direito tributário*. 25. ed. São Paulo: Saraiva, 2013, p. 383.

3.2 Considerações lógicas sobre a norma jurídica

A norma jurídica, em sentido amplo, consiste em todas as prescrições contidas no ordenamento, considerando aquelas produzidas por meio da linguagem: compreende o lançamento, enunciados prescritivos, textos de lei, formulações do direito positivo, do legislador em sentido amplo. A norma jurídica, em sentido estrito, trata-se da composição dos enunciados para chegar a um juízo hipotético condicional, cuja forma é:

$NJ(e) = D\,[H \rightarrow C]$.[68]

A hipótese, em seu caráter sintático, denomina o antecedente da relação de implicação, exercendo função de descritor, constituído de fatos físicos, físicos e sociais, ou fatos já juridicamente qualificados. A hipótese não se dirige a fatos do mundo com propósito de orientá-los como qualquer dever-ser (como causalidades biológicas ou fatos naturais), mas dirige-se à proibição, obrigação ou permissão de condutas humanas.

Na direção semântica, a hipótese tem a função de descrever situação objetiva de possível ocorrência, mediante a indicação de notas (conotação) que, coincidentes com os caracteres apresentados em determinados fatos, permite seu ingresso no universo jurídico, selecionando propriedades (caráter axiológico) e reduzindo complexidades inerentes aos acontecimentos por ela recolhidos. O ato de vontade daquele que elabora a hipótese normativa, na escolha do fato que será descrito, deve respeitar o limite ontológico da possibilidade, ou seja, a escolha deve recair sobre acontecimentos possíveis, sob pena de, descrevendo fatos de impossível ocorrência, a consequência nunca se verificar, tornando-se inoperante para a regulação das condutas intersubjetivas. Ainda sob tal aspecto semântico, a previsão de conduta necessária carecerá de sentido deôntico, pois somente há sentido em proibir, permitir

68. Desformalizando, temos que NJ(e) corresponde à norma jurídica em sentido estrito; D é o functor-de-functor, que afeta a relação implicacional; H é a hipótese descritora de fato de possível ocorrência; → é o functor implicacional, de caráter condicional; e C é o consequente.

ou obrigar a prática de determinada ação se existirem dois ou mais comportamentos possíveis.

Afirma-se, assim, o pressuposto ontológico do direito (Pp v P-p), em que uma conduta *p* ou está permitido cumpri-la ou sua omissão *-p* está permitida, sendo teorema deôntico cuja fórmula molecular é tomada como axioma.

O pressuposto aponta para dados de fato, segmentando-o, não possuindo valores veritativos de verdade e falsidade porque ter-se-ia composição híbrida no enunciado normativo. As hipóteses valem porque foram constituídas por normas de direito positivo, e são pressupostos de consequências. Apesar de descritivas, não são verdadeiras nem falsas, mas válidas ou não válidas. Em relação às normas válidas e realizáveis, dá-se correspondência com seu esquema abstrato de fato de possível ocorrência. Caso o suporte factivo não possa se dar por impossível, não é hipótese falsa, mas inviável, irrealizável, um sem-sentido ou até contra sentido semântico.

Assim, o antecedente da norma jurídica assenta-se no modo ontológico da possibilidade, quer dizer, os eventos da realidade tangível nele recolhidos terão de pertencer ao campo do possível. Há similitude entre as proposições tipificadoras das classes dos fatos, como é a hipótese normativa, e aquelas cognoscentes do real, mas uma observação lógica dá a dimensão de que a hipótese, como a norma na sua integralidade, pressupõe-se como válida antes mesmo dos fatos ocorrerem, e permanece assim ainda que os mesmos eventos (necessariamente possíveis) nunca venham a verificar-se no plano da realidade. No plano declarativo ou teorético, há de se aguardar o teste empírico para expedição de juízo de valor lógico em relação à proposição correspondente, para ser possível dizer da verdade ou falsidade dos enunciados descritivos contingentes, ressalvando-se os tautológicos e os contraditórios.[69] Os conteúdos normativos têm limite semântico, restritos àquilo que seja factualmente possível e que não seja factualmente necessário.

---

69. CARVALHO, Paulo de Barros. *Direito tributário, linguagem e método*. 5ª ed. São Paulo: Noeses, 2013, pp. 132-133.

Considerando a causalidade jurídica, o Sistema Jurídico determina, dentre as possíveis hipóteses e consequências, as relações que devem se estabelecer. Trata-se de ato de vontade da autoridade que legisla, ato que não é discricionário nem arbitrário, mas de vontade intersubjetiva, como o poder de impor a vontade (exercício de mando) sobre outra, expresso por um dever-ser neutro, que não aparece modalizado nas formas proibido, permitido e obrigatório, responsável pela conexão deôntica entre a hipótese e a consequência.

Trata-se do functor-de-functor, expressão do constructivismo lógico-semântico, relativa ao dever-ser jurídico, que surge em função de ato de vontade de alguém detentor da competência, e indica a operação deôntica incidente sobre o liame de implicação interproposicional, estabelecendo que deve-ser o vínculo implicacional, constituindo o nexo jurídico da proposição antecedente e proposição consequente, presentes na norma jurídica.

Ressalte-se que tanto a causalidade jurídica como a causalidade natural encontram sua adequada forma sintática na proposição implicacional,[70] mas a diferença entre ambos não reside no functor de implicação, mas em um functor que afeta a proposição implicacional em seu conjunto. No plano jurídico, a norma jurídica apresenta a seguinte estrutura lógica: D (H → C). Considerando tal referência simbólica, "D" é o functor-de-functor, que configura a causalidade jurídica, na qual a hipótese implica deonticamente a consequência, juntamente com o functor implicacional "→".

Esquema 2: Causalidades jurídica e natural

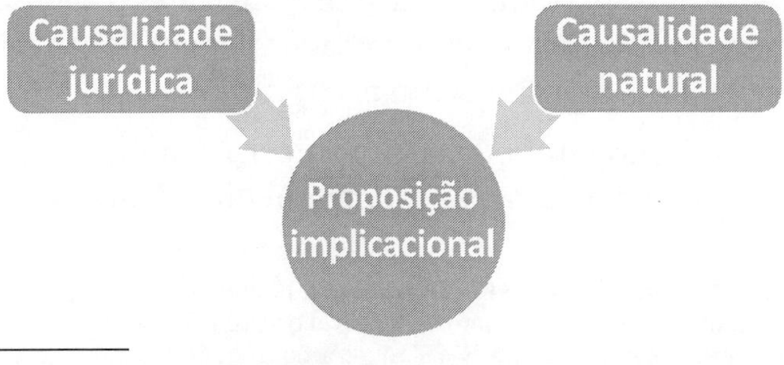

70. VILANOVA, Lourival. *Causalidade e relação no direito*. 5ª ed. São Paulo: Noeses, 2015, p. 51.

O functor-de-functor incide sobre a relação implicacional, que não existiria sem este, e não apenas sobre a proposição consequente, e se expressa por um dever-ser neutro.

Assim, o functor implicacional "→" simboliza o nexo de implicação existente entre a hipótese e a consequência (proposições implicante e implicada), tratando de um operador lógico indicador da forma sintática que une as duas proposições componentes da norma jurídica. Assim, é impossível a ocorrência da hipótese sem a instauração da consequência, em razão da ligação de ambas pelo functor implicacional: ocorrido o fato descrito na hipótese, necessariamente instaura-se a relação jurídica prescrita na consequência, ressaltando que a implicação, na Lógica, é condicional tautológico.

O functor implicacional, por si só, não indica a existência da causalidade normativa, pois há conectivo condicional também na causalidade física, havendo a necessidade do functor-de-functor.

Já dissemos que a hipótese ou antecedente descreve um fato de possível ocorrência no mundo fenomênico e o consequente prescreve a relação jurídica que irá se instaurar entre o sujeito ativo e o sujeito passivo se o fato previsto na hipótese vier a ocorrer no mundo social, consistindo, portanto, em relação jurídica linear. Demonstrando-se a estrutura formal, temos: D [H→R'(S',S")].[71] Na norma jurídica, revelados os sujeitos integrantes da consequência normativa, temos modalizada a conduta nos functores obrigatório (O), permitido (P) e proibido (V). Ressalte-se que os sujeitos de direito integrantes da consequência normativa encontram-se conectados por um dever-ser intraproposicional, que se apresenta necessariamente modalizado.

O termo modal designa a proposição na qual a cópula recebe uma determinação complementar qualquer. Numa

71. Explicando a fórmula: D é o functor-de-functor, que afeta a relação implicacional; H é a hipótese descritora de fato de possível ocorrência; → é o functor implicacional, de caráter condicional; e R' (S',S") é a consequência, que prescreve uma conduta intersubjetiva entre dois sujeitos de direito, sendo R' o relacional deôntico, S' o sujeito ativo e S" o sujeito passivo.

determinada estrutura lógica a proposição "p" (que contém dentro de si um sujeito e um predicado) constitui por sua vez, toda ela, o sujeito de uma proposição maior, onde o predicado é o que se disse de "p". Trata-se de predicado de segundo nível: o primeiro nível é a descrição de um estado de coisas; o segundo aparece quando se disse algo sobre aquela descrição.

A partir dos modais é possível estabelecer diferenças de predicação, ou seja, diferenças que podem ser produzidas pela referência de um predicado ao sujeito da proposição.

Na lógica proposicional usamos letras minúsculas (p, q, r etc.), que chamamos variáveis, para representar proposições. Estas proposições são descrições de estados de coisas, e podem ser verdadeiras (quando descrevem um estado real) ou falsas (quando afirmam um estado de coisas inexistente). Assim, "p" pode representar expressões como "todos os homens são mortais" e "a lua é uma bola de queijo Gruyère".[72]

A partir das variáveis é possível simbolizar proposições complexas (cujo valor depende dos valores de verdade de seus componentes) por meio de conectivos ou operadores lógicos. Destes operadores, um é monádico (a negação, que somente se refere à fórmula situada imediatamente a sua direita) e os demais são diádicos ou binários (vinculam duas fórmulas, uma das quais se encontra à esquerda e a outra à direita do operador).

Uma proposição pode ser verdadeira ou falsa (uma e somente uma das duas coisas). Mas frequentemente usamos expressões cujo significado não se esgota na afirmação de fato – verdadeira ou falsa – que contêm.

Semelhante sistema seria uma lógica modal, porque expressaria as relações entre modalidades de certo tipo que podem afetar uma proposição. Tais operadores, diferente dos conectivos da lógica proposicional, não são extensionais, ou seja, o valor de verdade da fórmula modal não é uma função de valor de verdade de seus componentes.

---

72. ECHAVE, Delia Tereza; URQUIJO, María Eugenia; GUIBOURG, Ricardo. *Lógica, proposición y norma*. Buenos Aires: Astrea, 1991.

A lógica modal deôntica se refere às condutas subjetivas, ou seja, à regulação de comportamentos e, assim, suas proposições serão: "proibido" (Vp), "permitido" (Pp) e "obrigatório" (Op). Aspecto importante consiste no relacionamento entre os modais deônticos (proibido, obrigatório e permitido) e seus modos ontológicos: o que as normas prescrevem requerem o contexto das possibilidades fáticas, não se admitindo prescrição de condutas impossíveis ou o que é factualmente necessário, sob pena de carecerem de sentido semântico, conservando-se, contudo, sua estrutura sintática.

Considerando a lei deontológica do quarto excluído, o comportamento facultativo (Fp) não se trata de um quarto modal, mas de uma permissão bilateral, onde é permitido cumprir a conduta e permitido também omiti-la (Pp. P-p).

A definição do conceito de norma jurídica como significação construída a partir dos textos positivados e estruturados consoante a forma lógica dos juízos condicionais é, portanto, mais abrangente do que aquela proposta por Hans Kelsen. Esta última define a estrutura da norma jurídica, segundo a descrição dada pela proposição jurídica, como a ligação deôntica entre a referência a certo comportamento e uma sanção, ou seja, de modo mais simples. Ela pode ser compreendida como a imposição de uma sanção à conduta nela considerada.[73]

É possível, portanto, classificar as normas jurídicas válidas quanto à sua estrutura sintática, sendo: a) sentido estrito, em que há a estrutura hipotético-condicional, podendo ser primária dispositiva ou sancionadora, ou secundária (processual); e b) completo, na qual há ligação entre uma norma primária e secundária, material e processual.[74]

---

73. KELSEN, Hans. *Reine Rechslehre*. Edição portuguesa. 5. ed. Coimbra: Arménio Amado, 1979.

74. VILANOVA, Lourival. *As estruturas lógicas e o sistema do direito positivo*. São Paulo: Noeses, 2005.

Esquema 3: Classificação das normas jurídicas válidas

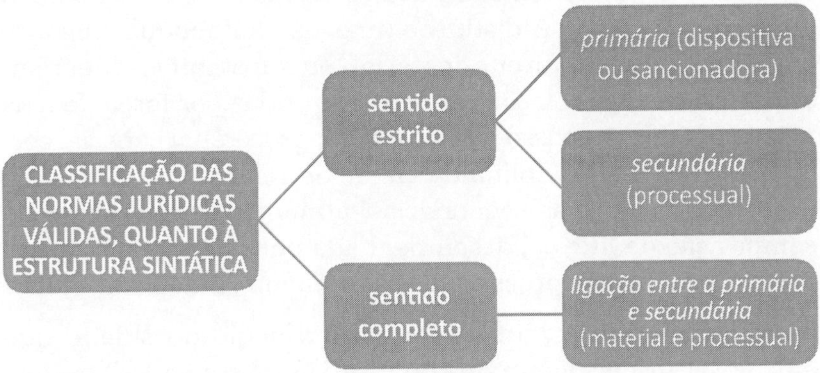

Processo, por sua vez, se trata de relação jurídica instrumental, defluente do fato jurídico conflito, que supõe a preexistência de outra relação jurídica, efetiva ou potencial. A natureza da relação jurídica onde a noção de conflito se põe denuncia a natureza da relação processual.[75]

Nesse sentido ensina Lourival Vilanova:[76]

> Em reescritura reduzida, num corte simplificado e abstrato, a norma jurídica apresenta composição dúplice: norma primária e norma secundária. Na primeira, realizada a hipótese fática, i. e., dado um fato sobre o qual ela incide, sobrevém, pela causalidade que o ordenamento institui, o efeito, a relação jurídica com sujeitos em posições ativa e passiva, com pretensões e deveres (para nos restringirmos a relações em sentido estrito). Na segunda, a hipótese fática, o pressuposto é o não cumprimento, a inobservância do dever de prestar, positivo ou negativo, que funciona como fato jurídico (ilícito, antijurídico) fundante de outra pretensão, a de exigir coativamente perante órgão estatal a efetivação do dever constituído na norma primária.

Assim, não é possível falarmos em total autonomia do direito processual em relação ao direito material. Especificamente

75. CONRADO, Paulo Cesar. *Processo tributário*. São Paulo: Quartier Latin, 2004, p. 23.

76. VILANOVA, Lourival. *Causalidade e relação no direito*. 5ª ed. São Paulo: Noeses, 2015, p. 123.

quanto ao Direito Processual Tributário, trata-se de resultado da associação do fenômeno jurídico-tributário e do fenômeno jurídico-processual. A distinção (mas não autonomia) consiste em afirmar que ao direito material, ou substantivo, caberiam as disciplinas das relações jurídicas surgidas por força de normas primárias, ao passo que ao direito processual caberia, correlativamente, a disciplina da classe de relações jurídicas que decorrem de normas secundárias, atinentes às atividades de composição de litígios, desempenhada por quem pode figurar numa dada relação processual (basicamente: autor, réu e juiz).

Vejamos, assim, um exemplo: o vínculo do sujeito que afirma ser titular de um direito insatisfeito com o Estado-juiz não se mostra suficiente à edificação do fenômeno processual, que supõe a constituição de outros atos, cuja prática envolverá um terceiro sujeito, qualificado como descumpridor da conduta imposta pela parte primária da norma completa. Assim, com o processo, se postula a atuação estatal tendente à imposição de conduta não praticada sob o influxo único da norma dita primária, estabelecendo-se um vínculo entre o sujeito supostamente responsável pela conduta em questão (réu) e o Estado-juiz, que garantirá eficácia ao ato estatal determinativo do cumprimento coativo da prestação eventualmente devida. Ao vínculo (linear) estabelecido entre o Estado-juiz e o réu, que sucede o vínculo (linear) estabelecido entre o autor e o Estado-juiz dá-se o nome de contraditório, sendo decorrência lógica do viés comunicacional que subjaz ao processo.[77]

O trabalho de ramificação do direito positivo, conquanto sugira uma aparente autonomia científica, não passa de mero expediente metodológico, de uma operação didática, incapaz de isolar esse ou aquele domínio do conhecimento jurídico.[78]

Assim, somente há de se falar na existência de um determinado ramo do Direito mediante a consecução de cortes

---

77. CONRADO, Paulo Cesar. *Processo tributário*. São Paulo: Quartier Latin, 2004, p. 41.

78. CONRADO, Paulo Cesar. *Compensação tributária e processo*. 2ª ed. São Paulo: Quartier Latin, 2010, pp. 23-24.

metodológicos realizados em obséquio à didática, sem prejuízo da unidade do ordenamento.

3.3 Estrutura e classificação das normas jurídicas (tributárias)

Norberto Bobbio[79] desenvolveu uma série de considerações sobre a estrutura da norma jurídica do ponto de vista formal, isto é, da norma jurídica independentemente de seu conteúdo. Como estrutura lógico-linguística, a norma jurídica pode ser preenchida pelos mais diversos conteúdos, contudo, se manifesta como proposição prescritiva, cujo valor é a validade, e não como proposição descritiva, cujo valor é a veracidade. Assim, como proposição, a norma jurídica é um conjunto de palavras que tem significado, onde a mesma proposição normativa, o mesmo sentido, pode formular-se com diferentes enunciados linguísticos, sinalizando a distinção entre texto normativo (literal) e a norma jurídica como estrutura de sentido, inconfundível, mas dependente de seu enunciado.

Neste diapasão, o que interessa ao jurista, quando interpreta a lei, é seu significado, e não apenas o enunciado literal correspondente. O sentido normativo, a norma jurídica, portanto, é o produto de uma interpretação, e não o objeto da interpretação. O objeto a ser interpretado é o enunciado, o texto linguístico, do qual sobressai, mediante a interpretação, o significado, a norma jurídica. Neste sentido, dispõe Tercio Sampaio Ferraz Júnior:[80] "as normas, enquanto esquemas doadores de significado, podem manifestar uma objetividade relativa: o que é norma para um ou para um grupo pode não ser norma para outro".

Contudo, a norma jurídica comporta análise quanto à sua estrutura, podendo ser classificada em norma primária

---

79. BOBBIO, Norberto. *Teoria da norma jurídica*. Tradução de Ariani Bueno Sudatti e Fernando Pavan Baptista; apresentação de Alaôr Caffé Alves. 5ª ed. São Paulo: Edipro, 2014, pp.13-14.

80. FERRAZ JUNIOR, Tercio Sampaio. *Introdução ao estudo do direito:* técnica, decisão, dominação. 2ª ed. São Paulo: Atlas, 1994, p. 100.

e norma secundária. A norma primária tem em sua hipótese a conotação de um fato de possível ocorrência, ao passo que a hipótese da norma secundária descreve a inobservância da conduta prescrita na consequência da primeira.[81]

Segundo Paulo de Barros Carvalho,[82] as regras do direito têm feição dúplice: norma primária, a que prescreve um dever, se e quando acontecer o fato previsto no suposto; norma secundária, a que prescreve uma providência sancionatória, aplicada pelo Estado-Juiz, no caso de descumprimento da conduta estatuída na norma primária.

No plano do direito material tributário, entende-se por norma jurídica primária, cuja hipótese ou antecedente descreve um fato jurídico de possível ocorrência no mundo fenomênico (evento tributário) e o consequente prescreve a relação jurídica que será instaurada entre o particular e o Fisco, se o fato previsto na hipótese vier a ocorrer no mundo fenomênico, consistindo, portanto, em relação jurídica linear.

Esquema 4: Direito material tributário

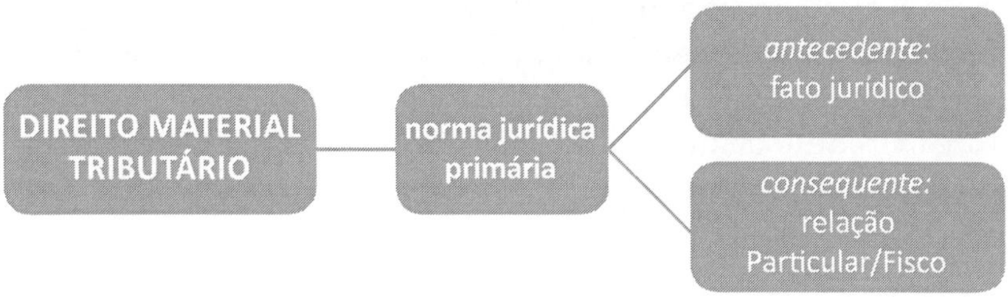

A norma jurídica de direito processual consiste na norma secundária cuja hipótese ou antecedente toma o fato do não cumprimento da relação jurídica prescrita no consequente da norma de direito material, cujo consequente prescreve a relação jurídica que irá se instaurar entre o sujeito-contribuinte

81. CARVALHO, Paulo de Barros. *Curso de direito tributário.* 25. ed. São Paulo: Saraiva, 2013, p. 468.

82. CARVALHO, Paulo de Barros. *Direito tributário, linguagem e método.* 5ª ed. São Paulo: Noeses, 2013, p. 851.

e o juiz e entre o sujeito-fisco e o juiz. Trata-se, portanto, de relação jurídica angular.

O ordenamento jurídico regula a conduta humana de três formas possíveis (modais deônticos): proibida, permitida e obrigatória. Diz-se haver uma "infração" quando uma conduta proibida ou obrigatória não é cumprida. Para se qualificar a conduta desejada ("infringida") como jurídica, deve sempre a ela ser atribuída uma sanção. Sanção consiste na atribuição de uma consequência jurídica ao não cumprimento da conduta desejada.

As normas de sanções tributárias consistem em regras de conduta cujo antecedente descreve fato ilícito qualificado pelo descumprimento de um dever estipulado no consequente da regra-matriz de incidência. Também são normas primárias, mas de natureza sancionatória. A norma jurídica de direito penal tributário como sanção administrativa tem, portanto, descrito na hipótese ou antecedente o não cumprimento (ilícito tributário) da conduta prevista no consequente da norma de direito material tributário (evento – fato jurídico da sanção) e, como consequente, prescreve a relação jurídica que irá se instaurar entre o particular e o Fisco, em que o sujeito passivo (contribuinte) tem o dever de cumprir uma prestação sancionadora, ou seja, multa.[83] Trata-se de relação jurídica linear.

Noutros torneios, a norma jurídica de direito penal tributário (sanção administrativa) tem no antecedente a descrição de ilícito tributário que pode relacionar-se a não prestação do tributo (não-p), o não cumprimento dos deveres instrumentais, a omissão em prestar as informações à fiscalização, cujo objetivo é reforçar a eficácia dos deveres jurídicos estabelecidos na norma primária dispositiva. A regra-matriz punitiva tem como antecedente conduta contrária ao mandamento insculpido na regra-matriz de incidência tributária, e no

83. SANTOS, Ana Luiza Vieira; MESSIAS, Adriano Luiz Batista. Multas qualificadas devido a negócios jurídicos simulados em planejamento tributário. *Revista Jus Navigandi*, Teresina, ano 23, n. 5.522, 14 ago. 2018. Disponível em: https://jus.com.br/artigos/68294. Acesso em: 08 maio 2019.

consequente relação jurídica restritiva de direitos, de natureza sancionatória.

As espécies de sanções consistem em multas, apreensão de mercadorias (cuja validade se dá na hipótese penal) e instauração de regime especial. A sanção administrativa pode ser aplicada pela própria Administração, enquanto a sanção penal somente pode ser aplicada pelo Poder Judiciário. A sanção tributária trata-se, portanto, da relação jurídica que se instala, por força do acontecimento de um fato ilícito, entre o titular do direito violado e o agente da infração. Consiste ainda na importância devida ao sujeito ativo da obrigação, a título de penalidade ou indenização, além dos deveres de fazer ou de não fazer.

A infração tributária trata-se de categoria relativa ao mundo fático, assim definida por Paulo de Barros Carvalho[84] "como toda ação ou omissão que, direta ou indiretamente, represente o descumprimento dos deveres jurídicos estatuídos em leis fiscais", podendo classificar-se como violações à obrigação tributária ou deveres instrumentais ou formais; e infrações tributárias subjetivas ou objetivas, e sujeitam-se, pelo caráter não criminal, aos princípios gerais do Direito Administrativo.

No campo do Direito Penal, deve encontrar-se presente a materialidade do evento contrário ao estabelecido pela ordem jurídica, cumulado com a culpabilidade do agente. Assim, os crimes fiscais estão subordinados aos princípios, institutos e formas do Direito Penal, traduzindo-se em hipóteses normativas da regra sancionatória.

A positivação da obrigação tributária se dá através da introdução, no sistema, de norma individual e concreta constituída pela autoridade competente, ou seja, o fisco, ou através de edição pelo contribuinte de linguagem competente que constitua o crédito tributário e, por corolário, a obrigação tributária. Por seu turno, a positivação do crime contra a ordem

84. CARVALHO, Paulo de Barros. *Direito tributário, linguagem e método*. 5ª ed. São Paulo: Noeses, 2013, p. 470.

tributária se dá pela norma individual e concreta constitutiva crime, cuja autoridade competente é o Poder Judiciário.

A multa tributária consiste em espécie de sanção tributária traduzida em montante pecuniário exigido pelo Estado, amparado por lei, em face de um descumprimento de dever legal por parte do contribuinte. Possui caráter pessoal, conforme afirma Temístocles Brandão Cavalcanti,[85] "podem ser consideradas indenizações, mas visam, antes de tudo, a coagir o contribuinte: é processo de intimidação. Mesmo a multa de mora pode ser assim considerada, para coagir o contribuinte a pagar com pontualidade o seu débito".

As normas jurídicas também podem ser classificadas em normas de estrutura ou de organização. Luís Roberto Barroso,[86] ao tratar dessa categoria de regras, assim se pronunciou:

> Não se destinam elas a disciplinar condutas de indivíduos ou grupos; têm um caráter instrumental e precedem, logicamente, a incidência das demais. É que, além de estruturarem organicamente o Estado, os preceitos dessa natureza disciplinam a própria criação e aplicação das normas de conduta. As normas de organização não contêm a previsão abstrata de um fato, cuja ocorrência efetiva deflagra efeitos jurídicos. Vale dizer, não se apresentam como juízos hipotéticos.

Marçal Justen Filho,[87] ao operar a dicotomia entre normas de conduta e normas de estrutura, alinha-se à posição demonstrada, entendendo que as normas de estrutura não possuem natureza de juízos hipotéticos:

> [...] a norma de estrutura (de segundo grau) não tem, quer natureza condicionada, quer estrutura dúplice. Sua obrigatoriedade, seus efeitos e seu comando são devidos na mais ampla latitude

---

85. CAVALCANTI, Temístocles Brandão. *Teoria dos atos administrativos.* São Paulo: RT, 1973, p. 163.

86. BARROSO, Luís Roberto. *Interpretação e aplicação da Constituição:* fundamentos de uma dogmática transformadora. 5ª ed. São Paulo: Saraiva, 2003, p. 109.

87. JUSTEN FILHO, Marçal. *O imposto sobre serviços na Constituição.* São Paulo: RT, 1985, p. 24.

> e independente de circunstâncias condicionantes. [...] Trata-se de um comando incondicionado que não se dirige à conduta humana, mas a fixar os pressupostos do ordenamento jurídico. [...] São então normas de caráter categórico, que impõem algo que não está subordinado à ocorrência de qualquer condição. E a imposição nelas contida não se traduz em uma relação jurídica – mas na definição da estrutura e do funcionamento do Direito.

As denominações como normas primárias, normas de conduta, normas materiais ou normas de comportamento encontram conteúdo similar, cujas utilizações se dão de acordo com a Ciência do Direito e a doutrina utilizada. Da mesma forma, as denominadas normas secundárias, normas de estrutura ou normas de organização.[88]

Entretanto, para Aurora Tomazini de Carvalho,[89] as normas são dispositivas e derivadas em relação umas às outras, cuja diferenciação de normas primárias e secundárias consiste no fato de que uma possui prescrição de direito material e outra uma relação de cunho adjetivo, cujo objeto é a coercitividade jurídica. Assim, a norma contida no art. 3º do Código Tributário Nacional é dispositiva, uma vez que sua hipótese não descreve uma sanção ou descumprimento de outra norma, mas dispõe sobre uma conduta.

Assim, teremos as normas primárias dispositivas, normas primárias derivadas não punitivas, normas primárias derivadas punitivas e normas secundárias. Ressalte-se, por oportuno, que a norma secundária tem referência ao conceito de sanção em

---

88. Utilizam a denominação 'normas primárias' e 'normas secundárias': HART, Herbert. L. A. *O conceito de direito.* Lisboa: Fundação Calouste Gulbenkian, 1986, p. 91; 'normas de conduta' e 'normas de organização': BARROSO, Luís Roberto. *Interpretação e aplicação da Constituição:* fundamentos de uma dogmática transformadora. 5ª ed. São Paulo: Saraiva, 2003, p. 109; 'regras de comportamento' e 'regras de estrutura': CARVALHO, Paulo de Barros. *Curso de direito tributário.* 25. ed. São Paulo: Saraiva, 2013, p. 151; 'normas de comportamento' e 'normas de estrutura': BOBBIO, Norberto. *Teoria do ordenamento jurídico.* Tradução de Ari Marcelo Solon; apresentação de Tercio Sampaio Ferraz Junior. 2ª ed. São Paulo: Edipro, 2014, p. 45.

89. CARVALHO, Aurora Tomazini de. *Curso de teoria geral do direito:* o constructivismo lógico-semântico. 4ª ed. São Paulo: Noeses, 2014.

sentido estrito, ou seja, de assegurar o cumprimento da conduta prescrita, mediante exercício de coerção jurisdicional, enquanto o caráter punitivo da norma primária refere-se às relações jurídicas, de cunho material instituidora de conduta reparatória em razão do descumprimento de pressupostos obrigacionais.

3.4 Regra-matriz de incidência tributária

A regra-matriz de incidência tributária é um esquema lógico-semântico revelador do conteúdo normativo, utilizado na construção da norma jurídica em sentido estrito, ou seja, assinala o núcleo do impacto jurídico da exação. Tal construção é obra do cientista do Direito e apresenta-se com a compostura própria dos juízos hipotético-condicionais.

Paulo de Barros Carvalho[90] define a norma jurídica como a "expressão mínima e irredutível (com o perdão do pleonasmo) de manifestação do deôntico, com o sentido completo". É, pois, o estudo da regra-matriz um recurso metodológico de estudo da norma jurídica, que permite a visualização de toda a conformação normativa.

Sua funcionalidade operacional no Direito Tributário consiste em identificar a hipótese, suposto ou antecedente, a que se conjuga um mandamento, uma consequência ou estatuição. Assim, caracteriza-se como método de organização do texto bruto do direito positivo, ou seja, organização dos enunciados prescritivos para posterior interpretação e avaliação da constitucionalidade e da legalidade dos tributos.

Noutros torneios, consiste em forma de organização lógica e sintática que permite o posterior preenchimento da estrutura da norma com as variações semânticas e implicações pragmáticas do texto legal, por meio da linguagem do direito positivo, partindo da premissa de que toda regra jurídica tem estrutura de juízo hipotético condicional. A regra-matriz de incidência

90. CARVALHO, Paulo de Barros. *Direito tributário, linguagem e método*. 5ª ed. São Paulo: Noeses, 2013, p. 611.

tributária, portanto, delimita o âmbito de incidência normativa e controla a constitucionalidade e a legalidade normativa.

A hipótese trará a previsão de um fato, enquanto a consequência prescreverá a relação jurídica (obrigação tributária) que irá se instaurar, onde e quando acontecer o fato previsto no suposto.

Segundo Lourival Vilanova, a proposição que dá forma à norma jurídica:

> é uma estrutura lógica. Estrutura sintático-gramatical é a sentença ou oração, modo expressional frásico (de frase) da síntese conceptual que é a norma. A norma não é a oralidade ou a escritura da linguagem, nem é o ato-de-querer ou pensar ocorrente no sujeito emitente da norma, ou no sujeito receptor da norma, nem é, tampouco, a situação objetiva que ela denota. A norma jurídica é uma estrutura lógico-sintática de significação [...].[91]

Para obtenção da fórmula abstrata da regra-matriz de incidência, necessário isolar as proposições como formas de estruturas sintáticas, suspendendo o vector semântico da norma para as situações objetivas, ou seja, eventos no mundo e condutas, além de desconsiderar os atos psicológicos de querer e de pensar da norma.

O legislador, ao selecionar as propriedades dos fatos e das relações jurídicas, acaba utilizando sempre os mesmos critérios, percebidos quando, por meio da abstração lógica, separamos as expressões genéricas designativas do fato e da relação presentes em todas e quaisquer normas jurídicas.[92]

Identifica-se, assim, o critério material, o critério temporal e o critério espacial no antecedente, e os critérios pessoal e quantitativo no consequente.

---

91. VILANOVA, Lourival. Níveis de linguagem em Kelsen (Norma jurídica/proposição jurídica). *In*: VILANOVA, Lourival. *Escritos jurídicos e filosóficos*. v. II. São Paulo: Axis Mvndi/IBET, 2003, p. 208.

92. CARVALHO, Aurora Tomazini de. *Curso de teoria geral do direito:* o constructivismo-lógico semântico. 4ª ed. São Paulo: Noeses, 2014.

Na lição de Paulo de Barros Carvalho:[93]

> Efetuadas as devidas abstrações lógicas, identificaremos, no descritor da norma, um critério material (comportamento de uma pessoa, representado por verbo pessoal e de predicação incompleta, seguido pelo complemento), condicionado no tempo (critério temporal) e no espaço (critério espacial). Já na consequência, observaremos um critério pessoal (sujeito ativo e sujeito passivo) e um critério quantitativo (base de cálculo e alíquota).

Temos assim, o núcleo lógico-estrutural da proposição normativa, definido pela existência do dever-ser neutro, interproposicional, que outorga validade à norma jurídica, que incide sobre o conectivo implicacional para juridicizar o vínculo entre a hipótese e a consequência.

Teremos, portanto, o critério material na hipótese, que descreve o fato através do verbo e do complemento, além do critério espacial e temporal, conectado de forma condicional, interproposicional com o consequente normativo, composto pelo critério pessoal formado pelos sujeitos ativos e passivos e critério quantitativo composto da base de cálculo e alíquota.

Conjugando tais dados referenciais, teremos o núcleo lógico-estrutural da proposição normativa demonstrado por Paulo de Barros Carvalho:[94]

D{[Cm(v.c).Ce.Ct]→[Cp(Sa.Sp).Cq(bc.al)]}

> Explicando os símbolos dessa linguagem formal, teremos: "D" é o dever-ser neutro, interproposicional, que outorga validade à norma jurídica, incidindo sobre o conectivo implicacional para juridicizar o vínculo entre a hipótese e a consequência. "[Cm(v.c).Ce.Ct]" é hipótese normativa, em que "Cm" é o critério material da hipótese, núcleo da descrição fática; "v" é o verbo, sempre pessoal e de predicação incompleta; "c" é o complemento do

---

93. CARVALHO, Paulo de Barros. *Direito tributário, linguagem e método*. 5ª ed. São Paulo: Noeses, 2013, p. 613.

94. Idem, p. 613.

> verbo; "Ce" é o critério espacial; "Ct" o critério temporal; "." É o conectivo conjuntor "→" é o símbolo do conectivo condicional, interproposicional; e "[Cp(Sa.Sp).Cq(bc.al)]" é o consequente normativo, em que "Cp" é o critério pessoal; "Sa" é o sujeito ativo da obrigação; "Sp" é sujeito passivo; "bc" é a base de cálculo; e "al" é a alíquota.

Acrescento à explicação que "Cq" trata-se do critério quantitativo e que esta estrutura é abstrata.

Assinala-se que, nas chamadas "normas tributárias", nem todas as unidades referem-se ao fenômeno da percussão impositiva, apenas estipulando diretrizes gerais ou providências administrativas, justificando a designação de "norma tributária em sentido estrito" àquela que define o impacto jurídico da tributação.

Assim, a regra-matriz de incidência tributária consiste nas normas produzidas para aplicação em casos concretos, que se inscrevem entre as regras gerais e abstratas de ordem tributária, utilizadas para aplicabilidade da classificação da espécie tributária, aprofundando a análise da proposição normativa, revelando os componentes da hipótese e do consequente das normas jurídicas, oferecendo a possibilidade de exibir, em sua plenitude, o núcleo lógico-estrutural.

O termo "matriz" serve como modelo para a construção de normas concretas, além de marcar o núcleo da atividade tributária. Considerando o conteúdo da regra-matriz de incidência, ou seja, diretamente voltada para a conduta das pessoas, nas relações de intersubjetividade, temos que a regra-matriz de incidência tributária se trata de norma de comportamento.

Não se pode dizer tratar-se de norma de estrutura, pois esta se volta aos órgãos do sistema e expedientes formais necessários para que se editem normas jurídicas válidas no ordenamento, bem como o modo pelo qual serão elas alteradas e desconstituídas.[95] A regra-matriz de incidência possui caráter hipotético, sendo geral e abstrata.

---

95. CARVALHO, Paulo de Barros. *Curso de direito tributário*. 25. ed. São Paulo: Saraiva, 2013, p. 151.

O legislador selecionou sob quais circunstâncias os acontecimentos sociais serão considerados fatos jurídicos, definindo os critérios da situação objetiva que, uma vez verificada, se encontra descrita como hipótese normativa relevante, portanto, ao mundo jurídico. Assim, o descritor da regra-matriz de incidência é elaborado com indeterminação, delimitando conceito abstrato, de número finito, mas não determinado de denotações.

A hipótese, portanto, não contém um evento ou fato jurídico, mas a descrição de situação futura, com indicação dos critérios que identificam o tempo e o espaço de sua ocorrência. Nos dizeres de Paulo de Barros Carvalho:[96]

> A hipótese ou suposto prevê um fato de conteúdo econômico, enquanto o consequente estatui um vínculo obrigacional entre o Estado, ou quem lhe faça as vezes, na condição de sujeito ativo, e uma pessoa física ou jurídica, particular ou pública, como sujeito passivo, de tal sorte que o primeiro ficará investido com o direito subjetivo público de exigir, do segundo, o pagamento de determinada quantia em dinheiro. Em contrapartida, o sujeito passivo será cometido do dever jurídico (ou dever subjetivo) de prestar aquele objeto.

Assim, do ponto de vista lógico, a incidência é composta das operações de subsunção mais implicação. Em razão da implicação deôntica, assim que constituído o fato jurídico tributário, nasce a respectiva relação jurídica prescrita do consequente da norma geral e abstrata.

Temos, assim, que a regra-matriz de incidência tributária possui, como critérios de hipótese:

a) *Critério material*, referente a um determinado comportamento de pessoas físicas e jurídicas, correspondente a um verbo mais seu complemento, delimitando, assim, o núcleo do acontecimento a ser promovido à categoria de fato jurídico;

---

96. CARVALHO, Paulo de Barros. *Direito tributário* – fundamentos jurídicos de incidência. 9ª ed. São Paulo: Saraiva, 2012, p. 134.

b) *Critério espacial*, relativo ao local em que o fato deve ocorrer, para irradiar os efeitos que lhe são característicos, podendo ser indicado expressamente ou implicitamente, delimitando, assim, o local onde o evento, promovido a fato jurídico, deve ocorrer;

c) *Critério temporal*, revelação do marco de tempo em que se dá por ocorrido o fato, ou seja, permite identificar, com exatidão, o momento da ocorrência do evento a ser promovido à categoria de fato jurídico.

Como consequente ou prescritor da norma tributária, temos:

a) *Critério pessoal*, que consiste na identificação do sujeito ativo e do sujeito passivo da relação jurídica a ser instaurada quando da constituição do fato jurídico;

b) *Critério quantitativo*, que consiste na possibilidade de precisar, com segurança, a exata quantia devida a título de tributo, explícito pela conjugação da base de cálculo e alíquota.

Temos, portanto, que o consequente consiste na definição de critérios (conotação), do vínculo jurídico a ser estabelecido entre duas ou mais pessoas, em razão da ocorrência do fato jurídico.[97]

A regra-matriz de incidência tributária parte da premissa de que toda regra (norma) jurídica tem estrutura de juízo hipotético condicional, onde a hipótese descreve um fato de possível ocorrência, ao passo que a consequência prescreve uma relação jurídica em que a conduta vem regulada sob a forma de uma obrigação, uma proibição ou uma permissão.

Como a regra-matriz de incidência se trata de norma primária dispositiva que estabelece um esquema lógico-semântico revelador do conteúdo normativo, utilizado na construção

---

97. CARVALHO, Aurora Tomazini de. *Curso de teoria geral do direito:* o constructivismo lógico-semântico. 4ª ed. São Paulo: Noeses, 2014.

de qualquer norma jurídica em sentido estrito, tratando-se de norma geral e abstrata, é produzida para incidir, ou seja, delimita um conceito conotativo sem a descrição de um acontecimento especificamente determinado. Por corolário, as normas produzidas como resultado da incidência de outras normas, individuais e concretas, se fundamental materialmente ao caso concreto, demarcam um conceito denotativo.

Em suma, a regra-matriz consiste em uma estrutura lógica da norma de incidência tributária. Por sua vez, a hipótese de incidência tributária corresponde, na própria norma, ao seu antecedente, descritor do fato que ensejará os efeitos prescritos no consequente, composto pelo critério material, critério espacial e critério temporal, conforme avalia Paulo de Barros Carvalho:[98]

> O antecedente das normas representará, invariavelmente: 1) uma previsão hipotética, relacionando as notas que o acontecimento social há de ter, para ser considerado fato jurídico; ou 2) a realização efetiva e concreta de um sucesso que, por ser relatado em linguagem própria, passa a configurar o fato na sua feição enunciativa peculiar. Lá, na norma geral e abstrata, um enunciado conotativo; aqui, na norma individual e concreta, um enunciado denotativo. Ambos com prescritividade inerente à linguagem jurídica.

O fato jurídico tributário é aquele delineado na hipótese, vertido em linguagem competente, cuja classificação dos fatos jurídicos tributários acompanha a lógica dos enunciados, ou seja, poderão ser simples, quando não contêm qualquer outro enunciado como seu componente; ou compostos, quando contêm outro enunciado como sua parte componente, relacionando-se por conectivos como conjunções (e) ou disjunções (ou), correspondendo aos fatos complexos. Trata-se do fato do mundo real-social subsumido ao critério material da hipótese de incidência.

No "consequente é que o Direito se realiza, dado que lá repousam os critérios para identificarmos o único e exclusivo

98. CARVALHO, Paulo de Barros. *Curso de direito tributário*. 25. ed. São Paulo: Saraiva, 2013, p. 257.

instrumento de disciplina do relacionamento social – a relação jurídica."[99] Assim, o consequente tributário consiste no elemento prescritor da norma tributária, que define a relação jurídica tributária que surgirá uma vez verificada a ocorrência do fato jurídico, composto pelo critério pessoal e pelo critério quantitativo.

A relação jurídica tributária trata a obrigação tributária como fato jurídico relacional, ou seja, a relação entre o Estado e dever subjetivo do administrado, cujo objeto consiste na conduta que se consubstancia numa pretensão pecuniária. Assim, a relação jurídica tributária trata de regramento dos comportamentos intersubjetivos, através do relato do antecedente normativo e da prescrição contida no consequente para compreensão do impacto tributário.

Com o advento do reconhecimento do fato jurídico tributário expresso em linguagem competente entre dois sujeitos ou mais, instala-se o vínculo obrigacional, relativo a determinado objeto do direito subjetivo, cujo titular é o sujeito ativo, e do correlato dever, a cargo do sujeito passivo.

O critério material da regra-matriz de incidência traz uma classe que comporta infinitos elementos, enquanto na norma individual e concreta este elemento virá precisamente determinado.

Diversamente da hipótese da regra-matriz de incidência, em que o tempo do verbo é o futuro, na norma individual e concreta, o verbo está no pretérito, refletindo comportamento do agente realizado no passado, e acompanhado de complemento.

A hipótese de incidência contém em seu núcleo a discriminação do fato jurídico tributário, através da descrição dos critérios que permitem a identificação do fato. Entretanto, o fato, ontologicamente falando, possui complexidade, impossibilitando à norma jurídica qualificá-lo em sua totalidade. Possibilita, somente, a indicação dos critérios que, uma vez verificados e vertidos em linguagem competente, ensejam a incidência da norma.

---

99. CARVALHO, Paulo de Barros. *Direito tributário, linguagem e método*. 5ª ed. São Paulo: Noeses, 2013, p. 496.

Neste compasso, a hipótese tributária deverá conter, a fim de identificar um fato lícito, o critério material – descrição objetiva do fato, ou seja, o núcleo da hipótese; o critério espacial – condições de lugar onde poderá ocorrer o evento; e o critério temporal – marco de tempo que permite precisar o momento em que se considera ocorrido o fato.

De qualquer sorte, a hipótese tributária, tratando-se de componente da norma geral e abstrata, não define, ou seja, não contém o fato jurídico tributário, já que este consiste na expressão da norma individual e concreta.

Outrossim, isoladamente, o consequente não contém a relação jurídica-tributária, pois apenas prescreve abstratamente a relação que será formada após a incidência da norma. Apenas na norma individual e concreta é que será possível afirmar que estão indicados o fato jurídico tributário e a relação jurídica tributária.

O conjunto de prescrições normativas relevantes ao Direito Tributário, ou seja, as relações jurídicas tributárias compõem-se de dois tipos: as de substância patrimonial e aquelas que acarretam deveres administrativos. As primeiras estão previstas no núcleo que define o fenômeno da incidência – regra-matriz, e as outras para tornar possível a operatividade da instituição tributária – deveres instrumentais ou formais. Estas distinções são importantes para identificar as condutas que sofrerão o impacto jurídico da incidência. Ademais, servirão de base para que o intérprete, em sua análise técnica e jurídica, possa elaborar a construção de sentido da norma jurídica e, ainda, o evento que será eleito a fato jurídico para a aplicação da mensagem prescrita, num processo evolutivo de geração de sentido.

4. RELAÇÃO ENTRE NORMA JURÍDICA E INTERPRETAÇÃO

4.1 Norma jurídica e interpretação

Conforme ensina Miguel Reale,[100] "interpretar uma lei importa, previamente, em compreendê-la na plenitude de seus fins sociais, a fim de poder-se, desse modo, determinar o sentido de um de seus dispositivos. Somente assim ela é aplicável a todos os casos que correspondam àqueles objetivos".

Leciona Paulo de Barros Carvalho[101] que o suporte físico de enunciado prescritivo refere-se, tão somente, à fórmula digital, o texto em seu âmbito estreito, à base material gravada no documento legislado. Interpreta-se, portanto, que o suporte físico se trata, assim, do texto impresso ou digital dos enunciados que compõem a estrutura da norma.

As normas são resultantes da interpretação lógica semântica dos enunciados, desde que analisados em conjunto para a atribuição da significação deôntica. Assim, as significações são

100. REALE, Miguel. *Lições preliminares de direito*. 9ª ed. São Paulo: Saraiva, 1981, p. 285.

101. CARVALHO, Paulo de Barros. *Direito tributário, linguagem e método*. 5ª ed. São Paulo: Noeses, 2013, p. 185.

o espelho das normas, sem aferição do seu teor axiológico no sentido amplo, mas aquelas que se articularem na forma lógica dos juízos hipotético-condicionais, ou seja, definem a referência de certos comportamentos e a relação que neles se instalarão, entre dois ou mais indivíduos envolvidos, em seu sentido estrito.

O significado, por sua vez, trata-se do resultado do plano de expressão material e de conteúdo do texto prescritivo de estrutura gramatical e morfológica, posto intersubjetivamente, onde o intérprete inicia o processo de interpretação para construir os conteúdos significativos dos enunciados e frases para estruturá-los de forma que constituam normas jurídicas.

Fabiana Del Padre Tomé[102] ressalta:

> Denominamos positivação do direito o processo mediante o qual o aplicador, partindo de normas jurídicas de hierarquia superior, produz novas regras, objetivando maior individualização e concretude. Os preceitos de mais elevada hierarquia e, portanto, ponto de partida para o ciclo de positivação, encontram-se na Constituição da República: são as competências tributárias. Com base nesse fundamento de validade, o legislador produz normas gerais e abstratas, instituidoras dos tributos: são as regras-matrizes de incidência tributária, descrevendo conotativamente, em sua hipótese, fato de possível ocorrência, e prescrevendo, no consequente, a instalação de relação jurídica, cujos laços relaciona. Avançando cada vez mais em direção à disciplina dos comportamentos intersubjetivos, o aplicador do direito veicula norma individual e concreta, relatando o evento ocorrido e, por conseguinte, constituindo o fato jurídico tributário e a correspondente obrigação.

A interpretação colima a clareza, porém não existe medida para determinar com precisão matemática o alcance de um texto, não se dispõe, sequer, de expressões absolutamente precisas e lúcidas, nem definições infalíveis e completas. Embora clara a linguagem, forçoso é contar com o que se oculta por detrás da letra da lei, deve esta ser encarada, como uma obra humana, com todas as suas deficiências e fraquezas, sem

---

102. TOMÉ, Fabiana Del Padre. *A prova no direito tributário.* 4ª ed. São Paulo: Noeses, 2016, p. 311.

embargo de ser alguma coisa mais do que um alinhamento ocasional de palavras e sinais.[103] Observa-se, quanto à positivação (tomada como operações enunciativas), que seu trajeto é uniforme e descendente, que demanda operação lógico-semântica em que se articula uma unidade normativa a outras sobrepostas ou sotopostas, em vínculos de derivação.

A interpretação jurídica deve ser empreendida com plena consciência dos vieses, demandando uma hermenêutica reorientada cientificamente pela capacidade de reflexão sobre o automatismo do cérebro. Deve se abster, ou reordenar as predisposições tendenciosas fora do sistema reflexivo, considerar as dúvidas e as ambiguidades existentes no ordenamento, manutenção de posicionamento mesmo se tal interpretação conduz ao pensamento da minoria, desapego às posições anteriores quando surgirem novos fundamentos (considerando, inclusive, a expansão dos horizontes culturais), além de outras direções oblíquas.[104]

O intérprete, assim, deve abandonar condicionamentos errôneos, estressantes e danosos (advindos até inconscientemente, pela intuição), mas não tentar extingui-los: deve aprimorá-los, ou seja, trocar por ideias melhores. A interpretação do Sistema Jurídico com solidez, sustentabilidade e sendo balanceado advém de um redirecionamento das próprias rotinas do pensamento.

Gregorio Robles[105] considera o Direito como um texto aberto, no sentido de que a interpretação pelos seus operadores, assim como a atividade do legislador, atualiza o texto jurídico. Esse produto, portanto, não é pronto e acabado:

---

103. JELLINEK, Walter. Gesetz, Gesetzesanwendung und Zweck maessigkeitesewaegung, 1913, p. 162-183 *apud* MAXIMILIANO, Carlos. *Hermenêutica e aplicação do direito*. 20. ed. Rio de Janeiro: Forense, 2013, p. 9.

104. MESSIAS, Adriano Luiz Batista. A estrutura da norma jurídica que institui contribuições para a seguridade social. *Revista de Direito Tributário Contemporâneo*, ano 3, v. 15. São Paulo: RT, 2018, p. 144.

105. ROBLES, Gregorio. *O direito como texto:* quatro estudos da teoria comunicacional do direito. Barueri: Manole, 2005, p. 29.

> a abertura indica que o texto não surge de uma só vez (como acontece com a novela), mas vai sendo gerado e regenerado progressivamente, como mecanismo autopoiético que é. O ser textual do direito é um ser *in fieri*, nunca terminado, mas em permanente transformação. Regenera-se em decisões diárias, que se incorporam em novas leis, em novas normas de vários tipos, em novas sentenças judiciais etc.

Por sua vez, Eros Roberto Grau[106] não reconhece a abertura do texto de Direito como absoluta, mas apenas suficiente para que o Direito permaneça a serviço da realidade, sob pena de ocorrer um comprometimento do intérprete com o próprio texto: "qualquer intérprete estará, sempre, permanentemente por eles atado, retido. Do rompimento dessa retenção pelo intérprete autêntico resultará a subversão do texto".

Em suma, a compreensão dos textos jurídicos é um trabalho de construção de sentido, resultado de um esforço intelectual. A norma jurídica estará na concretização do método empírico-dialético, em que se definem conceitos e recortes dos dados do mundo. Estipulam-se e demarcam-se, assim, os limites das ideias com divisões e classificações de objetos mediante critérios estabelecidos.

4.2 Teoria Comunicacional

A interpretação do texto jurídico implica, através da leitura, a compreensão do conteúdo linguístico contido no próprio texto para aplicá-lo ao caso concreto. Assim, o sentido do texto somente terá uma referência operativa na medida em que o intérprete compreende sua realidade em referência com a realidade linguística do texto, ou seja, o intérprete realiza um labor de indagação hermenêutica.

---

106. ADEODATO, João Maurício. *Ensaio e discurso sobre a interpretação/aplicação do direito*. São Paulo: Malheiros, 2006, p. 56.

Ensina-nos Héctor López Bello:[107]

> El lenguaje del derecho, que pretende otorgar objetivamente la justicia, no puede perderse en la inmediatez y en lo efímero del diálogo. Este tipo de lenguaje, para estar en coordinación con lo justo, debe ir más allá de la inmediatez de los participantes en el diálogo para que, interpretando su contenido y argumentando en un sentido, sea aplicado en la solución de cada caso concreto, y la mejor manera de preservar dicha objetividad es mediante el texto. [...] Al ser texto, el derecho puede entonces ser analizado con los parámetros interpretativos de cualquier otro texto, pues en la lectura, en el diálogo que entabla el lector intérprete con las palabras del escrito, es donde el propio texto adquiere sentido, ya que la referencia operativa de aquél no está en el limbo de la semántica o en la libre interpretación de quien se une en ese diálogo analítico del lenguaje, sino que se encuentra en el texto mismo, atendiendo al contexto en el que se lee y aplica.

Ressalte-se que, na hermenêutica, o papel do intérprete é fundamental para entender a finalidade da interpretação, pois somente haverá uma compreensão daquilo que, efetivamente, se interpreta na medida da experiência do ser cognoscente, ou seja, numa compreensão de si mesmo.

A proposta da Teoria Comunicacional aborda o conhecimento do Direito desde três níveis ou perspectivas, de acordo com o modelo proposto pela Filosofia da Linguagem, cuja base distingue a linguística, tradicionalmente, entre sintaxe, semântica e pragmática. A Teoria Comunicacional denomina estes três níveis, respectivamente, de Teoria Geral do Direito, Teoria da Dogmática Jurídica (ou ciência dos juristas) e Teoria das Decisões Jurídicas, constituindo ângulos distintos de aproximação intelectual do Direito, mas que guardam alguns aspectos comuns.

Trata-se de encarar o Direito como manifestação nos diversos âmbitos jurídicos, em que se formam processos de

107. BELLO, Héctor López. Derecho, lenguaje y compreensión: la dimensión hermenéutica del texto jurídico. *In:* ROBLES, Gregorio; CARVALHO, Paulo de Barros (coord.). *Teoria comunicacional do direito:* diálogo entre Brasil e Espanha. São Paulo: Noeses, 2011, pp. 177-180.

comunicação conectados e concretáveis em textos. Este é o seu primeiro aspecto.

O segundo consiste em considerar o Direito desde dentro, ou seja, a perspectiva da Teoria Comunicacional é interna ou imanente, mas não nega a necessidade de considerar o direito desde fora. Tais perspectivas externas, no entanto, correspondem a outras disciplinas (Sociologia jurídica, Psicologia jurídica, Análise Econômica do Direito, Antropologia jurídica etc.). Ressalte-se a exceção que ocupa a História do Direito, cujas nuances podem ser elaboradas com perspectivas internas ou externas.

O terceiro aspecto, por sua vez, consiste no uso do método hermenêutico-analítico, salientando que cada nível tem suas próprias modulações ou matizes.

Importa ressaltar que os níveis de análise (sintaxe, semântica e pragmática) mantêm uma dependência recíproca. O primeiro é a decisão que aparece no direito positivo – acerca da matéria trataremos adiante nesta obra – onde a Teoria das Decisões Jurídicas é prévia à Teoria Geral do Direito e à Teoria da Dogmática Jurídica considerando o ponto de vista genético. Contudo, prevalece seu objeto prioritário, que consiste na totalidade textual que compõe o ordenamento.

Oportuno, neste aspecto, o destaque de Gregorio Robles:[108]

> En cualquiera de sus tres niveles de tratamiento la Teoría comunicacional centra su atención en un objeto prioritario; la totalidad textual que es el ordenamiento jurídico. A partir de esa totalidad textual se plantean todos os problemas, empezando por el desarrollo de una teoría del sistema jurídico y una teoría de las decisiones. El texto jurídico [...] es un texto decisional, institucional y normativo.

Neste sentido, o tratamento dos textos, em qualquer perspectiva, supõe sempre e necessariamente uma atitude hermenêutica, ou seja, interpretativo-construtiva, em que a análise formal somente é possível sobre a base de compreensão

108. ROBLES, Gregorio. *Teoría del derecho:* fundamentos de teoría comunicacional del derecho. v. II. Madri: RT, 2015, p. 399.

inicial do texto, ou seja, para poder analisar uma simples frase e seus elementos gramaticais é preciso entender seu significado, ainda que de modo aproximado.

Assim, a hermenêutica está, como método, sempre presente quando enfrentamos textos. Já que todo o Direito se manifesta em texto ou é redutível a texto, chega-se à conclusão de que o método hermenêutico é onipresente.

Ressalte-se que a Teoria Comunicacional do Direito tem como premissa que o direito positivo se apresenta na forma de um sistema de comunicação, em que Direito é linguagem, pois é esta que constitui normas jurídicas que, por sua vez, são resultados de atos de fala, expressos por palavras e inseridos no ordenamento por veículos introdutores, cujas dimensões sígnicas são o suporte físico, o significado e a significação.

4.3 Interpretação jurídica

O conhecimento humano parte sempre dos sentidos, que revelam objetos concretos e singulares; mas, através da abstração, é capaz de finalmente forjar conceitos universais. Com efeito, não é somente a matéria que é essência visto que uma coisa é cognoscível através de sua essência e se engloba sob a categoria de espécie ou sob a de gênero. Assim, a essência de uma coisa compreende a matéria e a forma.[109]

Conforme exposto, não há como ter acesso ao empírico, ou seja, ao plano físico, mas tão somente à linguagem que o constitui, ou seja, a sua significação, que consiste na construção e conhecimento dos objetos mediante a atribuição de sentido aos conteúdos perceptíveis, condicionados pelos referenciais culturais.

O conhecimento do indivíduo resume-se à sua interpretação. Nessa perspectiva, Hans-Georg Gadamer[110] pontua: "a

109. AQUINO, Tomás de. *Seleção de textos* – o ente e a essência. Tradução de Luiz João Baraúna. São Paulo: Nova Cultural. 2004, p. 27.

110. GADAMER, Hans-Georg. *Verdade e método I.* Traços fundamentais de uma

forma de realização da compreensão é a interpretação, todo o compreender é interpretar e toda interpretação se desenvolve em meio a uma linguagem que pretende deixar falar o objeto e ao mesmo tempo a linguagem própria de seu intérprete". Conhecer, portanto, é interpretar. Como o ser humano (intérprete) encontra-se no mundo cultural permeado de valores, nenhum objeto é livre de valoração.

Não é demais lembrar que os comportamentos cognitivos não se encontram aquém das ciências ditas interpretativas, ao contrário, é um componente fundamental e condicionante da interpretação judicial.

Fundamental lembrar a lição de Gregorio Robles:[111]

> la interpretación es la actividad intelectual – más o menos brillante, eso es otra cosa – que acompaña a todo proceso o fenómeno de comunicación y de comprensión del medio (incluyendo en el medio a nosotros mismos: cuando alguien confiesa que no comprende sus propias actitudes es porque no sabe cómo interpretarlas).

Em importante escrita sobre interpretação, Paulo de Barros Carvalho avalia:[112]

> Toda vez que interpretamos, atribuímos sentido aos signos. Não encontramos significados, como se fossem coisas prontas, acabadas, esperando para que sejam descobertas. Muito ao contrário: se o leitor consegue compreender sentido nessas palavras, é porque detém uma série de conhecimentos sobre a língua portuguesa, o alfabeto romano, o direito, a filosofia... e utiliza tais saberes, relacionando-os com as marcas de tinta que nesta revista dão corpo às palavras que escrevi. Um analfabeto, porém, não lograria a mesma proeza, pois lhe faltam conhecimentos necessários para elaborar as construções intelectivas que nós chamamos

---

hermenêutica filosófica. Tradução de Flávio Paulo Meurer. 6ª ed. Petrópolis: Vozes, 2004, p. 467.

111. ROBLES, Gregorio. *Teoría del derecho:* fundamentos de teoría comunicacional del derecho. v. II. Madri: RT, 2015, p. 391.

112. CARVALHO, Paulo de Barros. A interpretação do direito no novo CPC. *In: Revista da CAASP* n. 20, ano 4, São Paulo: OAB/CAASP, dez. 2015.

> sentido do texto. Um e outro deparam-se com a mesma instância física do texto, mas um compreende o sentido, o outro não. O significado de um texto qualquer não é produto da matéria física, mas da construção intelectual que fazem os sujeitos a partir do contato com o suporte captado pelos seus sentidos e um repertório de conhecimentos prévios.

Neste sentido, a atividade do exegeta, embora desdobrada em diversas formas, é uma só, não prevalecendo sobre ela nenhum preceito absoluto, pois o hermeneuta pratica uma arte guiada cientificamente que jamais pode ser substituída pela própria ciência. A interpretação jurídica reside, assim, no estofo, na matéria, no objeto de estudo, sem deixar de lado a finidade dos meios auxiliares e nas diversas possibilidades de aplicação. Não há regra absoluta no Direito, dada a sua natureza complexa.

Evoluindo tal raciocínio, o jurista intervém como auxiliar prestimoso da própria realização do direito, pois, diante das transformações da realidade social e dos novos fenômenos que possam surgir, granjeia determinações especiais, não por meio de novos dispositivos materializados pela atividade legislativa, mas pela concretização e desdobramento prático dos preceitos formais.

Essa atividade do intérprete é constituída por meio da linguagem que, como realização do espírito humano, é sempre um objeto da cultura que carrega valores consigo. Assim, o direito positivo se apresenta, também, como objeto cultural manifestado em linguagem que possui, necessariamente, conteúdos axiológicos.

Tal corpo textual permite a construção do discurso, plano de conteúdo, cujo percurso se dá no processo gerativo de sentido. Da união do plano de conteúdo ao plano de expressão surgirá o texto.

Como o direito é um objeto de cultura penetrado por valores, ao exegeta dos textos jurídico-positivos cabe identificar as estimativas variáveis em função das ideologias de quem interpreta e os problemas da metalinguagem, que abrange as dúvidas sintáticas e de ordem semântica e pragmática.

Como resultado de suas lucubrações, surgirá a norma jurídica, ou seja, juízo implicacional construído pelo intérprete à razão de sua experiência no trato destes suportes comunicacionais, cuja estrutura não se confunde com a expressão literal de tais enunciados ou mesmo o conteúdo de sentido quando isoladamente considerados.

Ao juntar as significações proposicionais, em tópicos de antecedente e consequente próprios do juízo implicacional, chega o intérprete à construção de entidades mínimas e irredutíveis de manifestação do deôntico, com sentido completo, formando as unidades normativas que, articuladas em relação de coordenação e subordinação, compõem o sistema normativo.

4.4 Limites da interpretação

Carlos Maximiliano[113] ensina:

> a lei não brota do cérebro do seu elaborador, completa, perfeita, como um ato de vontade independente, espontâneo. Em primeiro lugar, a própria vontade humana é condicionada, determinada, livre na aparência apenas. O indivíduo inclina-se, num outro sentido, de acordo com o seu temperamento, produto do meio, da hereditariedade e da educação. Crê exprimir o que pensa; mas esse próprio pensamento é socializado, é condicionado pelas relações sociais e exprime uma comunidade de propósitos. Por outro lado, as ideias emanam do ambiente; não surgem desordenadamente, segundo o capricho ou fantasia do que lhes dá forma concreta.

Não há como precisar um limite objetivo para a interpretação, mas tão somente ao suporte físico do Direito, conforme pontua Aurora Tomazini de Carvalho:[114]

---

113. MAXIMILIANO, Carlos. *Hermenêutica e aplicação do direito.* 20. ed. Rio de Janeiro: Forense, 2013, p. 16.

114. CARVALHO, Aurora Tomazini de. *Curso de teoria geral do direito:* o constructivismo lógico-semântico. 4ª ed. São Paulo: Noeses, 2014, p. 237.

> os limites construtivos da mensagem jurídica são: (i) o plano de expressão dos textos jurídicos; (ii) os horizontes culturais do intérprete; e (iii) todo contexto que os envolve. Isso causa um desconforto em muitos juristas, porque não há um padrão significativo para a construção normativa. Todas as palavras, expressões e frases presentes no texto produzido pelo legislador podem dar ensejo a inúmeras significações. Mas o fato é que o direito é assim.

Podemos tomar o uso dos vocábulos como limitador da atividade interpretativa. O significado de uma palavra encontra-se em seu uso em dada comunidade, limitado por regras ou tradições comuns que lhe definem um consenso prévio. Assim, o uso dos termos, consoante as regras presentes em dada comunidade, assim considerado como aspecto social da interpretação, é um dos limites da atividade interpretativa.

Tal assertiva considera que as palavras são potencialmente vagas e ambíguas, detentoras de polissemias e imprecisões de conotação. No mesmo espaço de tempo e lugar encontramos posições diversas e interesses distintos.

Ainda que consideremos a questão do direito se manifestar como sistema de linguagem prescritiva, o diálogo entre posicionamentos distintos na linguagem do direito, do ponto de vista do conteúdo, é possível pelo mínimo semântico, sendo este o elemento viabilizador de comunicação entre os membros da comunidade jurídica.

Vejamos um exemplo: o art. 150, VI, *d*, da Constituição Federal confere imunidade a livros, jornais, periódicos e ao papel destinado à sua impressão. No momento da promulgação da Constituição Federal, não se cogitava a possibilidade de circulação e comercialização de livros eletrônicos e, com a mudança de tecnologia, discute-se qual seria a definição do conceito de livro.[115]

115. Observe-se que, em 08/03/2017, a questão foi objeto do Tema 259 de Repercussão Geral do STF, que teve como *leading case* o RE 595676 (relator ministro Marco Aurélio), sendo fixada a seguinte Tese: "A imunidade da alínea 'd' do inciso VI do artigo 150 da Constituição Federal alcança componentes eletrônicos destinados, exclusivamente, a integrar unidade didática com fascículos", e também o Tema 593 que, sob a

Aliás, quanto ao tema, ensina Eurico Marcos Diniz de Santi:[116]

> há uma zona central, sólida, em que dado sentido da palavra é aplicado de modo predominante, e um nebuloso círculo exterior de referência que provoca dúvida e incerteza sobre a aplicação ou não dessa palavra (Ross). Seguindo essa alegoria, sentimos que podemos fazer duas assertivas com força veritativa. A primeira, o objeto livro convencional (de papel, impresso, encadernado e com capa) ocupa o círculo central dessa projeção semântica: é "livro", e não há dúvida sobre a aplicação da palavra ao objeto. A segunda – o objeto CD-ROM – encontra-se absolutamente fora de ambos os círculos de denotação possível daquela palavra, quer dizer, não ocupa sequer a zona nebulosa da palavra "livro". Em suma, a palavra "livro" é vaga, mas nem tanto.

Como se vê, o texto constitucional (considerado como o suporte físico) não foi alterado, mas a interpretação do dispositivo foi atualizada em razão da mudança do contexto que, por sua vez, também não passa de uma construção interpretativa. A interpretação do direito, como vimos, consiste em dar significação ao texto, de forma a possibilitar a motivação de condutas. É neste sentido que preceitua Eros Roberto Grau:[117] "a interpretação é, portanto, atividade que se presta a transformar textos – disposições, preceitos, enunciados – em normas".

---

relatoria do ministro Dias Toffoli, a Tese fixada foi: "A imunidade tributária constante do art. 150, VI, 'd', da CF/88 aplica-se ao livro eletrônico (*e-book*), inclusive aos suportes exclusivamente utilizados para fixá-lo". Com base nesta jurisprudência, em decisão unânime, o Plenário do Supremo Tribunal Federal aprovou, em sessão virtual, a Proposta de Súmula Vinculante (PSV) 132, para fixar que a imunidade tributária dada pela Constituição Federal a papel, jornais, livros e periódicos se aplica também a livros digitais e seus componentes importados. A redação aprovada para a Súmula Vinculante 57, nos termos do voto do relator, ministro Dias Toffoli, presidente do STF, foi a seguinte: "A imunidade tributária constante do art. 150, VI, 'd', da CF/88 aplica-se à importação e comercialização, no mercado interno, do livro eletrônico (e-book) e dos suportes exclusivamente utilizados para fixá-los, como leitores de livros eletrônicos (*e-readers*), ainda que possuam funcionalidades acessórias.".

116. SANTI, Eurico Marcos Diniz de. Imunidade tributária como limite objetivo e as diferenças entre "livro" e "livro eletrônico". *In*: *Imunidade tributária do livro eletrônico*. São Paulo: IOB, 1998, p. 53.

117. ADEODATO, João Maurício. *Ensaio e discurso sobre a interpretação/aplicação do direito*. São Paulo: Malheiros, 2006, p. 27.

Estas evoluções servem para nos introduzir outro aspecto limitante da atividade interpretativa: o contexto histórico e social, que abarca a transmissão de conhecimento presente em nossa cultura.

O intérprete já possui, *a priori*, uma pré-compreensão do objeto presente no contexto histórico, social e cultural. Tal pré-compreensão pode ser confirmada ou renovada pela possibilidade de nova construção de sentido pelo sujeito cognoscente, sendo este o seu sistema de referência.

A compreensão, assim, parte de pré-conceitos advindos da história, em que o intérprete tem a opção de aderir ou não, tendo em vista que são dados presentes na interação do sujeito com o mundo. Neste aspecto, o contexto histórico em que se dá a interpretação normativa é um dos aspectos limitadores da construção de sentido.

Assim, a ideia de pré-compreensão dos fatos leva ao conteúdo mínimo semântico da linguagem em determinado contexto. Nele, a mensagem necessita ser objetivada para ser conhecida, compreendida e se tornar objetiva.

A forma dessa objetivação se dará em acepções correntes, em linguagem comum dos juristas. A palavra "tributo", por exemplo, possui várias acepções, mas, ao definirmos se uma figura jurídica é tributo ou não, para fins de contestar sua cobrança, consideramos as características que conotam um tributo presentes no art. 3º do Código Tributário Nacional, revelando, assim, uma significação base, neste contexto, para o vocábulo "tributo".

O conteúdo, assim, não é fixo, mas alterado ao longo do tempo na medida em que se transforma o contexto histórico, modificando a compreensão dos utentes da linguagem. Esta mudança de contexto é identificada através da legitimação da significação produzida, que pode se dar, inclusive, através da justificação e da positivação.

Assim, a historicidade em que está inserido o ser cognoscente também é aspecto limitador da interpretação, impossibilitando reviver a "vontade" do legislador na aplicação da lei.

Oportuno afirmar que a interpretação consiste em dois axiomas: a inesgotabilidade e a intertextualidade.

Cabe aqui uma digressão: admitimos que a interpretação extrajurídica, no contexto da intertextualidade, ocorre entre textos que existem, que já não mais existem e aqueles que estão para existir, ou seja, estão no imaginário do intérprete. Ainda, há de se considerar, no próprio Sistema Jurídico, as comunicações entre os seus próprios textos.

O intérprete, na aventura do conhecimento, passa por todos os percalços inerentes a quem interpreta, num movimento incessante de atribuição de sentido. A eleição do sentido é ato de vontade, ou seja, diante das diversas acepções das palavras, haverá ato axiológico humano, influenciado pelos dados de sua experiência.

4.5 Constructivismo Lógico-Semântico

O Constructivismo Lógico-Semântico pode ser tomado como um método,[118] no sentido de ser um modo de se trabalhar o direito, dando mais firmeza à mensagem jurídica. A linguagem dos juristas, frequentemente, utiliza-se de termos soltos, vagos (*verbi gratia* "justiça"), que podem ter diferentes sentidos a cada indivíduo. Portanto, o objeto do Constructivismo Lógico-Semântico consiste em dar consistência ao discurso jurídico, impingindo a definição das acepções dos termos utilizados no direito, elucidando o sentido das palavras. Preocupa-se em aprofundar os estudos amarrando o discurso jurídico, colocando-o em bases bem definidas. Toma o direito como manifestação de linguagem, desenvolvendo-se como tal seu objeto.

---

118. Admitimos, contudo, que o constructivismo lógico-semântico pode ser visto em duas acepções: como método de investigação do sistema jurídico; e como corrente formada pelo exame do direito a partir de uma série de conceitos e preocupações que imprimem determinado estilo de investigação dotado de um discurso característico. Sobre o tema: MCNAUGHTON, Charles William. Constructivismo lógico-semântico. *In:* (coord.) CARVALHO, Paulo de Barros. *Direito tributário e os novos horizontes do processo.* São Paulo: Noeses, 2015.

Assim, a proposta interpretativa constructivista é desenvolvida a partir de uma combinação de várias ciências, partindo do modelo analítico de lógica deôntica juntamente com a teoria da proposição normativa kelseniana, que lhe serve como estrutura lógico-sintática mínima da norma jurídica a ser construída ao final do percurso interpretativo, cuja análise será especificamente realizada no decorrer da presente obra.

Partilha, ainda, da Analítica da Linguagem, da Hermenêutica Filosófica e da Semiótica, apropriando-se da Teoria dos Signos (interpretação dos textos jurídicos considerando os aspectos sintático, semântico e pragmático). A proposta metodológica da Escola do Constructivismo Lógico-Semântico consiste em estudar o Direito dentro da concepção epistemológica demarcada pela Filosofia da Linguagem e, a partir desse referencial, realizar a amarração lógica e semântica de suas proposições para a construção de seu objeto.

A pragmática da linguagem dá ao modelo interpretativo constructivista os instrumentos para, por meio da investigação dos usos das palavras e expressões constantes da linguagem jurídica, delimitar, empiricamente, os parâmetros contextuais que circundam as situações comunicacionais presentes no momento em que os atos de fala prescritivos são exarados. Oportuno salientar que o giro linguístico tem seu início na pragmática e, portanto, o constructivismo não tem seu corte limitado à estrutura lógico-semântica, abrangendo, também, a pragmática.

A influência de aspectos contextuais ao intérprete no processo de atribuição de sentido, para o Constructivismo Lógico-Semântico, se dá pela Hermenêutica Filosófica de corte gadameriano, cujo postulado ôntico adotado toma o direito como objeto cultural. A hermenêutica, a retórica e a compreensão têm nítida relação: o ato de compreender é o se por de acordo.

A interpretação, em si, é ato pessoal, cujo sentido do texto jurídico se dá com a combinação dos conhecimentos jurídicos com as emoções e os valores do indivíduo. Não se pode, portanto, eliminar esse *quantum* de subjetividade na interpretação, sempre suscetível essa diferenciação de indivíduo para indivíduo, de acordo com seus estudos. Assim, a teoria da interpretação adotada pelo constructivismo jurídico acolhe, sem maiores pudores, a tese da inesgotabilidade da interpretação, admitindo que o contexto no qual a atividade interpretativa é realizada consiste em fator determinante para a construção das significações normativas.

O constructivismo admite essa diferenciação na interpretação, de acordo com o indivíduo. Esta é uma característica própria do direito, que outros campos (ou sistemas) não possuem, pois tem uma organização complexa, em que se admite (e existe) o Poder Judiciário para resolver, justamente, os conflitos entre interpretações, sendo chamado a dirimir conflitos de interesses. É admissível, ao modelo constructivista, a possibilidade de o indivíduo formar seu entendimento (interpretação) em bases objetivas (intersubjetivas) de forma mais clara possível, diferenciando o discurso jurídico do discurso político.

A formação de opinião do intérprete também depende do convencimento de terceiros, ou seja, da consideração de uma propriedade retórica. A construção, portanto, depende do rigor, da coerência e da manutenção da consistência do discurso, tornando respeitável a interpretação.

O direito convive com valores e exige certas doses de subjetividade para ser interpretado. Neste ponto, exige-se a aplicação de uma estratégia de explicação das normas jurídicas. Neste sentido, Paulo de Barros Carvalho avalia:[119]

> O constructivismo lógico-semântico é antes de tudo um instrumento de trabalho, modelo para ajustar a precisão da forma da pureza e nitidez do pensamento. Meio e discurso para a construção rigorosa do discurso, no que atende, em certa medida, um dos requisitos do saber científico tradicional. Acolhe, com entusiasmo,

---

119. CARVALHO, Paulo de Barros. Algo sobre o constructivismo lógico-semântico. *In*: CARVALHO, Paulo de Barros. *Constructivismo lógico-semântico*. v. I. São Paulo: Noeses, 2014, p. 4.

> a recomendação de Norberto Bobbio, segundo o qual não haverá ciência ali onde a linguagem for solta e descomprometida. O modelo constructivista se propõe a amarrar os termos da linguagem, segundo os esquemas lógicos que deem firmeza à mensagem, pelo cuidado especial com o arranjo sintático da frase, sem deixar de se preocupar com o plano do conteúdo, escolhendo as significações mais adequadas à fidelidade da enunciação.

O Constructivismo Lógico-Semântico não se resume à estruturação de problemas sintáticos, ou seja, relativos à conexão de palavras na estrutura da frase, ou mesmo lógicos, ocorridos em relação à coerência de uma expressão com outras expressões dentro de um contexto, avançando ao plano semântico, isto é, no significado das palavras individuais ou das frases (utilizando-se os preceitos de Alf Ross[120] em relação aos problemas da interpretação). Toca as notas do pragmatismo, pois o início do giro linguístico se dá na pragmática.

Conforme dissemos, a justiça é um dado solto, resultado do processo de conformação com os valores do indivíduo. Há, sempre, um critério relativista, o que dificulta o conhecimento, mas não ao ponto de negar-se tudo, o que levaria a um niilismo. O intérprete também faz adaptações às construções passadas, ou seja, acomodações de acordo com novos referenciais, dinâmicos da evolução da cultura, por novos parâmetros.

O conhecimento do direito, portanto, depende da interpretação. Atualmente, a hermenêutica moderna fala em leitura, interpretação como processo e compreensão como produto. Não há como interpretar sem leitura, mas aquilo que se lê é apenas o ponto de partida para a interpretação; não é, ainda, interpretação. Após o ato de leitura, passa-se a atribuir significações (combinação de palavras etc.) até chegar à compreensão. O direito vem depois do fato social, pois a vida moderna é acelerada em termos de acontecimentos: o direito não a acompanha. A interpretação, neste caso, consistirá no

120. ROSS, Alf. *Direito e justiça*. Tradução de Edson Bini. São Paulo: Edipro, 2000, p. 151-165.

plano pragmático da comunicação, onde se dará novo sentido à resultante, sem mudança na palavra da lei.

O ato de fala sempre é uma eleição e atualização onde começa e termina a comunicação. O ato humano, portanto, é decisivo na aplicação do direito, que faz papel intercalar: o ser humano movimenta as estruturas do direito, através de seu impulso, ou seja, interpretando normas e editando, com fundamento nessas normas, outras normas. O lado dinâmico do direito, chamado nomodinâmica, em contraposição à nomoestática, que consiste numa fotografia do direito, aquilo que é surpreendido em determinado momento.

Com efeito, o modelo analítico clássico de Lógica Deôntica, juntamente com a teoria da proposição normativa kelseniana,[121] fornecem, ao constructivismo, a estrutura lógico-sintática mínima da norma jurídica a ser construída no final do percurso interpretativo. Da semiótica, o constructivismo se apropria da teoria dos signos, que sustenta a necessidade de interpretação dos textos jurídicos em seus aspectos sintático, semântico e pragmático. A pragmática da linguagem, especialmente a Teoria dos Jogos de Linguagem, dão ao modelo interpretativo constructivista os instrumentos para, por meio da investigação dos usos das palavras e expressões constantes da linguagem jurídica, delimitar, empiricamente, os parâmetros contextuais que circundam as situações comunicacionais presentes no momento em que os atos de fala prescritivos são exarados.

Alguns pontos sintetizam as ideias da escola constructivista: i) a realidade é construída pela linguagem, onde toda ciência constrói seu objeto em nome de uma descrição, mediante a estruturação lógico-semântica de conceitos; ii) a verdade é um valor, que é atribuído às conclusões de um discurso quando estas se encontram em coerência como o modelo de

---

121. Teorias estas que também fundamentam o postulado da homogeneidade sintática das normas jurídicas em sentido estrito – o mínimo irredutível do deôntico a que se refere Lourival Vilanova –, adotado pelo constructivismo jurídico. Sobre o tema: VILANOVA, Lourival. *As estruturas lógicas e o sistema do direito positivo*. São Paulo: Noeses, 2005, p. 189.

premissas utilizado para sua construção, não havendo teorias absolutas, pois todas são dependentes do sistema de referência; iii) o direito, enquanto objeto, pode ser recortado sob vários enfoques, sendo de especial interesse o enfoque jurídico, ou seja, o direito positivo enquanto conjunto de normas jurídicas válidas; iv) o direito é texto, e as normas jurídicas são resultado da interpretação, não se encontrando no suporte físico dos textos jurídicos, mas construídas na mente daqueles que o interpretam; v) concebendo o direito enquanto linguagem, a Semiótica, a Lógica, a Teoria dos Valores, da Decisão e a Hermenêutica funcionam como técnicas para a implementação do método do constructivismo; vi) não há interpretações certas ou erradas no direito, somente falando-se em interpretações válidas, ou seja, vertidas em linguagem competente; vii) as normas jurídicas não incidem naturalmente; é necessário um ato de aplicação humano para que os fatos sejam juridicizados, desencadeando os efeitos jurídicos que lhe são próprios; viii) os fatos jurídicos são legitimados pelo procedimento e se constituem em razão das provas apresentadas e não em razão da correspondência com os acontecimentos aos quais fazem referência; ix) o direito se realiza mediante relações jurídicas, ou seja, vínculos abstratos constituídos em razão da incidência normativa, mediante o qual um sujeito fica obrigado, proibido ou permitido em relação a outro sujeito; e x) a validade das normas jurídicas é uma relação de pertencialidade das normas para com o sistema e não uma relação de coerência destas normas com o sistema.

Tais circunstâncias aproximam muito a interpretação constructivista daquela proposta pela Hermenêutica Filosófica, que sem dúvida é a mais "liberal" das teorias da interpretação a informar o constructivismo.

Trata-se, no entanto, de uma liberdade interpretativa controlada pelas categorias retiradas dos modelos analíticos, que são reconhecidamente mais restritivos quanto à criatividade interpretativa, de maneira a permitir que o processo hermenêutico seja racionalmente controlável.

Parece-nos que é justamente esta combinação de modelos interpretativos que dá azo à afirmação de que o método próprio ao constructivismo é o hermenêutico-analítico. Contudo, tal modelo interpretativo não constitui óbice à evolução dos níveis de compreensão do ser cognoscente.

5. ATOS DE VONTADE E PRÁXIS LINGUÍSTICO-SOCIAL

5.1 Considerações sobre os atos de vontade e práxis linguístico-social

A vontade compreende uma forma subjetiva interna manifestada pelo ato correspondente: o ato de vontade. Tal ato, por sua vez, se exprime através da linguagem, desde que existente uma estrutura de sentido. Afirma-se, assim, que o ato cognoscente é depurado metodicamente dos elementos axiológico e decisório, em que o sujeito toma contato com o objeto e coloca entre parênteses os dados de sua posição existencial.

Não há como adotar, assim, uma posição antimetafísica, com eliminação das dimensões das questões humanas advindas da axiologia, como ocorreu no neopositivismo. A linguagem, como elemento de grande importância para a constituição do próprio pensamento, vai buscar na realidade certa correspondência. Toda ciência é linguagem artificialmente construída estruturada de forma a dar potencialidade descritiva do objeto.

Tendo como pressuposto que o discurso é secundário e o pensamento primário, estar-se-ia falando em uma relação entre espírito e matéria, que se traduzem em formas absolutamente opostas, onde a fala, a linguagem, não é constitutiva do ato de pensar: o pensamento seria algo autônomo.

Consoante sublinha Manfredo Araújo de Oliveira,[122] "não existe mundo totalmente independente da linguagem [...]. A linguagem é o espaço de expressividade do mundo, a instância de articulação de sua inteligibilidade". O homem, encerrado em sua língua, percebe as coisas na medida e forma em que são transmitidas pela linguagem, possibilitando, assim, compreendê-las.

O sentido, portanto, tem, como base de sua criação, a vontade positivada, empírica e histórica, e o sentido normativo é fundamentado no mundo do dever-ser, onde os atos de vontade estão sempre presentes, mas, para serem qualificados como jurídicos, deverão estar configurados pela forma, ou seja, pela norma.

Entretanto, através do giro da linguagem na Filosofia, verificamos que esta (a linguagem) faz parte do pensamento como condição material de sua existência. As conexões do pensamento são compreendidas pela práxis social e histórica, mas o sentido não vem, isoladamente, da sua relação com o referente. Não é possível reduzi-lo à mera manifestação da consciência. O sentido é o modo como entendemos o objeto, mas não é dado pelo objeto em si, diretamente pelo referente, mas sim pela maneira de apreendê-lo através da linguagem. A presença do homem concreto e histórico é nuclear, portanto, no processo de construção do sentido.

Segundo Alaôr Caffé Alves,[123] "o pensamento é orientado para a representação do mundo, e pode ser verdadeiro ou falso. O que não acontece quando o sentido é voltado para a vontade. A vontade não é representativa do mundo; não diz como o mundo é; ela pretende modificar o mundo, transformá-lo". Assim, a vontade dirige-se à ação, às decisões, não se limita à representação do mundo, mas está inclinada para sua transformação, num exercício consciente sobre a própria conduta e esforço para

---

122. OLIVEIRA, Manfredo Araújo de. *Reviravolta linguístico-pragmática na filosofia contemporânea*. São Paulo: Loyola, 1996, p. 13.

123. ALVES, Alaôr Caffé. Fundamentos dos atos de vontade e práxis linguístico-social no Direito. Kelsen e Wittgenstein II. *In:* HARET, Florence; CARNEIRO, Jerson Carneiro (coord.). *Vilém Flusser e juristas:* comemoração dos 25 anos do grupo de estudos de Paulo de Barros Carvalho. São Paulo: Noeses, 2009, p. 81.

inclinar a vontade dos outros. Como o real é uno e irrepetível, infinito em seus aspectos, há de se reconhecer a iteratividade do saber, pois onde houver uma linguagem, haverá sempre a possibilidade de outra linguagem falar sobre ela, em sobrenível.

Como vimos, os objetos do mundo são considerados a partir de uma visão antropocêntrica, ou seja, o homem é o núcleo que integra todas as tentativas de localização dos objetos. Neste sentido, Gabriel Ivo:[124]

> em todos os momentos a presença humana é imprescindível. No ato de vontade de aplicação; o intérprete autêntico no sentido kelseniano. E no ato de conhecimento, de designação do sentido dos textos normativos, ou seja, na construção das normas jurídicas; o intérprete não autêntico de Kelsen.

O sentido, pois, é produto da ação humana sobre o mundo natural e social, para adaptá-los ou transformá-los de acordo com suas necessidades naturais e históricas. Assim, não pode o sentido concreto das palavras ser considerado como oriundo tão somente de uma estrutura puramente sintática e semântica dos enunciados, pois o sentido sempre estará situado.

Como a linguagem é constitutiva do pensamento, é através dela que será apresentada a forma concreta de se atuar sobre o mundo, consistindo em atividade de atribuição de sentido e simbolização da práxis fundamentalmente social. Assim, as relações sociais passam a se introjetar em nosso próprio ser consciente, numa relação de intersubjetividade. A vontade, por sua vez, entra no processo e no discurso normativo mediante decisões específicas, que serão sempre dimensionadas dentro do contexto da linguagem que, por sua vez, está vinculada à práxis social, ou seja, discursos específicos baseados na vivência, na experiência, obedecidas regras historicamente definidas.

Cabe aqui manifestação acerca da relevância da análise epistemológica, imprescindível na elaboração científica. Em todo

---

124. IVO, Gabriel. *Norma jurídica:* produção e controle. São Paulo: Noeses, 2006, pp.60-61.

ato de fala há retórica, e o que caracteriza o saber científico é o método adotado. No positivismo procurou-se dar sentido científico ao mundo, mas não há neutralidade na ciência: o homem não pode ficar impassível diante de um objeto que se encontra no mesmo espaço circunstancial. Sempre há comprometimento com o objeto, ainda que mínimo, pois a neutralidade absoluta é inatingível, ainda que se deva tender à neutralidade científica.

O exegeta, instado pelas inerentes dificuldades de interpretação, ao ver-se envolvido com o direito, que é um objeto cultural, sempre se verá na contingência de lançar vistas às noções fundamentais em que estão depositados os conceitos de sua ciência. Mas deve guardar em mente que o fenômeno do conhecimento jamais cobrirá totalmente a extensão do objeto em um só eito, sendo necessário seccioná-lo artificialmente, a fim de tornar admissível o expediente cognoscitivo.

5.2 Teoria Estruturante

Friedrich Müller[125] desenvolveu a Teoria Estruturante do Direito num determinado contexto histórico ocorrido após a Segunda Guerra Mundial, quando ocorreram diversos processos de renovação para evitarem-se governos injustos e autoritários, notadamente na Alemanha.

O conceito de concretização se baseia na *práxis*, ou seja, a norma jurídica é resultado da interação entre a realidade do caso concreto e o texto de norma, assim considerados no processo de interpretação que engloba, inclusive, tais percepções em linguagem.

Neste aspecto, revela-se uma visão antropocêntrica. O operador do direito assume papel central na construção do sentido normativo, visto que é o responsável por converter o fator parcial de solução tópica dos problemas em norma jurídica em si, promovendo o trabalho de concretização.

---

125. MÜLLER, Friedrich. *Teoria estruturante do direito*. 2ª ed. São Paulo: RT, 2009.

Tal estrutura vai além da produção das significações pelo ser humano em contato com as manifestações expressas do direito positivo, abrangendo uma correlação entre essa significação à vista de um problema concreto, diversamente da busca pelas orientações fundamentais na relação direito-fato, em que se migra do desprezo da realidade a ser decidida até atingir-se sua valorização como critério hermenêutico.

A Teoria Estruturante defende a inserção do domínio fático na própria norma jurídica, superando ou dispensando a dicotomia direito e fato, considerando que a situação de fato também é resultado de uma elaboração mental. O intérprete, portanto, deve relacionar a norma que pretende interpretar com o problema concreto, cuja determinação e aplicação constituem procedimento único. O texto de norma, as leis, de fator parcial de solução tópica dos problemas é um conjunto de signos de linguagem usados pelo operador do direito para resolver o caso concreto.

Evidencia-se que, na metódica estruturante, a norma jurídica não preexiste no texto legal, conforme afirma Friedrich Müller:[126] "a norma jurídica não é apenas um dado orientador apriorístico no quadro da teoria da aplicação do direito, mas adquire sua estrutura em meio ao processamento analítico de experiências concretas no quadro de uma teoria da geração do direito".

O autor[127] assinala ainda que os diversos instrumentos metodológicos não possuem uma razão substancial que lhe seja imanente, mas preponderam apenas funcionalmente numa ordem jurídica, cujas características determinam os instrumentos adequados à sua compreensão:

> Numa ordem constitucional com direito constitucional codificado, que – tal como as normas infraconstitucionais – é determinada, decidida, formalizada e publicada segundo um certo processo

126. MÜLLER, Friedrich. *O novo paradigma do direito* – introdução à teoria e metódica estruturantes do direito. São Paulo: RT, 2007, p. 150.

127. MÜLLER, Friedrich. *Juristiche Methodik.* Tradução de Odim Brandão Ferreira. 2ª ed. Berlin: Duncker & Humbolt, 1976, p. 148.

> legislativo, da própria natureza da coisa resultam elementos de concretização fundados na literalidade do dispositivo, na literalidade de outras normas a trazer para o seu contexto e, finalmente, fundados no texto (não normativo) dos trabalhos legislativos da Constituição. Interpretação gramatical, sistemática e genética não são elementos de concretização que primeiro se apresentam por uma razão "substancial" que lhes seja imanente; eles o são apenas funcionalmente, numa ordem jurídica desse tipo.

Tal teoria confirma a premissa de que o jurista consiste no elemento de interseção da teoria e da prática, resultado da convergência entre a ciência e a experiência, ou seja, com o objetivo de aplicar a norma jurídica. Neste aspecto, a realidade dá vida à norma abstrata no plano concreto. É superada a visão positivista da norma jurídica posta com plena eficácia, subsumibilidade e efetividade, abrindo espaço ao diálogo entre o texto da norma e o plano fático.

Tal interação entre fato e direito denota que o conhecimento não se encontrará totalmente neutro ante o fato juridicamente relevante. Até mesmo a classificação dessa textura do social, com o consequente desprezo de diversas singularidades juridicamente irrelevantes, consiste no trabalho de imiscuir-se nos fatos, possibilitando uma aproximação do concreto.

Vale ressaltar que a positivação num ordenamento jurídico democrático não se perquire por uma legitimação ou justificativa metafísica para os direitos. Isso se aplica, por exemplo, aos direitos fundamentais que, uma vez positivados no texto constitucional, possuem caráter de direito vigente, adquirem caráter estatal-normativo. Por consequência, respeitá-los significa respeitar o próprio direito positivo.[128]

Mas vale uma advertência: o direito, tal qual entendido como sistema, não irá produzir a matéria social, pois esta matéria é reservada aos interesses humanos. O direito cria a sua

---

128. MÜLLER, Friedrich. Teoria e interpretação dos direitos humanos nacionais e internacionais – especialmente na ótica da teoria estruturante do direito. *In*: CLÈVE, Clèmerson Merlin; SARLET, Ingo Wolfgang; PAGLIARINI, Alexandre Coutinho (org.). *Direitos humanos e democracia*. Rio de Janeiro: Forense, 2007, p. 46.

realidade a partir de tais fatos, articulando abstratamente suas teorias. Contudo, lida-se com a teoria visando à aplicação prática, necessariamente passando pela linguagem de intermediação, traduzindo aquelas disposições abstratas em condutas: trata-se da linguagem da facticidade jurídica, da experiência.

Assim, cabe uma advertência quanto à referida teoria: a norma jurídica é resultado do significado atribuído ao texto, que sofre interferência dos aspectos da realidade sobre a compreensão de seu significado. No entanto, deve-se ressaltar que estes aspectos, em si considerados, manifestam-se no intérprete, sem se confundir com a própria norma jurídica, que é o produto da interpretação.

5.3 Verdade como correspondência entre enunciados jurídicos

Para falarmos de correspondência com fatos, ou seja, da busca da ciência pela verdade proposicional é necessário recorrer a uma metalinguagem que viabilize falar tanto de asserções, isto é, proposições científicas, quanto dos fatos sobre os quais se vertem esses enunciados científicos, assim considerados como metalinguagem semântica. Trata-se de caminho para superar o dualismo enunciado/fato, dando unidade perspectiva em relação à questão lógica ou ontológica da verdade, distinta das questões psicológicas que conduzem ao entendimento da verdade.

Alfred Tarski[129] conceitua verdade como correspondência entre fatos, onde a concepção semântica da verdade requer uma linguagem de nível superior que possa descrever tanto a linguagem cuja veracidade se questiona, quanto o fato concreto analisado. Nisto consiste precisamente a correspondência semântica da teoria com o seu objeto de conhecimento, ou seja, a sua verdade: trata-se de linguagem que analisa criticamente a metalinguagem, vertida não só sobre o próprio fato.

---

129. TARSKI, Alfred. Le concept de verité dans les languages formalisés. *In*: *Logique, sémantique, meta-mathématique*. t. premier. Paris: Armand Coliin, 1972, p. 157.

Por oportuno, Tárek Moysés Moussallem[130] noticia a irrelevância da classificação entre verdade material e formal, pois, considerando o caráter autossuficiente da linguagem, toda a verdade passaria a ser formal, quer dizer, verdade dentro de um sistema linguístico. Assim, quebrando as barreiras da tradição terminológica, é lícito afirmar que a verdade jurídica não é material nem formal, mas verdade lógica, construída a partir da relação entre linguagens de determinado sistema.

Corroborando com as premissas deste presente estudo, relativa ao método do procedimento de apreensão do objeto pelo conhecimento humano, a correspondência das asserções com os fatos pode ser adequada às preceituações normativas. No campo jurídico-dogmático, essa adequação, como relação de conformação, não tem a necessidade de enfrentar a objeção de que não é possível uma conformidade entre a asserção (entidade ideal) e os fatos (concretude existencial), pois no direito a relação de conformação dá-se entre norma (linguagem-objeto) e doutrina (metalinguagem), operando-se o relacional entre entidades linguisticamente formuladas.

A verdade semântica, no campo da dogmática jurídica, tem relação entre a norma juspositiva e sua interpretação, ou seja, entre entidades linguísticas. Pondera-se: "a questão é saber se quando dizemos: 'isto é uma norma jurídica', o termo norma jurídica tem ou não por material um fato linguístico. Sem cair no reducionismo, é possível responder afirmativamente à questão".[131] A correspondência entre frases e fatos será redutível a uma correspondência interproposicional, o que leva à conclusão da cientificidade de uma investigação normativista: cabe à Dogmática Jurídica estudar normas de direito positivo.

Parte-se do pressuposto de que as proposições da Ciência do Direito podem ser havidas como descritivas de normas

130. MOUSSALLEM, Tárek Moysés. *Fontes do direito tributário.* São Paulo: Max Limonad, 2001, pp. 39-40.

131. FERRAZ JUNIOR, Tercio Sampaio. *Introdução ao estudo do direito:* técnica, decisão, dominação. 2ª ed. São Paulo: Atlas, 1994, p. 199.

jurídicas, sob os aspectos semânticos, sintático ou pragmático, objeto de uma semiótica jurídica. Ao seu turno, a norma postula um critério sintático de validade, independentemente da efetiva aplicação ao caso concreto (norma superior que lhe fundamente). Sob o ângulo da empiricidade, a validade da norma é tomada como se fora um fato jurídico.

Seccionando na semiótica jurídica, os níveis sintático e pragmático e, por sua vez, analisando somente a dimensão semântica, a questão reside na possibilidade de falar-se em verdade ou falsidade das proposições que descrevem a ordem jurídica, onde não se fala da correspondência das proposições descritivas com o fato concreto previsto. A dogmática não pode, ela mesma, decidir sobre a verdade de seus enunciados, devendo dispor de uma metadogmática. Não pode, também, autorreferenciar-se à norma jurídico-positiva. Neste sentido, Lourival Vilanova[132] dispõe: "a diferença entre verdade/falsidade, e validade/não validade, reside no lado semântico; é o modo-de-referência da proposição aos objetos que refere. Nesse caso, a proposição descreve como é o objeto, no outro ela prescreve uma alteração no objeto, preceituando como ele deve ser".

Para se falar em verdade jurídico-semântica da teoria jurídica é necessária sua correspondência com o ordenamento jurídico-positivo e, mais além, explicar o modo como a verdade se manifesta pela conformidade entre a enunciação (apofântica) e o sentido normativo (consequente deôntico).

José Souto Maior Borges[133] enfrentou a questão:

> é no ordenamento jurídico que originariamente se dá a experiência da verdade jurídica: a conformação da norma com o enunciado descritivo. A norma é aqui normativa para o próprio

132. VILANOVA, Lourival. *As estruturas lógicas e o sistema do direito positivo.* São Paulo: Noeses, 2005, p. 60.

133. BORGES, José Souto Maior. A verdade como correspondência entre enunciados jurídicos. *In:* ADEODATO, João Maurício; BITTAR, Eduardo C. B. (org.). *Filosofia e teoria geral do direito:* estudos em homenagem a Tercio Sampaio Ferraz Junior por seu septuagésimo aniversário. São Paulo: Quartier Latin, 2011, p. 660.

> pensamento. Conformar-se a proposição descritiva à norma significa: tomá-la também como norma para a hermenêutica, que pressupõe a abertura originária da ordem jurídica, a sua susceptibilidade à desocultação.

Neste sentido, a verdade da proposição jurídica é desvendada não de forma derivada da conformação do enunciado com a coisa (*adaequatio intellectus et rei*), mas sim seu descortino hermenêutico. O fenômeno ocorre quando a enunciação deixa a norma enunciada estar presente no seu dever-ser, isto é, exprime tal e enquanto é, na irredutibilidade de seu dever-ser: é o desvelamento do sentido oculto pelo ordenamento jurídico que caracteriza a verdade originária, ou seja, a presença do dever-se mesmo da norma.

5.4 Pragmática normativo-comunicacional

Como vimos, a proposta da Teoria Comunicacional aborda o conhecimento do direito desde três níveis ou perspectivas, de acordo com o modelo proposto pela Filosofia da Linguagem, cuja base distingue a linguística, tradicionalmente, entre sintaxe, semântica e pragmática.

Neste sentido, o direito consiste em manifestação através de textos, numa perspectiva interna e utilizando-se do método hermenêutico-analítico.

Acerca da dependência recíproca destas perspectivas, merece destaque Gregorio Robles:[134]

> Los tres niveles de análisis mantienen una dependencia recíproca. Desde el punto de vista genético, lo primero es la decisión. Todo en el Derecho positivo se genera a golpe de decisión. La decisión constituyente, la decisión legislativa, la decisión judicial, la decisión negocial constituyen los tipos básicos de decisión jurídica en virtud de los cuales se genera el texto ordinamental. Si no hay decisiones, no hay texto ordinamental, y si no hay texto

134. ROBLES, Gregorio. *Teoría del derecho:* fundamentos de teoría comunicacional del derecho. v. II. Madri: RT, 2015, p. 397-398.

> ordinamental, no hay Derecho. Por tanto, en punto de partida – desde la perspectiva genética, esto es, de la formación o generación del Derecho – es la decisión. Esta idea corresponde a lo que, en la lingüística y la filosofía del lenguaje, es la pragmática. Sin actos lingüísticos – ya sean actos de habla, actos mímicos, o cualesquiera actos sígnicos – no hay lenguaje, y por tanto no hay texto. El principio de prioridad de la pragmática puede expresarse así: de los tres niveles o perspectivas del lenguaje, la pragmática constituye el punto de arranque. No sólo porque da lugar a las palabras, sino también porque genera sentido (semántica), sobre el cual puede – después – verificarse el análisis sintáctico.

O direito positivo aparece como conjunto de decisões. Assim, temos blocos de decisões que, articuladas, compõem o direito positivo, base para outras decisões, incluindo a interpretação.

O discurso normativo, como todo ato de caráter interacional, é implicativo de uma ordem, composta da transmissão de uma informação e da imposição de um comportamento. A informação transmitida consiste no relato, ao passo que o cometimento é a informação sobre a informação, isto é, diz como a informação transmitida deve ser entendida.

Nas interações o aspecto cometimento raramente é deliberado e consciente, surgindo aí equívocos cujo saneamento se dará através de regras, através do próprio cometimento. Neste sentido, as normas jurídicas são decisões. Através delas, garante-se que certas decisões serão tomadas, estabelecendo controles ou pré-decisões determinantes de outras decisões.

Na terminologia pragmática, o discurso normativo não contém apenas a decisão a ser tomada (pré-decisão), mas também como essa pré-decisão deve ser entendida pelo endereçado, sem desconsiderar a dialogicidade da mensagem, ou seja, a relação entre o emissor e o receptor e a relação entre o receptor e o emissor (que impõe a ideia de reflexibilidade do discurso jurídico). Este aspecto cometimento, ou ordem metacomunicacional, é também conhecido, na Lógica Deôntica, como o conectivo dever-ser, que se divide em obrigatório, permitido e proibido.

Quanto aos operadores pragmáticos, conteúdo e condições de aplicação da informação normativa, Tercio Sampaio Ferraz Junior[135] verifica:

> normas jurídicas são entendidas aqui como discursos, portanto, do ângulo pragmático, interações em que alguém dá a entender a outrem alguma coisa, estabelecendo-se, concomitantemente, que tipo de relação há entre quem fala e quem ouve. Ou seja, o discurso normativo não é apenas constituído por uma mensagem, mas, também, por uma definição das posições de orador e ouvinte. A lógica deôntica costuma definir as "proposições normativas" como prescrições, isto é, proposições constituídas mediante os operadores ou functores "obrigatório/proibido" e "permitido", aplicados às ações. Naturalmente, não às 'ações mesmas' (plano empírico), mas à sua expressão linguística.

As normas, compostas de um operador normativo, de uma descrição de ação e de uma descrição da condição de ação, consubstanciam-se, respectivamente, ao seu caráter (permissiva ou de obrigação), seu conteúdo (atos e omissões), e sua condição de aplicação. Sob o ponto de vista pragmático, a descrição da ação e a descrição da condição da ação constituem o relato da mensagem normativa, o que não esgota sua análise, pois dela fazem parte o editor, o sujeito e a relação metacomplementar estabelecida entre ambos. Esta última, por sua vez, se determina no cometimento do discurso, previsto pelos operadores normativos, que contém uma dimensão pragmática e sintática que dão caráter prescritivo ao discurso por qualificar a ação, além de caráter metacomplementar ao qualificar a relação entre emissor e receptor.

Neste sentido, não seria a pragmática, tão somente, entendida como parte da semiótica, que permite uma análise dos signos entre si (aspecto sintático), da relação dos signos com objetos extralinguísticos (aspecto semântico) e da relação dos signos com seus respectivos intérpretes e usuários (aspecto pragmático), mas também na possibilidade de

135. FERRAZ JUNIOR, Tercio Sampaio. *Teoria da norma jurídica* – ensaio de pragmática da comunicação normativa. 4ª ed. Rio de Janeiro: Forense, 2009, p. 53-54.

entender o direito subjetivo como função operativa em situações comunicativo-jurídicas.

Não é possível dissociar a normatividade dos problemas relacionados à produção de normas e dos seus respectivos destinatários. Neste sentido, novamente, Tercio Sampaio Ferraz Junior,[136] para quem, "não é possível isolar a norma como discurso do discurso de quem a produz e de quem a recebe. Em outras palavras, não é possível, do ângulo pragmático do discurso, ver a norma como uma entidade a ser separada de uma situação comunicativa".

Deve-se observar o direito a partir do seu enfoque normativo, o que não significa dizer que as discussões nele contidas se esgotam no campo da normatividade, e projetar a norma em uma perspectiva linguístico-pragmática, sem tampouco imaginar que tal abordagem seja a única possível.

Afirma-se que a semântica e a pragmática estão imbricadas. Há valores de uso decorrente da pragmática da comunicação humana que consolida a própria semântica (o que influi, em menor grau, na sintaxe). A pragmática tem aspecto dinâmico, é a mudança, a circunstância, o panorama, o cenário, o pano de fundo. O direito sofre modificações em razão do uso, até mesmo em suas reiterações, e a pragmática normativa comunicacional consiste no estudo da relação entre os signos do sistema e o modo como se usam (o que tem até um aspecto fugidio), dentro de um contexto histórico, espacial e social.

Não é demais lembrar que a realidade é mais rica em determinação de que seu conceito. Este, como vimos, remete a uma ideia, noção, que forma um juízo cuja expressão verbal é o termo, a proposição e a formação do raciocínio utilizado para o argumento, até chegar à organização superior de sistema. Assim, são múltiplos os traços que caracterizam a matéria tomada como linguagem-objeto, com a presença da inesgotabilidade de sentido.

---

136. FERRAZ JUNIOR, Tercio Sampaio. *Direito, retórica e comunicação:* subsídios para uma pragmática do discurso jurídico. 3ª ed. São Paulo: Atlas, 2015, p. 142.

Adverte-se que a dinâmica dos conceitos normativos, construída com base na imobilidade do suporte material em que se apoia o significado, não se trata de consequencialismo. O saber científico tem pressupostos em campos demarcados e uniformes e, no campo jurídico, toda construção considera o senso comum, o núcleo de valores jurídicos fundamentais, como, por exemplo, a mesma ideia de legalidade, segurança jurídica etc., pois vivemos na mesma cultura e tempo histórico. O direito é impregnado de valores, necessariamente.

5.5 Relação do intérprete com a construção da norma jurídica

A prática da hermenêutica jurídica se pauta, salvo raríssimas exceções, na compreensão de textos legislativos, aos quais devem ser adjudicados sentidos adequados às situações concretas que venham reger e aos valores fundamentais que objetivem tutelar. Desta feita, a hermenêutica jurídica se pauta em um permanente diálogo entre intérprete e texto, de onde emerge, então, a norma jurídica concretizada.

O processo de construção normativa, portanto, se desenvolve a partir da interação entre texto e intérprete, cabendo a este adjudicar sentidos que permitirão identificar as normas jurídicas possíveis e adequadas a regular as situações cotidianas. Nesta atividade, entram em cena opiniões e expectativas que o sujeito interpretativo traz consigo, as quais, inevitavelmente, influenciam no resultado de seu labor. E assim se enuncia o segundo elemento essencial que, ao lado dos textos legislativos, fornece parâmetros para a atividade hermenêutica: a pré-compreensão do intérprete.

Eros Roberto Grau[137] chama atenção para a dificuldade de adoção de determinados cânones hermenêuticos:

---

137. GRAU, Eros Roberto. A jurisprudência dos interesses e a interpretação do direito. *In*: ADEODATO, João Maurício (org.). *Jhering e o Direito no Brasil.* Recife: Universitária, 1996, p. 79.

> quando interpretamos, o fazemos sem que exista norma a respeito de como interpretar normas. Quer dizer, não existem aqueles que seriam meta-normas ou meta-regras. Temos inúmeros métodos a gosto de cada um. Interpretar gramaticalmente? Analiticamente? Finalisticamente? Isso quer dizer pouco, pois as regras metodológicas de interpretação só teriam real significação se efetivamente definissem em que situações o intérprete deve usar este ou aquele cânone hermenêutico, esse ou aquele outro método de interpretar. Mas acontece que essas normas nada dizem a respeito disso; não existem essas regras.

Ora, todo enunciado normativo é base empírica para um juízo de valor, mas o processo de geração da norma está na valoração, que fica subjacente à objetivação valorativa, que a norma, positivamente posta, delineia. Assim, a descida até essas valorações subjacentes ocorre na interpretação e na aplicação do direito.[138]

As interpretações subjacentes são percebidas pelo intérprete que lhes atribui ao objeto – elas não vêm com o objeto, elas são atribuídas ao ato mediante manifestação de vontade do agente do conhecimento que opera para colhê-las com a intuição emocional. Sem a intuição emocional não é possível atribuir valores aos objetos, o que, considerando seu aspecto axiológico, são atos de valoração.

Corrobora com tal assertiva Tercio Sampaio Ferraz Junior:[139]

> normas jurídicas são decisões. Através delas, garantimos que certas decisões serão tomadas. Elas estabelecem assim controles, isto é, pré-decisões, cuja função é determinar outras decisões. Embora isto não signifique, como veremos, uma redução da norma à norma processual, o ponto de vista pragmático não deixa de ressaltar este aspecto procedimental do discurso normativo.

O intérprete, assim, realiza um processo relacional (cognitivo) pelo qual os signos são assimilados, mediante a ideia

---

138. VILANOVA, Lourival. *Causalidade e relação no direito.* 5ª ed. São Paulo: Noeses, 2015, p. 253.

139. FERRAZ JUNIOR, Tercio Sampaio. *Teoria da norma jurídica* – ensaio de pragmática da comunicação normativa. 4ª ed. Rio de Janeiro: Forense, 2009, p. 49.

gerada pela associação entre o objeto e o signo, realizado, inclusive, pela semiose.

Tal processo de associação transita, necessariamente, pela pragmática, pois o intérprete manejará fatos. É na tipificação fática, substância das normas de direito, onde o jurista apanha o fato individual. Mesmo aquele fato existente aqui e agora, ou seja, concreto, para projetar-se como conduta jurídica exige a presença humana, onde o direito despreza aquilo que é irrelevante. Não há como negar, portanto, que o direito é fator interveniente no processo social.

Acerca do fato jurídico, oportunas as colocações de Lourival Vilanova:[140]

> O fato jurídico, pois, é uma concreção que se dá num ponto do tempo e num ponto do espaço. Mas o fato é jurídico porque alguma norma sobre ele incidiu, ligando-lhe efeitos (pela relação de causalidade normativa). Suprimam-se normativamente efeitos e o fato jurídico fica tão só como fato. O Direito é um processo dinâmico de juridicização e de desjuridicização de fatos, consoante as valorações que o sistema imponha, ou recolha, como dado social (as valorações efetivas da comunidade que o legislador acolhe e as objetiva como normas impositivas).

Neste sentido, o trânsito pelo aspecto factual (aplicação) no processo hermenêutico consiste em consequência lógica do desprendimento ao objetivismo metodológico, já que a situação de fato posta ao intérprete será interpretada juntamente com o texto objeto da interpretação, considerando a inserção no âmbito de sua pré-compreensão.

A dualidade destes processos interpretativos comporta cotejos analíticos, relativamente às dimensões sintáticas, semânticas e pragmáticas da norma jurídica e do fato em si considerado.

---

140. VILANOVA, Lourival. *Causalidade e relação no direito.* 5ª ed. São Paulo: Noeses, 2015, p. 110.

A compreensão adequada de um texto, correspondente às suas necessidades e mensagem, muda com a situação concreta a partir da qual tem lugar sua aplicação.

Mas o esforço hermenêutico de aplicação constitui outro momento da unidade da compreensão, cujo percurso discorreremos no capítulo seguinte.

6. PERCURSO GERADOR DE SENTIDO

6.1 Considerações iniciais acerca do percurso da construção de sentido

A interpretação consiste na atribuição de valores aos símbolos, adjudicando-lhes significações e referências a objetos. Neste sentido, o direito positivo é objeto cultural, modelado em linguagem que comporta conteúdo axiológico. Apresentando-se na forma de texto, permite ao intérprete a construção de discurso, ou seja, de conteúdo obtido no processo gerativo de sentido.

O percurso gerador de sentido é construção de Paulo de Barros Carvalho,[141] que decompõe o sistema do direito positivo em quatro subsistemas: (S1) plano da literalidade, (S2) plano das significações das palavras nos textos normativos, (S3) na organização desses sentidos na estrutura normativa (de hipótese e consequente), e (S4) na organização dessas estruturas nas suas relações de subordinação e coordenação.

Todos estes subsistemas são, eminentemente, jurídicos. Tais incisões, de caráter epistemológico, não podem ser vistas como fronteiras entre os subsistemas.

---

141. CARVALHO, Paulo de Barros. *Direito tributário* – fundamentos jurídicos de incidência. 9ª ed. São Paulo: Saraiva, 2012, p. 67.

Para iniciar o percurso, necessário distinguir enunciado e norma jurídica nos diferentes campos de irradiação semântica. Ora, se entende por enunciado toda magnitude provida de sentido da cadeia falada ou do texto escrito, prévia a qualquer análise linguística ou lógica. Esta acepção também pode ser entendida, conforme pontua Nicola Abbagnano,[142] como:

> 1. Expressão linguística de sentido completo, que é verdadeira ou falsa. Nesse sentido, também se costuma falar de enunciado indicativo ou declarativo, ou de asserção [...] 2. Qualquer expressão linguística de sentido completo. Nesse sentido, mais estritamente gramatical, o termo indica não só a expressão declarativa (asserção ou proposição), como também as dúvidas, os comandos, as exortações, as apóstrofes etc., frases que não podem ser declaradas verdadeiras ou falsas. 3. Mais raramente, quaisquer expressões linguísticas, também de sentido não completo; por exemplo, uma palavra isolada como "vermelho" ou "quadrado".

Os enunciados seriam, neste aspecto, frases soltas, estruturas atômicas, com sentido, mas não encerrando uma unidade completa de significação deôntica, pois esperam juntar-se a outras unidades de mesma índole. Tal ajuntamento a outros enunciados forma, assim, normas jurídicas.

Concordamos com Tárek Moysés Moussallem[143] ao discorrer que fonte do direito é a atividade de enunciação, que consiste na atividade em que se produz enunciados que não estão dispostos textualmente no documento normativo e, portanto, se esvai no tempo e no espaço, sendo inacessível imediatamente por não conter linguagem produzida pelo órgão credenciado pelo sistema do direito positivo.

Tanto o plano de expressão quanto o plano de conteúdo do texto servirão como base para a significação da mensagem, mas é no segundo em que se manifestará a subjetividade do

---

142. ABBAGNANO, Nicola. *Dicionário de filosofia*. 1ª ed. brasileira coordenada e revista por Alfredo Bosi; rev., trad. e trad. de novos textos de Ivone Castilho Benedetti. 6ª ed. São Paulo: Martins Fontes, 2012, p. 390.

143. MOUSSALLEM, Tárek Moysés. *Fontes do direito tributário*. São Paulo: Max Limonad, 2001, p. 137.

intérprete a partir do contato inicial com o primeiro, que se baseia no suporte físico dotado de significantes.

Novamente, nos socorremos de Paulo de Barros Carvalho:[144]

> Se retivermos a observação de que o direito se manifesta nesses quatro planos: o das formulações literais, o de suas significações enquanto enunciados prescritivos, o das normas jurídicas, como unidades de sentido obtidas mediante o grupamento de significações que obedecem a determinado esquema formal (implicação), e o da forma superior do sistema, que estabelece os vínculos de coordenação e subordinação entre as normas jurídicas criadas no plano anterior; e se pensarmos que todo nosso empenho se dirige para estruturar essas normas contidas num estrato de linguagem; não será difícil verificar a gama imensa de obstáculos que se levantam no percurso gerativo de sentido ou, em termos mais simples, na trajetória da interpretação.

Assim, o intérprete passa por vários planos para chegar à norma jurídica como produto do processo interpretativo, que tem seu início no plano S1 (corresponde ao plano da literalidade, do texto em sentido estrito); pelo plano S2 (o intérprete formula as significações dos enunciados prescritivos); pelo plano S3 (o intérprete já reúne a unidade completa de sentido, a norma jurídica *stricto sensu*) e o plano S4 (a norma é compatibilizada com o sistema).

6.2 O Plano S1 – Sistema dos enunciados prescritivos

Considerando o processo interpretativo nos quatro planos que compõem os textos do direito, temos que a elaboração do sentido tem início na análise dos suportes físicos dos enunciados prescritivos (S1), atinentes às diretrizes fundamentais de organização de frases, para existência de sentido. Trata-se de análise restrita à linguagem escrita, relativa à morfologia ou à sintaxe, que consiste no exame da estrutura e formação

---

144. CARVALHO, Paulo de Barros. *Direito tributário* – fundamentos jurídicos da incidência. 9ª ed. São Paulo: Saraiva, 2012, p. 107.

dos signos jurídicos e da composição frásica em termos de concordância, regência e de colocação.

Sua importância se justifica por marcar o início do percurso de interpretação; e é o espaço das modificações introdutórias no sistema total, aplicando-se, assim, o conceito de validade.

Segundo Miguel Reale,[145]

> a lei é uma realidade morfológica e sintática que deve ser, por conseguinte, estudada do ponto de vista gramatical. É da gramática – tomada esta palavra no seu sentido mais amplo – o primeiro caminho que o intérprete deve percorrer para dar-nos o sentido rigoroso de uma norma legal. Toda lei tem um significado e um alcance que não são dados pelo arbítrio imaginoso do intérprete, mas são, ao contrário, revelados pelo exame imparcial do texto.

O plano S1 ainda não contém o sentido normativo, muito embora, dentro da perspectiva formal, já possamos falar em norma jurídica, como vimos quando da definição de seu conceito. Contudo, não há neste plano, a totalidade da dimensão do discurso normativo.

Assevera, neste aspecto, Gregorio Robles:[146]

> Siempre he dicho que no tiene mucho sentido la afirmación de que la Ciencia jurídica describe las normas del Derecho positivo. Pues ¿en qué puede consistir la operación de "describir una norma"? Una descripción es un relato objetivo y frío – no interpretado – de lo que se ve. Ahora bien, lo que se ve de un artículo de un Código es un conjunto de caracteres gráficos situados en un cierto espacio de un libro. "Describir" ese artículo equivaldría a expresar aspectos tales como los siguientes: número de palabras, tipo de letra, puntuación empleada y, quizás, la repetición literal del precepto. ¿Es esto lo que hace la Dogmática jurídica? Evidentemente, no.

---

145. REALE, Miguel. *Lições preliminares de direito.* 9ª ed. São Paulo: Saraiva, 1981, p. 275.

146. ROBLES, Gregorio. *Teoría del derecho:* fundamentos de teoría comunicacional del derecho. v. I. 3. ed. Navarra: Civitas, 2010, p. 400.

Assim, o plano S1 consiste no primeiro contato do intérprete com os textos jurídicos, dentro do sistema dos enunciados prescritivos, tratando-se do plano de expressão do direito positivo. Este campo de literalidade textual é o único dado que lhe é objetivo, sendo base material para a construção das significações jurídicas, formada pelo conjunto estruturado de letras, palavras, frases e parágrafos produzidos pelos respectivos órgãos legitimados a criá-los.

Neste sentido, Paulo de Barros Carvalho[147] define:

> a concepção do texto com plano de expressão, como suporte físico das significações, cresce em importância à medida que se apresenta como o único e exclusivo dado objetivo para os integrantes da comunidade comunicacional. Tudo mais será entregue ao teor das subjetividades. Apenas o texto, na instância de sua materialidade existencial, se oferece aos sujeitos como **algo que adquiriu foros de objetivação** (grifos no original).

O plano da literalidade é representado pelo suporte físico textual, nele encontradas as prescrições legislativas e o ponto de partida do intérprete para a construção do sentido normativo, desde que cumprida a condição de conhecimento das regras de associação das partículas morfológicas e compreenda sua aglomeração como um texto.

Justamente neste aspecto possui um campo vasto de especulações, pois o contato do intérprete se dará com o conjunto de símbolos que se entrelaça, em relações de coordenação e subordinação de palavras, cuja análise poderá se dar nos domínios da sintaxe (questões gramaticais da linguagem escrita) e da morfologia (estrutura e formação dos signos jurídicos).

Neste plano, podemos distinguir os termos "enunciado" e "proposição": o primeiro diz respeito à forma de expressão, integrante da literalidade textual, sendo componente do dado material em que se expressa o direito positivo, ou seja, suporte

---

147. CARVALHO, Paulo de Barros. *Direito tributário* – fundamentos jurídicos da incidência. 9ª ed. São Paulo: Saraiva, 2012, p. 111.

físico de significações, ao passo que o segundo diz respeito ao dado imaterial que se apresenta como juízo construído na mente do intérprete, ou seja, o sentido.

Vale ressaltar que é neste plano, de expressão do direito positivo, que são introduzidas as modificações pelo legislador. No entanto, elas não atingem as mutações de ordem pragmática, que alteram o conteúdo significativo atribuído aos símbolos positivados, pois este depende de fatores externos, relacionados à historicidade e à cultura presentes na experiência do intérprete.

Ultrapassadas as elucubrações acerca do plano do suporte físico normativo, o intérprete passa a adjudicar conteúdos de significação aos enunciados prescritivos.

6.3 O Plano S2 – Sistema dos conteúdos de significação dos enunciados prescritivos

Considerando a premissa de que os enunciados consistem em suporte das significações, ou seja, sua produção de sentido, a saída do plano da literalidade textual para subida na espiral hermenêutica ingressa no plano de conteúdo e de visualização do contexto.

Com o ingresso no plano de conteúdo (S2), o exegeta passa à análise do significado dos signos jurídicos, associando-os e comparando-os para estruturar as significações de cunho jurídico, relativas às condutas subjetivas. A questão da validade é aplicável neste subsistema, já que as expressões linguísticas deverão ser portadoras de sentido, serem produzidas por órgãos credenciados pelo ordenamento para sua expedição e, ainda, consoante o procedimento específico que a ordem jurídica estipular.[148]

Interessante lição dada por Daniela de Andrade Braghetta,[149] para quem o plano do conjunto de significações dos

148. CARVALHO, Paulo de Barros. *Curso de direito tributário*. 25. ed. São Paulo: Saraiva, 2013, p. 123.

149. BRAGHETTA, Daniela de Andrade. *Tributação no comércio eletrônico*. São Paulo: Quartier Latin, 2003, pp. 52-59.

enunciados, como subsistema da compreensão, classifica-se em i) enunciados prescritivos, compreendendo enunciados que estabelecem entidades, procedimentos, modais, limites de espaço, limites de tempo e determinam competência ou capacidade; e ii) enunciados principiológicos, que compreendem enunciados que estabelecem valores e limites objetivos.

Os enunciados prescritivos estipulam regramentos ao interlocutor, cujos aspectos relevantes são estabelecidos para posterior visualização da norma jurídica com sentido deôntico completo. Percebe-se a existência de fatos sociais juridicizados, que serão objeto da subsunção, ou seja, operação de incidência da norma, antes mesmo da formação da norma jurídica em sentido estrito.

Ao estabelecerem entidades, os enunciados prescritivos definem bens jurídicos, sujeitos, bases de cálculo e alíquota. Ao estabelecerem procedimentos, os enunciados prescritivos constituem ou criam a ação, reveladores do fato juridicamente relevante em determinado tempo e espaço, que se elege a fato jurídico. Os enunciados prescritivos que estabelecem modais informam como o direito positivo se expressa: permitido, obrigatório e proibido. Determinando competência ou capacidade, os enunciados prescritivos delimitam as ações lícitas ou ilícitas que o Sistema Jurídico admite como possíveis aos sujeitos de direito. Os enunciados prescritivos que estabelecem limites de espaço são aqueles que determinam o âmbito de validade da norma dentro do Sistema Jurídico, ainda que não expressamente, podendo ser subdivididos em: a) enunciados que estabelecem âmbito de validade territorial; b) enunciados que estabelecem áreas ou regiões específicas para ocorrência de determinada ação; e c) enunciados que estabelecem o local determinado para ocorrência do fato típico. Por fim, os enunciados prescritivos que estabelecem limites de tempo dizem respeito às regras referentes ao limite temporal no qual se desenvolverá a ação, subdivididos em: a) enunciados que estabelecem limites temporais de constituição; b) enunciados que estabelecem limites temporais que determinam o dia de entrada em vigor de um diploma normativo; c) enunciados que estabelecem o lapso temporal que durará um ordenamento ou conjunto de disposições concretas; d) enunciados que estabelecem limites aos prazos derrogatórios; e) enunciados relativos à prazo de decadência e prescrição; e f) enunciados que estabelecem limites temporais referentes ao fato jurídico instituído na hipótese.

Pois bem. Neste ingresso ao conjunto dos conteúdos dos textos de direito positivo, o intérprete ultrapassa a barreira de compreensão isolada dos enunciados, passando a associar as proposições construídas, ou seja, começando a lidar com as significações dos símbolos positivados, sempre construídas a partir do suporte físico (plano de expressão).

Aurora Tomazini de Carvalho[150] explica:

> o sujeito que ingressa no plano dos conteúdos dos textos do direito positivo passa a lidar com as significações dos símbolos positivados e não mais com o seu plano de expressão (suporte físico). Mergulha no campo semântico, onde reside toda a problemática que envolve o contexto jurídico. Seu trabalho volta-se à construção de sentidos prescritivos, que implementam diretivos à regulação de condutas intersubjetivas. Por certo que, em várias passagens, os enunciados do direito se apresentam na forma declarativa, como se o legislador descrevesse aspectos da vida social, ou acontecimentos naturais a ela relacionados. Mas, na construção do sentido legislado, o intérprete não deve esquecer que lida com frases prescritivas.

Este plano trata dos conteúdos significativos ainda não estruturados deonticamente, ou seja, o intérprete trabalha com a Lógica Alética, cujas significações se erguem a partir de frases prescritivas, de enunciados pertencentes ao arcabouço legislado, em que são vistas as expressões linguísticas portadoras de sentido, sua produção por órgão competente credenciado pelo ordenamento e consoante procedimento estipulado pela ordem jurídica. Trabalha o intérprete, nesta etapa, à construção das significações isoladas dos enunciados,

---

150. CARVALHO, Aurora Tomazini de. *Curso de teoria geral do direito:* o constructivismo lógico-semântico. 4ª ed. São Paulo: Noeses, 2014, p. 251.

com base em sentenças soltas consideradas individualmente e desprovidas de qualquer forma deôntica de agrupamento.

6.4 O Plano S3 – Sistema dos conjuntos articulados de significações normativas: norma jurídica *stricto sensu*

Ao ingressar no universo dos conteúdos significativos, o intérprete deverá promover sua contextualização, com a finalidade de produzir unidades completas de sentido para as mensagens deônticas (S3), buscando cada uma das estruturas mínimas e irredutíveis de significação para outorgar unidade ideológica à conjunção de regras que organizam os setores da convivência social. Trata-se da interpretação da norma pela conjunção dos termos sintáticos com as proporções semânticas e pragmáticas. Aplica-se, assim, o conceito de validade, conforme avalia Fabiana Del Padre Tomé:[151] "se a norma prescrever uma conduta impossível ou uma conduta necessária, carecerá de sentido deôntico, pois só haverá sentido em proibir, permitir ou obrigar a prática de determinada ação se existirem dois ou mais comportamentos possíveis".

Conforme as palavras de Miguel Reale:[152]

> após essa perquirição filológica, impõe-se um trabalho lógico, pois nenhum dispositivo está separado dos demais. Cada artigo de lei situa-se num capítulo ou num título e seu valor depende de sua colocação sistemática. É preciso, pois, interpretar as leis segundo seus valores linguísticos, mas sempre situando-as no conjunto do sistema. Esse trabalho de compreensão de um preceito, sem sua correlação como todos os que com ele se articulam logicamente, denomina-se interpretação lógico-sistemática.

Não é no plano de expressão que encontramos a norma jurídica em sua plenitude, como resultado do processo

---

151. TOMÉ, Fabiana Del Padre. *Contribuições para a seguridade social à luz da Constituição Federal.* 2ª ed. Curitiba: Juruá, 2014, p. 45.

152. REALE, Miguel. *Lições preliminares de direito.* 9ª ed. São Paulo: Saraiva, 1981, p. 275.

interpretativo, pois não integra o sistema morfológico e gramatical do Direito, portanto, não é explícita. A norma, assim, encontra-se no plano dos conteúdos significativos elaborados deonticamente. Trata-se de proposição estruturada na fórmula de hipótese que implica consequência.

Neste subsistema verificamos os critérios da regra-matriz de incidência tributária, ou seja, a estrutura hipotético-condicional contida na norma jurídica em sentido estrito, com antecedente e consequente e relação entre descritor e prescritor, em estrutura lógica mínima necessária para a construção de um sentido deôntico.

Assim, a significação, para expressar a completude da mensagem legislada, deve ser construída a partir de textos do direito positivo e estruturada na forma hipotético-condicional, sendo fórmula lógica das ordens. O intérprete ingressa na construção da mensagem jurídica, associando as proposições identificadas no Plano S2, através da estruturação dos conteúdos produzidos no curso do processo gerativo de sentido para sua apresentação como unidade completa de sentido deôntico.

A forma lógica hipotético-condicional aparece com a formalização, mediante processo de abstração dos conteúdos significativos que, embora tenha base material na estrutura gramatical dos enunciados, apresenta forma que não condiz com a organização normativa da significação que lhes é atribuída.

Paulo de Barros Carvalho[153] ensina:

> Se todo o trabalho desenvolvido no processo de geração de sentido tem sua importância, proposição que paira acima de qualquer dúvida, surge essa última etapa com seu aperfeiçoamento, como a coroação do desempenho construtivo levado a cabo pelo agente do conhecimento. Tendo a tarefa interpretativa caminhado pelos meandros do ordenamento, primeiramente à cata de sentidos isolados de fórmulas enunciativas, para depois agrupá-las consoante esquema lógico específico e satisfatoriamente definido, o objetivo presente é confrontar as unidades obtidas

153. CARVALHO, Paulo de Barros. *Direito tributário* – fundamentos jurídicos da incidência. 9ª ed. São Paulo: Saraiva, 2012, p. 120.

> com o inteiro teor de certas orações portadores de forte cunho axiológico, que o sistema coloca no patamar de seus mais elevados escalões, precisamente para penetrar, de modo decisivo, cada uma das estruturas mínimas e irredutíveis (vale novamente o pleonasmo) de significação deôntica, outorgando unidade ideológica à conjunção de regras que, por imposição dos próprios fins regulatórios que o direito se propõe implantar, organizam os setores mais variados da convivência social.

Neste Sistema, podemos dizer que a norma jurídica é construída pelo intérprete, que estrutura significações em sua mente com base no dado físico do direito (plano S1) mediante processo hermenêutico de construção de proposições isoladas correspondentes ao sentido das frases que o compõem (plano S2). A ordenação dessas significações na forma implicacional (H→C), alocando-as na posição sintática de hipótese e de consequente, trata-se da norma jurídica *stricto sensu*, já pertencente ao nível de compreensão do plano S3.

6.5 O Plano S4 – Sistema das significações normativas sistematicamente organizadas

O plano S4 organiza as normas numa estrutura escalonada, coordenando e aplicando critérios de subordinação entre as unidades construídas.

O direito consiste em um sistema do qual a norma jurídica faz parte como elemento. As normas jurídicas, portanto, devem apresentar características comuns para integrarem um conjunto, cuja estrutura mínima, mas completa, de atuação do direito, é denominada "mínimo irredutível de manifestação do deôntico."[154] A composição mínima a que aludimos apresenta um antecedente (descrição de uma situação do mundo social), denominado de hipótese, cuja efetiva ocorrência dará ensejo a uma consequência que, invariavelmente, será uma relação jurídica vinculando dois sujeitos de direito.

154. CARVALHO, Paulo de Barros. *Direito tributário* – fundamentos jurídicos da incidência. 9ª ed. São Paulo: Saraiva, 2012, p. 67.

A hierarquia do Sistema Jurídico é montada em normas introdutoras e normas introduzidas, pois os objetos culturais se caracterizam pela presença da hierarquia, sempre decorrentes de decisões, já que permeados por valores em regime de concorrência. A tomada de decisões, assim, é o entrechoque de valores postos em jogo de acordo com suas funcionalidades, operacionalidades e utilidades. A partir destes, faz-se uma opção.

Assim, como a interpretação deve análise à integração das normas, seus eixos de subordinação, de coordenação e pertinência à totalidade do sistema, aplica-se o conceito de validade. A norma jurídica deve estar em sintonia com a norma fundante.

Enquanto no plano S3 as significações se agrupam nos esquemas de juízos implicacionais, sendo normas jurídicas, no plano S4, teremos o conjunto montado na ordem superior de sistema, cujo esforço hermenêutico se voltará à composição hierárquica das normas, e número finito: estas são as regras de estrutura, subconjunto de regras que estabelecem como outras regras devem ser postas, modificadas ou extintas no interior do sistema, participando da composição do sistema jurídico-normativo como conjunto autorreferencial.

No plano S4, são estabelecidas as relações horizontais e as graduações hierárquicas das significações normativas construídas no plano S3, espelhando a organização das normas construídas no nível S3, onde se estabelecem os vínculos de coordenação e de subordinação entre as regras.

Neste plano, o intérprete verifica a fundamentação jurídica das normas (constitucionalidade e legalidade), ao estabelecer relações de subordinação e de coordenação, que não abandonam a pressuposição de atos de valoração do intérprete na construção do sistema, informado pelos seus horizontes culturais.

6.6 Integração entre os planos S1, S2, S3 e S4

O percurso gerador de sentido é caminho em espiral a ser percorrido pelo intérprete, cuja representação gráfica[155] foi utilizada por Daniela de Andrade Braghetta:[156]

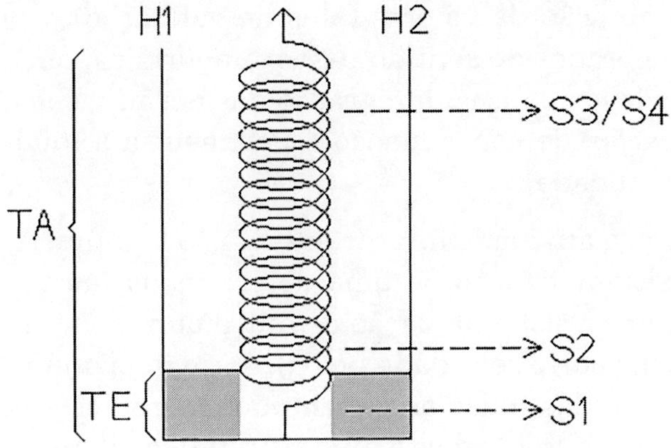

Conforme explica Paulo de Barros Carvalho:[157]

> observa-se a existência dos quatro planos de linguagem, representados por S1, S2, S3 e S4, partindo a interpretação do plano da literalidade textual (S1), que compõe o texto em sentido estrito (TE), passando, mediante o percurso gerador de sentido, para o plano do conteúdo dos enunciados prescritivos (S2), até atingir a plena compreensão das formações normativas (S3), e a forma superior do sistema normativo (S4), cujo conjunto integra o texto em sentido amplo (TA). Esse processo interpretativo encontra limites nos horizontes da nossa cultura (H1 e H2), pois fora dessas fronteiras não é possível a compreensão.

155. A despeito da figura tratar-se de um helicoide, sua representação diz respeito à espiral hermenêutica. Contudo, o desenho de uma espiral teria que se dar tridimensionalmente, o que seria demasiadamente complexo para a representação gráfica a que se destina.

156. BRAGHETTA, Daniela de Andrade. *Tributação no comércio eletrônico*. São Paulo: Quartier Latin, 2003, p. 33.

157. CARVALHO, Paulo de Barros. *Curso de direito tributário*. 25. ed. São Paulo: Saraiva, 2013, p. 133.

Através do trânsito entre os subdomínios S1, S2, S3 e S4, o intérprete encontrará a unidade do Sistema Jurídico e a exata dimensão do comando normativo dentro dos limites do horizonte de sua cultura. Tal percurso revela os níveis de compreensão do intérprete.

A atribuição de valores (atos de valoração) ocorrerá no percurso gerador de sentido da norma jurídica, onde a interpretação deve análise à integração das normas, seus eixos de subordinação, de coordenação e pertinência à totalidade do sistema (validade).

Assim, a atividade interpretativa não tem fim. A construção e a sistematização de uma determinada norma levam à construção e à sistematização de outra norma, num processo infinito cujo corte será dado pelo próprio intérprete. Deverão ser consideradas todas as vicissitudes inerentes à complexidade envolvendo o processo interpretativo, além da relação do intérprete com a norma jurídica e sua correlação com a realidade social.

São imprescindíveis ao sujeito gerador do sentido normativo as incursões nos subsistemas na constante busca por significações. Contudo, o corte na elaboração exegética também consistirá em ato de valoração determinante ao nível de compreensão da mensagem jurídica.

Repise-se que os subdomínios S1, S2, S3 e S4 não devem ser entendidos isoladamente. O intérprete é o elemento de integração que transitará entre os planos no percurso de geração de sentido. Partindo da materialidade textual do direito positivo, ou seja, o plano de expressão (S1), o intérprete constrói significações isoladas que ainda não configuram um sentido deôntico (S2), fazendo incursões no plano S1. No plano S3 ocorre a estruturação das proposições construídas em antecedente e consequente, ligadas por um vínculo implicacional, já se falando em norma jurídica. Para ocorrer essa estruturação, o intérprete realizará novas incursões nos planos S2 e S1, para solucionar questões acerca do conteúdo construído. Para ordenar as significações normativas em relações de subordinação e de coordenação (S4), o exegeta faz novas incursões nos outros planos (S3, S2 e S1), até a compreensão da mensagem legislada.

Muito embora existam estes quatro planos de linguagem, representados por S1, S2, S3 e S4, são insuficientes à completude da norma jurídica. Considerando a premissa de pré-compreensão na visão hermenêutica adotada, a atividade interpretativa deve imiscuir-se, necessariamente, no processo de concretização para identificar as possibilidades disciplinadoras das condutas objetivas.

O trânsito pela espiral hermenêutica representada graficamente deve retornar ao lugar em que se iniciou o giro linguístico, ou seja, a pragmática. Essa etapa última de compreensão da norma jurídica que, inclusive, envolve seu ato de aplicação, é chamado Plano da Concretização.

7. PLANO DA CONCRETIZAÇÃO

7.1 Definição do conceito de concretização

As palavras são vagas e potencialmente ambíguas, necessitando de demarcação dos limites de amplitude semântica por meio da operação lógica da definição. A linguagem funciona como capa operacional, constituinte dos objetos, pois as palavras recebem novas acepções e outras dimensões semânticas, o que demanda incessante criação de conceitos e termos correlatos, demarcados por definições e distribuição em classes para avançar no conhecimento.

A aproximação adequada ao objeto se dá pelo método. É impossível estudá-lo sob todos os aspectos, sob pena de ver destruída a premissa: necessário, portanto, dar os fins, os confins e os limites. Como o ser humano não deixa de participar do mundo em que se situa o objeto que descreve, necessário, na presente obra, definir o conceito de concretização.

Assim, concretização consiste na etapa última de compreensão da norma jurídica, envolta com seu ato de aplicação, decorrente de juízos ponderativos, realizados no contexto do processo empírico dialético. Com efeito, o jurista descreve, sistematiza e se locomove entre os dados do direito posto. Tais construções são aplicadas no caso concreto mediante a prática de atos de fala, em movimentos de dedutibilidade, que demandam a inserção da conduta própria nos domínios do dever-ser. Neste aspecto, a construção da norma jurídica impõe a consideração das qualificações que definem institutos e regimes jurídicos, que imprimem direção ao fluxo das interações sociais, numa atitude que considera a aplicação das concreções existenciais da vida em sociedade.

Não é somente a dedutibilidade de uma racionalidade subsuntiva, que considera a fixação de uma premissa maior calcada na norma abstrata e geral e o cotejo com a premissa menor de um enunciado fático, que dará a compreensão da norma jurídica. Há de se perquirir o contexto fático no qual se inserem, que dão azo às dimensões semânticas e pragmáticas da construção da própria norma, voltada à regulação de condutas. Mas isso não significa desprezo ao mecanismo precioso da subsunção.

Não se nega, no entanto, a importância das normas gerais e abstratas que estatuem diretrizes a partir das quais são orientados deonticamente os comportamentos, e da função estruturante das normas gerais e concretas, que organizam as unidades do sistema hierarquicamente.

Mas isso não significa que a acepção de concretização aqui utilizada seja aquela adotada pelo *neoconstitucionalismo,*[158] no sentido de caracterizar-se pela edição de normas com maior precisão semântica e que sirvam para determinar um conteúdo mais específico a um princípio, ou direito fundamental, a fim de efetivá-los.[159] Toda problemática relativa aos princípios constitucionais, que supostamente têm pouca densidade normativa, trouxe outra conotação ao termo *concretização*, que acabou sendo depreciado no discurso constitucional, principalmente pelo neoconstitucionalismo. O conceito de *concretização* utilizado na presente obra diz respeito ao processo de positivação:

---

158. Não se aprofundará se a denominação "neoconstitucionalismo" seria apropriada, ou não, independentemente do acerto ou desacerto das premissas teóricas a ele associadas.

159. LENZA, Pedro. *Direito constitucional esquematizado.* 23. ed. São Paulo: Saraiva, 2019.

o texto normativo é o ponto de partida e o limite da interpretação, mas a construção de sentido é esforço hermenêutico humano, e a positivação se dá por operações lógicas.

O que se afirma, contudo, é que a ordem jurídica desempenha seu objetivo no surgimento da norma individual e concreta, na marcha do processo de positivação, que chega ao limiar da conduta humana, quase a tocando. E este limite, denominado concretização, é o gatilho que insere o factual, e seus correlatos dêiticos, no plano normativo apto a exsurgir, por implicação, a relação jurídica.

Neste cenário, a operação lógica da subsunção deve se dar a partir do estabelecido no plano abstrato, mas considerando as particularidades do caso. Assim, a aplicação do direito se dá pelo método dialético, em contraposição aos pontos de vista (*topoi*) que consideram a situação concreta, em cotejo com a construção normativa resultante do percurso de adjudicação de sentido.

Isso não quer dizer, contudo, que o direito seja formado por princípios enunciados a partir de casos concretos, como afirma Josef Esser,[160] adotados no modelo *neoconstitucional*. A incompatibilidade com a segurança jurídica, valor fundamental de todo Sistema Jurídico, é evidente, e foi admitida por Theodor Viehweg,[161] ao diferenciar a *tópica de primeiro grau*, decorrente dos pontos de vista associados ao caso concreto, da *tópica de segundo grau*, decorrente dos pontos de vista previamente estabelecidos no plano abstrato.

A norma jurídica, portanto, é resultado do significado atribuído ao texto, que sofre interferência dos aspectos da realidade sobre a compreensão de seu significado, mas que não se confunde com a norma,[162] dada a premissa de que não

---

160. ESSER, Josef. *Principio y norma en la elaboración jurisprudencial del derecho privado.* Tradução de Eduard Valentí Fiol. Barcelona: Bosch, 1961, pp. 169-179.

161. VIEHWEG, Theodor. *Tópica e jurisprudência:* uma contribuição à investigação dos fundamentos jurídico-científicos. Tradução de Kelly Susane Alflen da Silva. Porto Alegre: Sergio Antonio Fabris, 2008, pp. 36-37.

162. Conforme ponderou Robert Alexy, ao criticar a metódica estruturante de

se pode, analogicamente, estabelecer um vínculo entre a realidade e as modalidades deônticas (ou entre o *mundo do ser* e o *mundo do dever-ser*). Resolve-se, assim, a heterogeneidade semântica que portam as unidades prescritivas, estruturas de sentido que se mantêm uniformes ao se assentarem no mesmo esquema lógico, em homogeneidade sintática.

Reafirma-se, contudo, que a aplicação do direito se dá pela subsunção. Por meio de recortes metodológicos dos acontecimentos do mundo fenomênico, erigidos pela linguagem competente de provas, identifica-se a hipótese descrita no antecedente normativo e imputam-se as consequências previstas. Mas o juízo silogístico depende da verificação destes acontecimentos (o que se dá juridicamente, por meio de induções e de ponderações), e do cumprimento, pelo intérprete, do percurso gerador de sentido da norma jurídica.

Lucubrações desse jaez evidenciam que o ser humano é o elemento central para a ocorrência da fenomenologia da incidência normativa, já que a construção da norma jurídica se realiza por meio de ato linguístico que, nos termos da teoria de John Austin,[163] é um ato performativo.

7.2 Ciência e experiência

A consciência humana se trata da função pela qual o indivíduo tem contato com seu estado psíquico, baseado em experiência de vida e condutas. Os pensamentos são construídos a partir das informações armazenadas em sua memória, cujas ideias, criatividade, imaginação nascem através da combinação do estímulo com a leitura dessa memória, que se opera em milésimos de segundo.

O indivíduo não tem consciência dessa leitura e organização de dados ocorrida nos bastidores de sua mente, mas

---

Friedrich Müller. (ALEXY, Robert. *Teoria dos direitos fundamentais*. Tradução de Virgílio Afonso da Silva. São Paulo: Malheiros, 2008, pp. 80-84).

163. AUSTIN, John L. *Cómo hacer cosas con palavras*. Tradução de Genaro R. Carrió e Eduardo A. Rabossi. Barcelona: Paidós, 2004, p.48.

tão somente do seu produto final, ou seja, o pensamento já elaborado. O ser cognoscente pode fazer escolhas e tomar atitudes, contudo, estas decisões são pautadas pela sua base de dados, ou seja, da apropriação de conhecimentos combinados na conformidade de valores que lhe pareçam cabíveis.

Neste ponto, a direção e a intenção caracteriza a consciência de modo significativo. Lourival Vilanova[164] manifestou-se no sentido de que "a consciência, expressão da subjetividade, tende para as coisas; o sujeito está vertido sobre seu contorno, por urgência vital, antes de o ser pelo puro chamamento da verdade objetiva".

Edmund Husserl[165] afirma, ainda: "a intencionalidade é aquilo que caracteriza a consciência no sentido forte, e que justifica ao mesmo tempo designar todo o fluxo do vivido como fluxo de consciência e como unidade de uma única consciência", imprimindo à consciência a característica de, mediante a intencionalidade, doar significado ao mundo.

A consciência, assim, relaciona-se com o objeto, cuja apreensão se dá pelas experiências do indivíduo e, não necessariamente, são conduzidas imediatamente à plataforma da consciência, permanecendo latentes em sua base de dados cerebral.

Segundo Alaôr Caffé Alves,[166]

> conhecer é representar-se um objeto. É operação imanente pela qual um sujeito pensante representa um objeto. É o ato de tornar o objeto presente à percepção, à imaginação ou à inteligência de alguém [...] Esse processo cognitivo está fundado, portanto, em três elementos: a representação, o objeto representado e o sujeito que representa o referido objeto.

164. VILANOVA, Lourival. Notas para um ensaio sobre a cultura. *In:* VILANOVA, Lourival. *Escritos jurídicos e filosóficos.* v. II. São Paulo: Axis Mvndi/IBET, 2003, pp. 285-286.

165. HUSSERL, Edmund. *Ideias para uma fenomenologia pura e para uma filosofia fenomenológica.* São Paulo: Ideias & Letras, 2006, p. 190.

166. ALVES, Alaôr Caffé. *Lógica* – Pensamento formal e argumentação: elementos para o discurso jurídico. São Paulo: Edipro, 2000, p. 27.

Tal entendimento confirma que o jurista, componente que realiza a exegese da completude sistêmica, através da interpretação, consiste no ponto de intersecção entre a realidade e o direito positivo, assim considerados em todas as suas complexidades como sistemas de linguagens.

O ser cognoscente, portanto, sempre está limitado aos seus horizontes culturais, cujo entorno lhe condiciona o necessário esforço de contextualização. Antonio Anselmo Martino,[167] ao explanar a visão sistêmica da legislação, explica:

> en todo sistema la relación con el entorno es fundamental para su existencia: si abusa de su entorno puede llegar a polucionarlo en modo tal que él mismo se debilita, si en cambio está muy condicionado por el entorno puede sufrir el mal contrario, esto es que aquél prime sobre este. Se trata siempre de una relación cambiante en el tiempo por lo cual para aplicarlo a los contextos concretos se necesita una enorme cantidad de datos del sistema y del entorno y no solo analítico sino diacrónico.

Neste compasso, no sistema se aceitam todas as lógicas, desde que adequadas ao tema a ser tratado, o que consiste num problema pragmático, e não lógico. A concepção de realidade se dará de forma interdependente, em que os elementos devem ser analisados conjuntamente, como uma característica do mundo do "ser".

Há de haver uma sincronia, uma incorporação, do observador ao mundo observado, não sendo admitido, para interpretações jurídicas, que o cientista do direito seja um terceiro imparcial e alheio ao sistema de inter-relações, pois os próprios limites de sua linguagem são os limites de sua concepção de mundo.

Hans-Georg Gadamer[168] tem como firme esta premissa: "é verdade que o jurista sempre tem em mente a lei em si

---

167. MARTINO, Antonio Anselmo. Visión sistémica de la legislación. *In:* ADEODATO, João Maurício; BITTAR, Eduardo C. B. (org.). *Filosofia e teoria geral do direito:* estudos em homenagem a Tercio Sampaio Ferraz Junior por seu septuagésimo aniversário. São Paulo: Quartier Latin, 2011, p. 229.

168. GADAMER, Hans-Georg. *Verdade e método I.* Traços fundamentais de uma hermenêutica filosófica. Tradução Flávio Paulo Meurer. 6ª ed. Petrópolis: Vozes, 2004, pp. 429-489.

mesma. Mas seu conteúdo normativo deve ser determinado em relação ao caso em que deve ser aplicado", afinal, interpretar não é apenas reconstruir sentidos previamente dados, consistindo "[...] sempre algo mais que a mera reprodução de uma opinião alheia".

Adverte-se, assim, a necessidade de enfoque dos objetos com as relações. Não se nega que os objetos são componentes do sistema, mas a atenção do intérprete também deverá voltar-se às relações que estabelecem uma estrutura e outras relações cambiáveis que levam à outra direção do sistema.

É bem certo ser possível a análise do direito positivo na dicotomia entre "normas" e "regras sociais" enquanto objeto de atividade científica. Tal processo de abstração tem como expoente, por exemplo, Hans Kelsen, que distingue as elaborações imperativistas e realistas. Contudo, para a construção do sentido normativo, os enfoques da facticidade e da normatividade são próprios da racionalidade do direito, mas não são suficientes pela necessidade de identificação da complexa situação de reconhecimento de direitos subjetivos no interior dos casos concretos.

Na alma intelectiva e na própria inteligência, não existe composição de matéria e forma, como se nelas houvesse matéria como existe nas substâncias corporais. Contudo, existe composição de forma e ser, tanto na alma intelectiva como na própria inteligência. Tal composição, abstraindo à construção normativa, se dá no plano da concretização.

Tal premissa não quer dizer, necessariamente, se o indivíduo é (ou não) programado para uma vida espiritual. Contudo, este trabalho não irá se deter nessa celeuma, pois não é seu objeto. Entretanto, o cérebro do indivíduo (incluindo-se, logicamente, o intérprete) foi desenhado pelas forças evolutivas para "extrair" sentido do mundo que o rodeia, permanentemente procurando padrões, modelos, estruturas, na constante busca pela ordem e lógica em tudo que o cerca, organizando em algo inteligível.

Em certo sentido, trata-se de um paradoxo fascinante, pois o cérebro é programado para ver o mundo real como ele não é: ordenado e lógico.

O intelecto, portanto, é constituído de forma e ser, ou seja, da própria existência do indivíduo enquanto ser cognoscente, provido de suas experiências culturais, temperamento, hereditariedade, educação, que lhe dará as diretrizes para a construção da interpretação dos objetos que venha a apreciar, cuja construção será, sempre, condicionada por relações sociais.

Diversamente será o pensamento: este é ilimitado, não representa o trabalho da inteligência apenas, tratando-se de esforço cerebral que encerra conceitos não percebidos pelo próprio autor. Assim, os pensamentos são absortos e regravados em novas memórias dentro do cérebro de onde são buscados apenas os aspectos relevantes.[169] Não é diferente, portanto, o trabalho do exegeta na construção normativa, pois este parte do inconsciente para aquilo que lhe é consciente visto que o autor toma a expressão da realidade antes mesmo de tê-la formulado em palavras.

Contudo, a linha de pensamento do jurista deve obediência à regra técnico-lógica que lhe confira validade, conforme demonstra Gregorio Robles:[170]

> as regras lógicas expressam a necessidade lógica, em virtude da qual as proposições linguísticas de um raciocínio correto estão enlaçadas entre si por meio de um vínculo necessário. Se tais proposições não se enlaçam corretamente, o raciocínio é inválido, isto é, não é propriamente um raciocínio. A regra técnico-lógica é uma regra dirigida à "ação" do pensamento, que estabelece como devemos pensar ou argumentar se desejarmos que nosso raciocínio seja válido do ponto de vista formal.

---

169. CURY, Augusto. *Ansiedade* – como enfrentar o mal do século. A síndrome do pensamento acelerado: como e por que a humanidade adoeceu coletivamente, das crianças aos adultos. São Paulo: Saraiva, 2014, *passim*

170. ROBLES, Gregorio. *As regras do direito e as regras dos jogos:* ensaio sobre a teoria analítica do direito. Tradução de Pollyana Mayer. São Paulo: Noeses, 2011, p. 142.

Assim, para lidar com tais situações jurídicas no âmbito das teorias jurídicas, é necessário colocar sob novo rumo o estudo das práticas sociais das quais o direito faz parte, discutindo a busca de parâmetros dentro do processo de aplicação do direito positivo. O percurso gerador de sentido da norma jurídica, assim, deve caminhar para a associação do direito positivo como discurso normativo à Teoria da Comunicação sob o aspecto pragmático.

7.3 Função operativa da norma – diálogo entre prática e teoria

A percussão jurídica caracteriza-se pelo fato que se subsumiu aos critérios da hipótese normativa, dando ensejo à relação jurídica composta de direitos e deveres correlatos. As operações lógicas de subsunção e implicação são intermediadas pelo ser humano.

Tenhamos em mente que, em todo processo interpretativo, estas operações lógicas sempre têm ponto de partida nas relações entre o sujeito e o objeto, lastreada em seus horizontes culturais. Conforme ressalta Dardo Scavino,[171] "a hermenêutica, neste aspecto, é uma filosofia da finitude humana. O ser humano não pode subtrair-se de sua cultura, de seu mundo histórico, de sua comunidade, para ver as coisas a partir de um ponto de vista a-cultural ou a-histórico".

Assim, a movimentação das estruturas do direito em direção à maior proximidade das condutas intersubjetivas exige a certificação da ocorrência do fato conotativamente previsto na hipótese da norma que se pretende aplicar. Mas, para que o relato ingresse no universo do direito, constituindo fato jurídico, é preciso que seja enunciado em linguagem competente, quer dizer, descrito consoante as provas em direito admitidas.

---

171. SCAVINO, Dardo. *A filosofia atual:* pensar sem certezas. Tradução de Lucas Galvão de Britto. São Paulo: Noeses, 2014, p. 21.

Lourival Vilanova pondera:[172]

> a relação jurídica, em sentido amplo ou em sentido restrito, é efeito de uma hipótese fáctica sobre um dado de fato. Este, precisamente por ser ponto de incidência da hipótese, é fato jurídico. A relação entre o fato jurídico e sua eficácia (plexo de efeitos) é relação de causalidade jurídica: relação estatuída, constituída por norma jurídica. É norma que constitui ou desconstitui a relação de causalidade jurídica. Vê-se, esta não se confunde com a relação jurídica em sentido técnico-dogmático. A relação jurídica, em sentido técnico-dogmático, é efectual, é o que sobrevém do fato jurídico pela conexão estatuída pela norma, que se compõe de hipótese fáctica e consequência fáctica.

O direito é um sistema de normas dotadas de referência objetiva: as normas referem-se a fatos naturais e a fatos de conduta. Incidência, aplicação, eficacidade são conceitos referenciais. Ainda quando as normas se dirigem a outras normas (classe sobre direito), de um lado estão as normas, de outro, as situações objetivas, os fatos e as relações reais que compõem o mundo exterior social. A referência normativa a objetos e situações objetivas manifesta-se em tríplice modalidade: proibindo, obrigando ou permitindo.

> A incidência de normas sobre condutas, como fatos passados, é tão só para tomá-las como suportes factuais de efeitos que continuam a ser produzidos no presente. A incidência é nos efeitos (aplicação imediata, diz-se no Direito intertemporal), constituindo-os, ou mantendo-os, ou alterando-os.[173]

Como já exposto, as normas jurídicas serão válidas quando mantiverem relação de pertinência a um determinado sistema, ou, ainda, que nele foi posta por órgão legitimado a produzi-la, através do procedimento adequado a tal fim, e que sistema consiste, fundamentalmente, no conjunto de

---

172. VILANOVA, Lourival. *Causalidade e relação no direito.* 5ª ed. São Paulo: Noeses, 2015, p. 237.

173. VILANOVA, Lourival. *Causalidade e relação no direito.* 5ª ed. São Paulo: Noeses, 2015, p. 83.

elementos relacionados entre si e aglutinados perante referência determinada.[174] A validade, portanto, se confunde com a própria existência da norma, já que ao afirmarmos que determinada norma existe implica reconhecer sua validade em face de determinado Sistema Jurídico.

A validade da norma consiste em dizer que se trata daquela que respeitou a enunciação, ou seja, foi produzida numa organização escalonada (procedimento válido) por órgão habilitado pelo sistema para sua produção. Paulo de Barros Carvalho[175] entende que a validade

> é o vínculo que se estabelece entre a proposição normativa e o sistema do direito posto, de tal sorte que ao dizermos que u'a norma "N" é válida, estaremos expressando que ela pertence ao sistema "S". A ponência de normas num dado sistema serve para introduzir regras de conduta para os cidadãos, como também modificar as que existem ou até para expulsar outras normas, cassando-lhe a juridicidade. Uma regra, enquanto não ab-rogada por outra, continua pertencente ao sistema e, como tal, reveste-se de validade.

A validade da norma é garantida mesmo antes de propagar seus efeitos e, ainda que não ocorram permanecerá com sua validade inatingida, visto que é aferida pelo procedimento de criação da norma (processo legislativo correspondente e pessoa/órgão juridicamente autorizado) e não pelo seu cumprimento.

Sobre a validade, segundo Lourival Vilanova,[176] "a hipótese da proposição normativa do Direito tem um valer específico: vale, tem validade jurídica, foi porta consoante processo previsto no interior do sistema jurídico".

---

174. CARVALHO, Paulo de Barros. *Direito tributário, linguagem e método.* 5ª ed. São Paulo: Noeses, 2013, p. 449.

175. Idem, p. 451.

176. VILANOVA, Lourival. *Estruturas lógicas e o sistema de direito positivo.* 3ª ed. São Paulo: Noeses, 2005, p. 92.

A vigência, por sua vez, consiste na força para disciplinar, reger, cumprindo a norma seus objetivos finais. A vigência é propriedade das regras jurídicas que estão prontas para propagar efeitos, tão logo aconteçam, no mundo fático, os eventos que elas descrevem.[177]

As normas válidas, portanto, poderão ser vigentes ou não vigentes.

Os veículos introdutores terão sua vigência marcada pela própria validade da norma. Assim, para a regra geral e concreta, operando como instrumento introdutor, a aplicação da norma (vigência) é concomitante à sua validade.

Noutro giro, as regras introduzidas ficam na dependência do que for estipulado pela norma introdutora, inclusive quanto às previsões contidas no art. 101 e seguintes do Código Tributário Nacional e art. 1º da Lei de Introdução às Normas do Direito Brasileiro (Decreto-lei n. 4.657/42).

As normas tributárias, portanto, entram em vigor após o lapso temporal legal ocorrido desde a publicação (*vacatio legis*). Durante este lapso entre a publicação e o termo inicial de vigência, a regra é válida como entidade jurídica do sistema, mas não adquiriu força para regular a conduta dos seres humanos. Ressalte-se que a vigência é atributo de norma jurídica válida.

Por outro lado, a hipótese da norma ter sido ab-rogada por outra no Sistema Jurídico retira, assim, sua validade. Sua aplicação somente é possível quanto aos fatos pretéritos ocorridos durante sua vigência, ou seja, enquanto estiver válida (existente) no sistema.

O jurista é o intérprete, por excelência, dos textos prescritivos do direito posto. Realiza a análise construtiva, trava contato com o sistema positivo de normas e quais comportamentos

177. CARVALHO, Paulo de Barros. *Direito tributário, linguagem e método*. 5ª ed. São Paulo: Noeses, 2013, p. 451.

interpessoais são regulados como obrigatórios, permitidos e proibidos. Paulo de Barros Carvalho[178] reitera:

> Certo é que o direito, tomado como um grande fato comunicacional, é concepção relativamente recente, tendo em vista a perspectiva histórica, numa análise longitudinal da realidade. Situa-se, como não poderia deixar de ser, no marco da filosofia da linguagem, mas pressupõe interessante combinação entre método analítico e a hermenêutica, fazendo avançar seu programa de estruturação de uma nova e instigante Teoria do Direito, que se ocupa das normas jurídicas enquanto mensagens produzidas pela autoridade competente e dirigidas aos integrantes da comunidade social. Tais mensagens vêm animadas pelo tom de juridicidade, isto é, são prescritivas de condutas, orientando o comportamento das pessoas de tal modo que se estabeleçam os valores presentes na consciência coletiva.

Quando ocorre o contato com a literalidade textual do direito, o intérprete inicia o processo de interpretação da mensagem. Neste sentido define Paulo de Barros Carvalho:[179] "interpretar é atribuir valores aos símbolos, isto é, adjudicar-lhes significações e, por meio dessas, referências a objetos".

Em suma, a partir da interpretação do direito é possível compreender que o suporte físico é composto pelos textos do direito positivo que, por sua vez, levam o intérprete a formular proposições que acarretarão na significação e, a partir delas, constrói o significado das normas jurídicas.

Parece-nos adequado dizer que a dimensão significativa das proposições conotativas postas nos antecedentes das normas abstratas e gerais é delimitada a partir da conjugação de vários enunciados normativos fáticos, ou seja, enunciados inseridos no sistema através da aplicação normativa.

---

178. CARVALHO, Paulo de Barros. *Direito tributário, linguagem e método.* 5ª ed. São Paulo: Noeses, 2013, p. 164.

179. Idem, p. 182.

Clarice Von Oertzen de Araújo,[180] em estudo sobre hermenêutica e interpretação constitucional realizado à luz da semiótica de corte peirceano, assinala:

> A operação de interpretação das leis é sempre realizada em vista da necessidade posta por um caso concreto. No caso da obediência às normas, esta atualização pode não restar registrada em toda a sua extensão. A lei pode selecionar se o registro de sua incidência deve privilegiar a obediência ou a desobediência, caso em que se registra predominantemente a aplicação das sanções, como ocorre com a aplicação das leis penais. Também a interpretação da Constituição se põe diante de casos concretos. [...] No desempenho de suas competências legislativas, e na persecução de alvos apontados pelas normas constitucionais programáticas, o legislador infraconstitucional produz hipóteses de regulação falíveis, cuja eficácia somente poderá ser revelada com o tempo de uso, obediência e aplicação das normas positivadas. Em nível de aplicação dessas normas, o contexto social encontra-se envolvido em todas as complexidades da pós-modernidade, das tecnologias digitais, da globalização econômica e dos interesses difusos e coletivos. A riqueza de aspectos do contexto social mantém sempre incompleta a diagramação geral e abstrata das hipóteses normativas. Além da baixa saturação semântica das normas programáticas, o aplicador lida também com a complexidade social do contexto. Assim a dominância da concreção das normas programáticas assenta-se predominantemente sobre o eixo paradigmático de organização da linguagem, do pensamento, e, portanto, da positivação normativa.

Para a doutrina de Pontes de Miranda,[181] a incidência normativa seria o efeito infalível da norma jurídica de transformar os fatos previstos por ela em fatos jurídicos. São três os efeitos da incidência: (a) juridicizar; (b) desjuridicizar; e (b) pré-excluir a juridicização. Para Paulo de Barros Carvalho,[182]

---

180. ARAÚJO, Clarice von Oertzen de. Semiótica na hermenêutica e interpretação constitucional. *In:* SOUZA, Priscila de. (coord.) *VI Congresso Nacional de Estudos Tributários* – sistema tributário brasileiro e a crise atual. São Paulo: Noeses, 2009, p. 180-188.

181. MIRANDA, Francisco Cavalcanti Pontes de. *Tratado de direito privado.* t. I. Campinas: Bookseller, 1999.

182. CARVALHO, Paulo de Barros. *Direito tributário, linguagem e método.* 5ª ed. São Paulo: Noeses, 2013, p. 142.

seria sinônimo de "aplicação" da norma jurídica a um caso concreto feita em linguagem competente por uma autoridade, no processo de positivação do direito.

É pelo ato de aplicação do direito que se tem o processo de positivação, pois, conforme constata Paulo de Barros Carvalho,[183] "a aplicação do direito é justamente seu aspecto dinâmico, onde as normas sucedem, gradativamente, tendo sempre no homem, como expressão da comunidade social, seu elemento intercalar, sua fonte de energia, o responsável pela movimentação das estruturas".

Oportunas as palavras de João Maurício Adeodato:[184]

> parece hoje mais do que óbvio, mesmo intuitivamente para o jurista prático, não apenas que os tribunais criam normas gerais por intermédio da jurisprudência e que qualquer juiz cria direito no caso concreto, como quer a doutrina positivista, porém, antiexegética, mais tradicional, mas também que o juiz singular cria normas gerais diante de casos singulares.

Contudo, o plano da concretização consistirá na situação do intérprete perante a circunstância, não somente para considerar a validade, vigência e eficácia da norma jurídica abstratamente considerada, mas também para promover a intersecção da construção positiva com os conceitos construídos a partir da linguagem das coisas, dos cortes e recortes da inesgotável riqueza do real, consubstanciando-se em fatos aptos à percussão normativa, e situações, igualmente relevantes, que permitem a dialeticidade com o plano normativo.

Observa-se, de plano, que a dimensão da significação se dá pelo contexto de análise do significante, tendo o ser humano como elemento intercalar que, segundo as regras de aplicação do sistema, produz a norma apta à regulação da conduta.

---

183. CARVALHO, Paulo de Barros. *Curso de direito tributário.* 25. ed. São Paulo: Saraiva, 2013, p. 101.

184. ADEODATO, José Maurício. *Ética e retórica* – para uma teoria da dogmática jurídica. 3ª ed. São Paulo: Saraiva, 2007, p. 255.

Ora, a ciência existe para iluminar e elucidar, e a prática a responde, fornecendo material para readequar a linguagem científica. Nesse sistema de objetivações, em que há a mesma base empírica para o direito positivo e a Ciência do Direito, há cumplicidade entre a teoria e a prática.

7.4 Intepretação concretizadora

Hans-Georg Gadamer[185]defende abertamente a impossibilidade de se compreender a hermenêutica jurídica como um processo limitado ao resgate de sentidos puramente históricos, dissociados de uma realidade presente:

> Tanto para a hermenêutica jurídica quanto para a teológica, é constitutiva a tensão que existe entre o texto proposto – da lei ou do anúncio – e o sentido que alcança sua aplicação ao instante concreto da interpretação, no juízo ou na pregação. Uma lei não quer ser entendida historicamente. A interpretação deve concretizá-la em sua validez jurídica. [...] se quisermos compreender adequadamente o texto [...] devemos compreendê-lo a cada instante, ou seja, compreendê-lo em cada situação concreta de uma maneira nova e distinta.

Ronald Dworkin,[186] ao tratar do direito como integridade, demonstra que a atividade construtiva do intérprete não está desprovida de parâmetros, até porque a norma do caso concreto, aquela construída à luz de uma específica situação, não é única e exclusiva para cada litígio. As normas jurídicas são concebidas diante da atividade interpretativa que se realiza toda vez que os textos legislativos devam incidir sobre determinadas situações concretas. Este dado, contudo, não autoriza a conclusão de que as normas não se encontram, de alguma forma, vinculadas a outras anteriormente formuladas a partir dos mesmos textos.

---

185. GADAMER, Hans-Georg. *Verdade e método I.* Traços fundamentais de uma hermenêutica filosófica. Tradução de Flávio Paulo Meurer. 6ª ed. Petrópolis: Vozes, 2004, pp. 407-408.

186. DWORKIN, Ronald. *O império do direito.* Tradução de Jefferson Luiz Camargo. São Paulo: Martins Fontes, 2003.

Oportuno, quanto ao tema, o ensinamento de Paulo de Barros Carvalho,[187] para quem "o sentido é constituído ao longo de um processo, iniciado, na hipótese, pela percepção visual das letras, dos vocábulos e das partículas que unem os vocábulos, organizando formações mais amplas". É o ser humano que, em contato com as manifestações expressas do direito positivo, vai produzindo as respectivas significações.

> Daí a asserção peremptória segundo a qual é a interpretação que faz surgir o sentido, inserido na profundidade do contexto, mas sempre impulsionada pelas fórmulas literais do direito documentalmente objetivado. Sim, porque já foi dito e redito que não há texto sem contexto ou, de outro modo, não há plano de expressão sem plano de conteúdo e vice-versa (grifos no original).

Repise-se que o processo de construção de sentido, tomado como base aquele proposto pelo constructivismo jurídico, elege como ponto de partida os textos jurídicos positivos, sendo seu suporte físico, ou seja, dado empírico a ser interpretado. Este modelo revela a precípua preocupação com a identificação dos conteúdos de significação dos enunciados jurídicos, aspecto semântico da construção das unidades normativas, que se consubstanciam em normas em sentido estrito, assim tomadas como estruturas lógico-sintáticas de significação, além da organização lógico-sintática destas unidades, sob a forma superior de sistema.

Esse processo gerativo de sentido tem seu curso em subida de espiral determinante dos níveis de compreensão do intérprete. Contudo, não há menção – ao menos expressamente – das contingências fáticas e contextuais que afetam tal percurso. O isolamento do arcabouço da norma jurídica não é suficiente para expressar a orientação da conduta. É necessário ao ciclo exegético um esforço de contextualização.

Não deve se ater o modelo interpretativo constructivista aos aspectos de índole sintática e semântica, justamente porque

---

187. CARVALHO, Paulo de Barros. *Direito tributário* – fundamentos jurídicos da incidência. 9ª ed. São Paulo: Saraiva, 2012, p. 117.

o giro linguístico tem seu início na pragmática. O modelo constructivista deve considerar, portanto, os aspectos pragmáticos da interpretação jurídica, responsáveis por abarcar as mutações contextuais e as situações peculiares a cada caso concreto.

A interpretação concretizadora, assim, consubstancia-se num modelo de caminho regresso à subida em espiral do percurso gerador de sentido. Ao discorrer acerca da Semiótica na Hermenêutica e interpretação constitucional, Clarice Von Oertzen de Araújo[188] declara acerca da concreção:

> A concreção é esse divisor de águas, entre o futuro, entre o possível, e o existente, o passado. A positivação produz o direito existente, ela registra os fatos jurídicos como uma sucessão de ocorrências tipificadas. A legislação existente depende de uma escolha dos legisladores, de uma seleção ou de uma complexidade de interesses que se revele na seleção de um texto que se põe como lei geral. A produção dos fatos jurídicos funciona de forma similar o que na língua se trata como a produção de asserções. Estas operações demandam a percepção, registram hipóteses selecionadas de acordo com similaridades percebidas entre as hipóteses normativas e os aspectos concretos dos casos. Este é o átimo em que se desencadeia a interpretação das normas jurídicas. Em se tratando das normas constitucionais, este fenômeno é denominado de concretização constitucional (grifos no original).

Certo é que a inclusão do plano pragmático de interpretação no bojo do percurso gerador de sentido pressupõe uma mera adaptação do modelo, que está longe de implicar qualquer modificação das perspectivas teóricas que deram origem ao esquema.

O Constructivismo Lógico-Semântico também é pragmático. Neste sentido, cabe perfeitamente na premissa de inesgotabilidade e intertextualidade, axiomas da interpretação, metodologia estruturante proposta por Friedrich Müller, capaz de assimilar os dados sociais e contextuais primariamente não

---

188. ARAÚJO, Clarice von Oertzen de. Semiótica na hermenêutica e interpretação constitucional. *In:* SOUZA, Priscila de. (coord.) *VI Congresso Nacional de Estudos Tributários* – sistema tributário brasileiro e a crise atual. São Paulo: Noeses, 2009, p. 186.

jurídicos, apresentados quando da aplicação do direito como elementos de condição para construção da norma jurídica.

Com efeito, para Paulo de Barros Carvalho:[189]

> Aplicação das normas jurídicas tem íntima ligação com a eficácia social, porque a inaplicabilidade reiterada de disposições normativas representa a inoperância de suscitar as relações de direito que o legislador à concretização dos fatos descritos, equivalendo à ausência de efetividade para regular as condutas interpessoais [...] A aplicação das normas jurídicas se consubstancia no trabalho de relatar, mediante o emprego de linguagem competente, os eventos do mundo real-social (descritos no antecedente das normas gerais e abstratas), bem como as relações jurídicas (prescritas no consequente das mesmas regras). Isso significa equiparar, em tudo e por tudo, aplicação a incidência, de tal modo que aplicar u'a norma é fazê-la incidir na situação por ela juridicizada.

Neste compasso, o sentido último da norma jurídica somente será obtido quando de sua aplicação, ou seja, por meio da concretização. É no átimo da tomada de decisão acerca da aplicação da norma jurídica à situação concreta que o intérprete terá, por fim, completado o percurso gerador de sentido normativo.

Tal raciocínio filia-se à tese contida na dissertação de Mestrado em Direito Tributário defendida na Pontifícia Universidade Católica de São Paulo por Rodrigo Dalla Pria:[190]

> as decisões normativas concretizadoras não são tomadas por meio de uma racionalidade subsuntiva (dedutiva), que pressuponha a existência prévia de uma premissa maior (norma abstrata e geral) a qual seja subsumida uma suposta premissa menor (enunciado fático). A identificação e a construção conceptual das premissas fáticas e normativas que dão sustentáculo às decisões concretizadoras decorrem de juízos indutivos, abdutivos e ponderativos, realizadas no contexto de um processo empírico dialético – fato/texto, texto/fato.

---

189. CARVALHO, Paulo de Barros. *Curso de direito tributário*. 25. ed. São Paulo: Saraiva, 2013, p. 100.

190. DALLA PRIA, Rodrigo. *Teoria geral do processo tributário*. 2010. Dissertação (Mestrado em Direito). Pontifícia Universidade Católica de São Paulo (PUC-SP). Disponível em: http://www.dominiopublico.gov.br/. Acesso em: 04 jan. 2016, pp. 48-49.

Aliás, a tese desenvolvida em relação à etapa última do percurso gerador de sentido é capitaneada pelo raciocínio desenvolvido pelo autor. Contudo, deve-se observar que à técnica de ponderação adicionam-se critérios racionais, evitando-se o decisionismo, ou seja, a participação do intérprete no processo de criação do direito, resultado de atos de valoração decorrentes de sua pré-compreensão de mundo, o que não excluiu a subjetividade, mas que deve demonstrar ser o resultado alcançado o mais adequado à ordem jurídica e às peculiaridades do caso concreto.

Ora, aquilo do objeto que aparece à consciência, ou seja, o fenômeno consubstancia-se em recorte complexo dos dados do mundo e na apreensão destes mesmos dados processados à luz da experiência. Não se pode cogitar que a apreensão cognoscitiva humana limita-se à descrição pura de qualquer objeto: sua análise demandará, inevitavelmente, as perspectivas sensoriais oriundas da experiência, carregadas de valores pessoais, num ciclo interminável na busca de adjudicação de sentido. Contudo, essa implementação de sentido aos objetos envolve tanto o direito positivo em si considerado e a linguagem científica sobre ele produzido, quanto os fatos que se pretendem juridicizados.

A concretização consiste, assim, no ápice do movimento empírico-dialético que envolve a construção normativa e a construção das condutas humanas, por meio da interpretação, propriamente consideradas. O que se quer dizer, assim, é que o direito incide sobre a realidade, alterando-a e regulando-a, mas a própria realidade é construída, e a verificação da completude normativa se dá na etapa de concretização, em que há o manejo das condutas humanas antes mesmo da verificação da percussão normativa, e após a própria construção do sentido abstrato da norma jurídica.

Isso não se confunde com o ciclo de positivação do direito ocorrido com a edição de normas cada vez mais concretas e individualizadas a partir das normas gerais e abstratas: afirma-se que a concretude de sentido da norma jurídica ocorrerá se, e somente se, analisadas as situações fáticas concretamente postas.

No âmbito tributário, assim, a conduta do indivíduo-contribuinte, do agente da Administração Fazendária, do julgador administrativo, do Estado-Juiz, estará condicionada à intersecção linguística entre as significações (construções) normativas e os próprios signos (também construídos) dos dados advindos das condutas humanas praticadas no plano fático, cujo elemento de conexão sistêmico também será uma linguagem competente. Tanto os dados do suporte físico, como os dados do mundo (metodologicamente recortados) são significantes necessários à completude e à percussão normativa.

7.5 Considerações sobre o Plano da Concretização

Assim compreende Paulo de Barros Carvalho,[191]

> o discurso prescritivo do direito posto indica, fato por fato, os instrumentos credenciados para constituí-los, de tal sorte que os acontecimentos do mundo social que não puderem ser relatados com tais ferramentas de linguagem não ingressam nos domínios do jurídico, por mais evidentes que sejam.

Temos, portanto, que o ingresso do relato como fato jurídico se dará pelo enunciado em linguagem competente, ou seja, deverá ser descrito consoante as provas em direito admitidas.

Neste sentido, encontra-se em Fabiana Del Padre Tomé:[192]

> O sistema do direito positivo indica os momentos em que os fatos podem ser constituídos mediante produção probatória, impõe prazos para a apresentação de defesas e de recursos (tempestividade), além de estabelecer o instante em que as decisões se tornam imutáveis (coisa julgada). Com determinações desse

---

191. CARVALHO, Paulo de Barros. *Direito tributário, linguagem e método.* 5ª ed. São Paulo: Noeses, 2013, p. 950.

192. TOMÉ, Fabiana Del Padre. *A prova no direito tributário.* 4ª ed. São Paulo: Noeses, 2016, p. 33.

> jaez, fornece os limites dentro dos quais a verdade será produzida, prescrevendo sejam tomadas como verídicas as situações verificadas no átimo e forma legais, independentemente de sua relação com o mundo das coisas (grifos no original).

Assim, as provas consistem no mecanismo fundamental para o reconhecimento dos fatos da vida social juridicizados pelo direito, sendo imprescindível ao funcionamento do sistema de normas. Portanto, para a realização apropriada da positivação, necessário o enquadramento do fato à previsão normativa, cuja constituição se dará por intermédio da linguagem das provas, para comprovação da veracidade dos fatos descritos.

Neste sentido, tanto a constituição da obrigação tributária, como das sanções, devem observar, além das regras formais que disciplinam a emissão de tais atos, a demonstração de materialidade através da produção de prova da existência do fato sobre o qual se fundam as normas constituidoras das relações jurídicas tributárias, impossibilitando, assim, a sustentação da verdade jurídica com suporte na mera percepção sensorial.

Assim, na percepção de Eurico Marcos Diniz de Santi,[193] "o direito não incide sobre fatos, incide sobre a prova dos fatos, ou dizendo de outra forma: fato jurídico é fato juridicamente provado".

O direito positivo é ponto de partida e de chegada ao intérprete que pretende construir a mensagem deôntica prescritiva contida na norma jurídica. Através da abstração, ou seja, do processo de facilitação do raciocínio, o espírito ficará satisfeito pela indução de generalidade.

Através da coleta de dados para formar a interpretação, sempre estará presente a linguagem, para falar sobre as coisas, ou sobre ela mesma. O trabalho do intérprete, portanto, consistirá no percurso que se inicia no direito positivo, transitando pela Ciência do Direito e, em nível acima, pela Teoria

---

193. SANTI, Eurico Marcos Diniz de. *Prescrição e decadência no direito tributário.* São Paulo: Saraiva, 2011, p. 43.

Geral do Direito, até atingir o sobrenível da Linguagem da Filosofia do Direito. Ressalte-se que todos os níveis, dispostos em superposição, pertencem a uma mesma unidade e, ainda, que o trabalho do intérprete não se encerra aí: deverá retornar ao direito positivo, em sua linguagem técnica.

Oportuno destacar a lição de Lourival Vilanova[194] acerca deste processo para se alcançar a relação jurídica:

> generalizando alcançamos a relação jurídica. Da relação jurídica, para obtermos a relação, como estrutura lógica, é preciso outro processo diferente da generalização: a formalização. A forma 'R (A, B)' não é um subgênero, do qual as relações jurídicas (privadas e públicas, com suas subespécies) derivassem: do operador R e das variáveis A e B não obtemos, por concretização, uma norma ou uma relação jurídica individual. Só desformalizando, ou seja, ingressando no domínio de objetos de direito, dele tirando os valores para preencher as variáveis. Em lugar de uma relação qualquer (abstrata) R, e de termos quaisquer A e B, obtemos a relação determinada, de direito público ou de direito privado, de direito interno ou de direito internacional, entre os sujeitos de direito individualmente determinados, relação proveniente de um fato jurídico, dado aqui e agora, como eficácia (ou efeito) sua, estatuída pelas normas de um sistema de direito positivo.

O fenômeno da concretização e sua importância para as investigações da hermenêutica afinam-se como uma máxima pragmaticista proposta por Charles Sanders Peirce:[195] "os elementos de todo conceito entram no pensamento lógico através dos portões da percepção e dele saem pelos portões da ação propositada; e tudo aquilo que não puder exibir seu passaporte em ambos esses portões deve ser apreendido como elemento não autorizado. (5.212)".

Neste aspecto, os elementos contextuais e factuais são os instrumentos de contato do intérprete com a realidade social

---

194. VILANOVA, Lourival. *Causalidade e relação no direito.* 5ª ed. São Paulo: Noeses, 2015, p. 248.

195. Tradução colhida em SANTAELLA, Lúcia. *Teoria geral dos signos.* Semiose e autogeração. São Paulo: Ática, 1995, p. 63.

que demanda a exata adequação do fenômeno de percussão normativa. Ressalte-se, por oportuno, que a aplicação da norma jurídica comporta revelar o sentido do conteúdo normativo, no processo dialético entre a norma-fato e o fato-norma. É nesse esforço de contextualização que são visualizadas as modificações sistêmicas que interferirão no processo de aplicação da norma, consistindo este esforço hermenêutico como etapa última do processo de interpretação normativa.

Ainda que tenhamos como premissas que o direito positivo se trata de camada linguística estruturada em forma de sistema autônomo e que os elementos desse conjunto são as normas jurídicas em sentido estrito, expressas mediante proposições hipotético-implicacionais, certo é que o fato jurídico necessita de recortes dentro do social.

Neste sentido, articula Paulo de Barros Carvalho:[196]

> o fato social, na sua congênita e inesgotável plurilateralidade de aspectos, reivindica, enquanto objeto, uma sequência de incisões que lhe modelem o formato para a adequada apreensão do espírito humano. Estão presentes nessa atividade tanto a objetivação do sujeito como a subjetivação do objeto, em pleno relacionamento dialético. Isso impede a concepção do "fato puro", seja ele econômico, histórico, político, jurídico ou qualquer outra qualidade que se pretenda atribuir [...]. Não acredito ser possível, por isso mesmo, isolar-se, dentro do social, o fato jurídico, sem uma série de cortes e recortes que representem, numa ascese temporária, o despojamento daquele fato cultural maior de umas colorações políticas, econômicas, éticas, históricas etc., bem como dos resquícios de envolvimento do observador, no fluxo inquieto de sua estrutura emocional.

Ora, se considerarmos que a sistemática do direito não constitui um conjunto de regras jurídicas com sentido e alcance independentes do contexto político e social, mas, antes, subordinadas a certos fins e que devem considerar determinados valores, em função dos quais serão entendidas, teremos

196. CARVALHO, Paulo de Barros. *Direito tributário* – fundamentos jurídicos da incidência. 9ª ed. São Paulo: Saraiva, 2012, p. 130.

então que as lucubrações para construir o sentido da norma jurídica deverão considerar estes aspectos.

Ressalte-se que a influência do caso concreto para a construção do conteúdo normativo, abstrato e geral, não escapou à observação de Eros Roberto Grau:[197]

> os textos normativos carecem de interpretação não apenas por não serem unívocos ou evidentes – isto é, por serem destituídos de clareza –, mas sim porque devem ser aplicados a casos concretos, reais ou fictícios [Müller]. Quando um professor discorre, em sala de aula, sobre a interpretação de um texto normativo sempre o faz – ainda que não se dê conta disso – supondo a sua aplicação a um caso, real ou fictício. O fato é que a norma é construída, pelo intérprete, no decorrer do processo de concretização do direito. O texto, preceito jurídico, é, como diz Friedrich Müller, matéria que precisa ser "trabalhada". Partindo do texto da norma (e dos fatos), alcançamos a norma jurídica, para então caminharmos até a norma de decisão, aquela que confere solução ao caso. Somente então se dá a concretização do direito. Concretizá-lo é produzir normas jurídicas gerais nos quadros de solução de casos determinados.

Ora, a interpretação e a aplicação não se realizam automaticamente, pois há a necessidade do intérprete discernir o sentido do texto em um determinado caso, o que nos leva a dizer que a interpretação do direito consiste em concretar a lei em cada caso, ou seja, na sua aplicação. Existe, assim, uma equação entre interpretação e aplicação que ocorre num só momento, mediante uma única operação, um processo unitário de superposição.

Neste compasso, sendo concomitantemente aplicação do direito, a interpretação deve ser entendida como sua produção prática, onde a construção da norma, pelo intérprete, terá elementos colhidos no mundo do "dever-ser" (texto normativo) e elementos do caso ao qual será ela aplicada, ou seja, mundo do "ser" (realidade), valendo a premissa de que o intérprete também interpreta o caso concreto, pois este também consiste em uma linguagem.

---

197. GRAU, Eros Roberto. *Ensaio e discurso sobre a interpretação/aplicação do direito*. São Paulo: Malheiros, 2002.

8. IMPORTÂNCIA DOS ATOS DE FALA DO ENUNCIATÁRIO PARA CONSTRUÇÃO DAS NORMAS JURÍDICAS

8.1 Teoria dos atos de fala e Semiótica na construção da mensagem jurídica

O emprego de expedientes da Semiótica e análise do discurso normativo tem grande valor ao permitir uma nova perspectiva quanto à construção da norma jurídica. Como o direito se comporta como linguagem, o emprego da Semiótica é possível para o deslinde de problemas jurídicos, abrindo horizontes para investigação. Fixam-se, assim, duas premissas: a) o direito é texto, e se insere em um específico contexto comunicacional, qual seja, o de prescrição de condutas; e b) o texto é vertido em uma linguagem própria, diferente da realidade social e, por isso, a linguagem tem atributo de jurídica.

É possível afirmar, assim, que a linguagem consiste no emprego de símbolos que têm referência a um ou vários objetos, e quando inseridos no discurso, integram o conjunto de enunciados existentes em determinado corpo de linguagem, constituindo realidade própria. Estes enunciados instauram a realidade inaugurada pela língua. Especificamente no campo jurídico, Tárek Moysés Moussallem[198] define que fonte do direito é a atividade de enunciação, ou seja, a atividade produtora dos enunciados não constantes do documento normativo, que se esvai no tempo e no espaço (enunciação). A atividade exercida por órgão credenciado pelo sistema do direito positivo tem por efeito produzir normas, atividade essa inacessível imediatamente ao conhecimento humano, por carecer de linguagem.

O ser cognoscente, assim, busca incessantemente compreender os textos prescritivos. Considerando que todo texto contém um plano de expressão (natureza material) e um plano de conteúdo, será neste que ingressará a subjetividade do intérprete na composição da significação da mensagem. Seu primeiro contato, portanto, será com a literalidade textual, ou seja, suporte físico que contém o plano dos significantes, intersubjetivo e de estruturas morfológicas e gramaticais.

Neste ponto, a atividade legislativa empenhada na criação de normas jurídicas, de todos aqueles habilitados pelo sistema, constitui atos de fala, cuja decomposição analítica consubstancia-se em atos locutórios, ou seja, atos tendentes a pronunciar um enunciado, ou seja, frase adicionada ao seu contexto; atos ilocucionários, quando o locutor pronuncia um enunciado em certas situações comunicativas, ou dentro de um contexto; e perlocucionários, com o efeito eventual dos atos locucionais e ilocucionais, criado no interlocutor com os atos de linguagem. Não é demais lembrar que os atos de fala são decisivos para a comunicação, e mesmo o silêncio, dentro de um determinado contexto, significa comunicação.

Observa-se a presença da relação com a Semiótica, ou Teoria dos Signos. Considerando que signo é a unidade do sistema comunicacional, apresentada através de uma relação triádica, temos que o texto de lei se trata do *suporte físico* (depósito de tinta no papel) que se associa a um *significado* (ideia individual do objeto a que o suporte físico se refere), e a uma

---

198. MOUSSALLEM, Tárek Moysés. *Fontes do direito tributário.* 2ª ed. São Paulo: Noeses, 2006, p. 137.

significação (ideia geral do objeto referido) que se apresenta em três dimensões: sintático, semântico e pragmático.

Todo Sistema Jurídico, composto de unidades que lhe são integrantes (normas jurídicas), tem como desafio a construção de conteúdo, sentido e alcance de suas regras. Trata-se de trabalho que deve considerar a dicotomia entre a letra da lei e a natureza do fenômeno jurídico subjacente, pois se o texto está objetivado, o está intersubjetivamente. Aquilo que é construído é sobrejacente.

A interpretação do texto jurídico implica, através da leitura, a compreensão do conteúdo linguístico contido no próprio texto para aplicá-lo ao caso concreto. Assim, o sentido do texto somente terá uma referência operativa na medida em que o intérprete compreende sua realidade em referência com a realidade linguística do texto, ou seja, o intérprete realiza um labor de indagação hermenêutica.

Através da comunicação social, como interação, é possível captar o discurso normativo. O comunicador normativo pode assumir diversas posições ante a reflexibilidade do discurso, que pode canalizar conflitos. Tercio Sampaio Ferraz Junior[199] assim define:

> a situação comunicativa normativa é, pois, caracterizada pela presença de três comunicadores, sendo que entre os comunicadores sociais e o terceiro se instaura uma interação, cujas regras fundamentais privilegiam a posição do último. Estas regras, pelo que foi dito, podem ser denominadas: a) regra de imputação do dever de prova pela recusa da comunicação ao endereçado; b) regra de garantia de conflito, pela qual os comunicadores sociais não podem mais eximir-se da situação, sem que o terceiro, de algum modo, se manifeste, o que dá ao conflito o seu caráter institucionalizado; c) regra de exigibilidade, que dá às expectativas do comunicador normativo o seu caráter contrafático. Graças a essas regras, a relação entre comunicador normativo e seus endereçados se configura como meta-complementar.

199. FERRAZ JUNIOR, Tercio Sampaio. *Teoria da norma jurídica* – ensaio de pragmática da comunicação normativa. 4ª ed. Rio de Janeiro: Forense, 2009, p. 44.

A Teoria Comunicacional do direito, como já foi dito, tem como premissa que o direito positivo se apresenta na forma de um sistema de comunicação. Assim, como o direito é linguagem que constitui normas jurídicas, estas são resultantes de atos de fala, compostas pelo suporte físico, o significado e a significação, dentro de determinado contexto comunicacional.

Todos estes atos de fala compõem a comunicação jurídica; são textos que supõem uma ou mais mensagens. Tais mensagens e seus conteúdos são verificados em uma situação comunicacional específica, em que são atores o emissor e o receptor. Vale ressaltar que nas relações intersubjetivas não é possível deixar de realizar a comunicação; até mesmo o silêncio é considerado ato de fala.

Como sistema autopoiético, o direito possui códigos específicos para abertura e fechamento cognitivos: os fatos ingressam se, e somente se, traduzidos em linguagem adequada por suas próprias regras,[200] em peculiares códigos de comunicação.

8.2 Emissor da mensagem como manipulador da comunicação jurídica

Todo texto, ainda que manifestado oralmente, gestualmente ou por escrito, supõe uma mensagem, algo que é dito pelo emissor a alguém, destinatário, tendo caráter pessoal e conteúdo, que é o elemento material da mensagem, transmitido por um determinado meio, produzido dentro de um marco determinado definido pela situação comunicacional no qual o ato linguístico tem lugar.

O emissor, ou seja, aquele que emite a mensagem pronuncia atos de fala tendentes a produzir um objeto que deve parecer significativo, composto de manipulações da significação para alcançar determinados efeitos comunicativos. Assim, o emissor da mensagem é o autor do texto que expressa dita mensagem, responsável pelo seu ato de emissão e por suas consequências.

---

200. ROBLES, Gregorio. *As regras do direito e as regras dos jogos:* ensaio sobre a teoria analítica do direito. Tradução de Pollyana Mayer. São Paulo: Noeses, 2011.

Trata-se de tarefa árdua, na medida em que, na maioria das comunicações jurídicas, predominantemente escritas, não há contato direto do enunciador com os destinatários.[201]

O destinatário é a outra parte pessoal da mensagem, aquele a quem vai dirigido o seu conteúdo, e recebe, com efeito, as mensagens transmitidas. Somente com a recepção da mensagem se tem efetivado o fenômeno comunicacional.

É importante ressaltar que todas as decisões de texto no ordenamento jurídico constituem atos linguísticos geradores de mensagens, assim como as normas jurídicas postas no ordenamento mediante processo legislativo.

A significação pode ser alterada em relação ao objeto mediante o processo de comunicação, geralmente escondendo (a significação) autêntica comunicação, pois o destinatário acredita descobrir o sentido de algo, mas na realidade recebe uma comunicação cuidadosamente elaborada por um emissor, que realiza complexa manipulação do contexto comunicacional no interesse de fazer com que o outro (destinatário) perceba certo sentido.[202]

Afirmar que o emissor é detentor da manipulação da mensagem não quer dizer que o destinatário irá, tão somente, desvelar seu conteúdo. Considerando os preceitos de que mensagem (principalmente a jurídica) é construída na mente do intérprete – pressuposto do Constructivismo Lógico-Semântico – temos que o receptor tem grande influência na qualificação do texto, emergindo dele um sentido.

---

201. O fenômeno foi bem observado por Steven Pinker: "quando começamos um diálogo com nossos interlocutores, temos uma suposição do que já sabem e do que poderiam estar interessados em aprender, e durante a conversa monitoramos seus olhares, expressões faciais e atitudes [...] Não gozamos dessa troca de *feedbacks* quando lançamos ao vento um texto. Os destinatários são invisíveis e imperscrutáveis, e temos que chegar até eles sem conhecê-los bem ou sem ver suas reações. No momento em que escrevemos, o leitor existe somente em nossa imaginação. Escrever é, antes de tudo, um ato de faz de conta. Temos que nos imaginar em algum tipo de conversa, ou correspondência, ou discurso, ou solilóquio, e colocar palavras na boca do pequeno avatar que nos representa nesse mundo simulado". (PINKER, Steven. *Guia de escrita:* como conceber um texto com clareza, precisão e elegância. Tradução de Rodolfo Ilari. São Paulo: Contexto, 2016, p. 42).

202. VOLLI, Ugo. *Manual de semiótica.* São Paulo: Loyola, 2007, p. 20.

Mas não se deve deixar de considerar que um texto diz mais do que está na superfície, porque não transmite somente conteúdos explícitos, mas também conteúdos implícitos, marcados no enunciado ou na situação da comunicação, cuja apreensão se dá por meio de inferências. Além dos conteúdos explícitos (aquele que é posto), os conteúdos linguísticos podem ser pressupostos e subentendidos. É necessário que o primeiro seja verdadeiro ou tomado como tal para que os conteúdos explícitos façam sentido.

A pressuposição, como recurso argumentativo, conduz à aceitação de certas ideias do enunciador, tornando o interlocutor cúmplice de sua perspectiva, já que o pressuposto é apresentado como algo certo. A pressuposição aprisiona o enunciatário, ou seja, aquele que recebe a comunicação, numa lógica em que o posto é proposto como verdade, enquanto o pressuposto é imposto como verdade, e sua negação impede a continuidade da argumentação, pois pressupostos diferentes impedem que haja um contexto comum, até mesmo uma conexão psicológica, entre os elementos pessoais da mensagem.

Ao enunciatário caberá o papel do subentendido, sendo sua a responsabilidade de propor a ideia da mensagem, mas de uma maneira que não se comprometa, de sugerir, mas não afirmar.

A atribuição de sentido é o ponto de partida para o complexo processo de interpretação. A recepção sempre será também um ato de fala, razão pela qual, como enunciatário, também realiza atividade de enunciação, e não só permanece numa condição passiva. Ressalte-se que o foco no receptor na função prescritiva da linguagem nos remente à noção conativa da mensagem.

8.3 Percurso gerador de sentido realizado pelo destinatário da mensagem jurídica

A construção da norma consiste em complexo processo dialético, que está condicionada e é condicionante de vários vieses inerentes ao indivíduo, que consubstanciam sua experiência. Na transmissão da mensagem deve haver um código comum, sob pena de comprometer a comunicação idiomática, além de uma mínima conexão psicológica, que estabeleça o nível de compreensão da mensagem, dentro de um determinado contexto.

Temos como premissa que é no momento da tomada de decisão da aplicação da norma que se dará a compreensão dos enunciados jurídicos, em cotejo com as situações factuais específicas do caso concreto. A construção de juízos normativos não é previamente determinada pelo ordenamento, o que levaria a uma interpretação estática. A emissão de decisões normativas deve ser adequada às peculiaridades da situação concreta, tendo como elemento de conexão as necessidades pragmáticas. A atividade do exegeta é guiada cientificamente, porém jamais substituída pela própria ciência, pois esta traça as diretrizes que condicionam o esforço e metodizam as lucubrações sem, contudo, dispensar o coeficiente pessoal, o valor subjetivo.

Assim, a construção de sentido feita pelo intérprete da norma jurídica é mais importante que a mensagem normativa do texto de lei elaborado pelo legislador (em sentido amplo). O enunciador tem controle sobre a inferência semântica, mas não pode ter certeza do ato perlocucionário que irá produzir, pois a retórica decorre de raciocínio cuja conclusão é provável.

O direito se trata de um fenômeno comunicacional, não existe enunciado sem contexto, razão pela qual todo enunciado é argumentativo. Toda transmissão de mensagem, ao sair de seu autor, utiliza um canal até chegar ao receptor. Assim, o sentido transmitido pelo enunciado é definido em função daquilo que o enunciador quer transmitir e pela construção de sentido do enunciatário, tornando-o possível de argumentar, cujo conjunto (de argumentos) constitui o raciocínio, também expresso em linguagem.

A significação é dada pelos elementos linguísticos e pela relação entre eles, enquanto o sentido é o resultado da significação somada às informações do contexto ou da situação de comunicação. O sentido, portanto, é mais amplo que a significação de base, que deve considerar aquilo que está implícito, além do pressuposto e do subentendido.

A recepção da mensagem se dá com atos de fala, inclusive quanto à mensagem jurídica contida na norma posta. Nada vale no direito se a outra parte não tiver ciência do ato jurídico ou processual realizado, por exemplo. Assim a recepção é decisiva no direito. Mas cabe aqui uma digressão: a recepção é ato interno que somente se revela na próxima comunicação, em que aquele que figura como receptor (*tempo 1*) assume a posição de emissor ao fazer uma enunciação-enunciada (*tempo 2*), em cálculo relacional lógico e cronológico. A posição do destinatário é relativa, ora atuando como aquele realizador da conduta prescrita, fruto da construção mental da norma jurídica (*tempo 1*), ora como emissor de novo enunciado prescritivo (*tempo 2*).

A construção da mensagem jurídica, assim, tem como início o contato do intérprete do léxico de enunciados postos no ordenamento por meio de procedimento adequado, resultantes das atividades de enunciação inerentes ao labor legislativo.

Vilém Flusser[203] considera que o universo, o conhecimento, a verdade e a realidade são aspectos linguísticos. Tudo aquilo que nos vem por meio dos sentidos, sendo realidade, consiste em dado bruto que se torna somente no contexto da língua, processo de compreensão através do intelecto. Assim, somente por meio da linguagem é possível o conhecimento como algo objetivado, criando aquilo que é real e capaz, igualmente, de desconstituir o real, fazendo surgir novas realidades. A mensagem jurídica não é diferente.

A linguagem não exerce função apenas descritiva de fatos, mas serve também para realizar ações, e o direito é constituído por linguagem. Como a interpretação é tomada de decisão subjetiva de atribuição de valores a símbolos, dando-lhes significações, a própria linguagem é conteúdo axiológico que tem como ponto de partida o texto em sentido amplo.

---

203. FLUSSER, Vilém. *Língua e realidade*. 3ª ed. São Paulo: Annablume, 2007, *passim*.

Como já dissemos, o signo consiste em uma relação triádica entre um suporte físico, um significado e uma significação.[204] Este elemento intercalar ao conjunto da língua existe mediante atividade interpretativa. Isso confirma que a própria realidade se trata, em suma, de uma construção de sentido, ainda que a ela se refira o suporte físico. Explicamos. A significação tem base em uma interconexão autorreferencial da consciência que é distinta do sistema social com interconexão comunicacional, mas o intérprete não fica alheio às influências do sistema social ao constituir uma realidade de significação, pois ambos (comunicação e significação), em suas complexidades, demandam sentido.

É bem certo que o significado e a significação materializam-se noutros suportes físicos, ou seja, não existe realidade sem linguagem. O signo é um conceito relacional que suscita, sempre, interpretação. É o ser humano o elemento intercalar entre o sistema social de comunicação e o sistema psíquico de significação, em um processo de construção de realidade por meio da linguagem. Por isso afirmamos que não se pode conceber sociedade sem linguagem, pois esta é imprescindível ao processo comunicativo.

Como o direito manipula a linguagem social por meio de linguagem técnica prescritiva, em intervenção social, é o processo de comunicação do sistema social que manipula os comportamentos humanos, por meio da edição de normas. Mas estas somente se traduzem em relações postas no consequente e, portanto, modalizadas deonticamente, através de adjudicação de sentido, de específicas construções das situações factuais concretamente postas e de individualização de seus sujeitos. Parte-se das expectativas de comportamentos assentados em normas jurídicas (classe de comunicação) para a concretização das próprias relações jurídicas.

Ainda, como o direito é linguagem manifestada por textos voltados à organização da convivência humana mediante

204. HUSSERL, Edmund. *Investigações filosóficas* – sexta investigação. Elementos de uma elucidação fenomenológica do conhecimento. São Paulo: Nova Cultural, 2005.

a regulação das ações, sua apresentação na forma de texto permite ao intérprete a construção de discurso, ou seja, conteúdo obtido no processo gerativo de sentido.[205]

É o destinatário da mensagem jurídica quem toma contato com os suportes físicos dos enunciados prescritivos (S1), ainda em análise restrita à linguagem escrita no plano sintático (plano de expressão do direito positivo). Igualmente, promove a subida e a expansão na espiral hermenêutica, já no plano de conteúdo (S2), em labor associativo e estrutural de significações de regulações de condutas subjetivas, mas ainda não correspondentes à Lógica Deôntica, pois consubstanciam-se em significações isoladas dos enunciados.

Igualmente, promove a estruturação deôntica das significações em juízos hipotéticos condicionais, já em associação conjuntiva dos termos sintáticos e das respectivas saturações semânticas (S3), ou seja, os conteúdos significativos elaborados deonticamente, em que a proposição é estruturada na fórmula de hipótese que implica consequência. Como já dito, é neste plano que se constrói a regra-matriz de incidência tributária, com a identificação de todos os critérios do antecedente e do consequente. Esta estrutura, hipotética condicional – D (H → C) – tanto o antecedente, ou hipótese, ou descritor, como o consequente, ou descritor, na norma jurídica tributária, podem ser representados pela regra-matriz de incidência tributária,[206] composta de seus pertinentes critérios.

Mas o destinatário da norma passa, ainda, ao plano da organização estrutural das normas segundo os critérios de coordenação e subordinação (S4), e encontra a exata dimensão do comando normativo. Além disso, o conteúdo e o alcance das normas dependem, fundamentalmente, de seu horizonte cultural. O nível de compreensão é contingente aos atos de

---

205. CARVALHO, Paulo de Barros. *Direito tributário* – fundamentos jurídicos da incidência. 9ª ed. São Paulo: Saraiva, 2012, p. 67.

206. CARVALHO, Paulo de Barros. *Direito tributário* – fundamentos jurídicos da incidência. 9ª ed. São Paulo: Saraiva, 2012.

valoração do enunciatário da mensagem jurídica, que construirá as respectivas relações jurídicas.

No campo do Direito Tributário, por exemplo, as relações se estabelecem em torno da figura do tributo, cuja prescrição nuclear é a do art. 3º do Código Tributário Nacional.[207] Tributo consiste na prestação pecuniária, de relação obrigacional, instituído através de lei, que não constitua sanção de ato ilícito, cobrado e arrecadado mediante atividade administrativa vinculada.

8.4 Construção da norma jurídica por ato preponderante do enunciatário

A análise da norma jurídica insere-se nos planos do percurso de construção de sentido, sendo necessária para que o intérprete construa a estrutura mínima, mas completa, de atuação do direito.

As relações humanas e a própria interpretação estão em constante evolução, o que possibilita rever posicionamentos outrora adotados, inclusive aqueles incompatíveis com as alterações legislativas posteriores às decisões proferidas. Sobre esta evolução, prescreve Jonathan Barros Vita:[208]

> É dizer, a interpretação dos textos legais que é mediada pelos princípios sempre está em constante evolução e, na modernidade da hermenêutica jurídica, tem-se como necessário o cálculo de princípios de naturezas (eixos semânticos) distintas, em que cria-se um poliedro interpretativo, reposicionando-se o texto frente a vários princípios e verifica-se qual interpretação é a que melhor compatibiliza estes valores interpretativos.

---

207. BRASIL. Código Tributário Nacional. Art. 3º Tributo é toda prestação pecuniária compulsória, em moeda ou cujo valor nela se possa exprimir, que não constitua sanção de ato ilícito, instituída em lei e cobrada mediante atividade administrativa plenamente vinculada.

208. VITA, Jonathan Barros. Tributação, direito concorrencial e processo; as mudanças das circunstâncias de fato e de direito no campo da ação revisional do artigo 471 do CPC. *In:* CONRADO, Paulo Cesar (coord.). *Processo tributário analítico.* v. II. São Paulo: Noeses, 2013, p. 113.

Reafirmamos as premissas de inesgotabilidade e intertextualidade da interpretação,[209] nas quais o contexto é fator determinante da atividade interpretativa para a construção das significações normativas.

Neste sentido, Marcelo Dascal[210] reconhece:

> dada a dependência contextual ou "historicidade" tanto do texto como do intérprete e dado o caráter ilimitado do contexto, ou seja, o fato de que potencialmente qualquer fator contextual pode acabar sendo relevante para a interpretação, seja qual for a compreensão alcançada, ela é sempre provisória e passível de ser revisada ou inteiramente substituída à luz de fatores contextuais previamente desconsiderados.

Assim, os conteúdos de significação normativos dos sistemas jurídico-positivos não são totalmente determináveis *ex ante*, pois estão sujeitos a constantes modificações decorrentes de contingências contextuais. Afinal, matérias sociais novas reivindicam, a todo instante, sua absorção pelas hipóteses normativas, passando a ser reguladas pelo direito.

A delimitação dos conteúdos de significação normativos está fortemente sujeita às oscilações provocadas por fatores de ordem pragmático-contextual, pelo que perfeitamente plausível a revisão das decisões e dos entendimentos judiciais no ordenamento.

Já dissemos que a norma jurídica é unidade integrante do ordenamento jurídico tomada como significações construídas pelo intérprete a partir dos textos positivados e estruturados consoante a forma lógica dos juízos condicionais.

Considerando que a norma jurídica é posta no sistema por atos de enunciação, ou seja, atividades psicofísicas tendentes à produção de um enunciado, mediante procedimento adequado e por autoridade competente, temos que o produto

209. CARVALHO, Paulo de Barros. *Direito tributário, linguagem e método.* 5ª ed. São Paulo: Noeses, 2013, pp. 196-197.

210. DASCAL, Marcelo. *Interpretação e compreensão.* São Leopoldo: Unisinos, 2006, p. 632.

legislativo não deixa de ser um componente na estrutura do processo de comunicação. As normas jurídicas, em sentido amplo, também são atos de fala que lhe sofrem a incidência do modal deôntico, aquilo que deve-ser juridicamente relevante.

O sentido como ação humana sobre o mundo natural e social, adaptado ao contexto de suas necessidades afeta a dimensão semântica dos enunciados em contingência às situações pragmáticas postas. O operador do direito é o responsável pelo sentido normativo, pois promove a concretização das relações jurídicas pela intermediação da norma com o fato social juridicamente construído.

O discurso tem como elementos o *ethos*, o *pathos* e o *logos*, que são indissociáveis e sempre estarão interagindo entre si, ou seja, encontram-se necessariamente em relação, que levam à persuasão da mensagem. A mensagem jurídica não é diferente: o legislador, tomado como emissor da mensagem, dotado de *ethos* que lhe garante competência (legitimidade) para tanto se, e somente se, adotar o procedimento adequado, coloca ao *pathos* (auditório, ou melhor, a comunidade jurídica) o suporte físico no sistema, que servirá de base para a construção normativa pelo intérprete: a norma jurídica é construída por ato perlocucionário, com características do *pathos* aristotélico, com as necessárias incursões nos demais contextos do discurso (*ethos* e *logos*), pois valem para a formação das comunidades linguísticas e a retórica da criação da própria realidade.

Mas isso não quer dizer que a linguagem não possua a função constatativa, voltada à descrição de estado de coisas. Além desta, possui também a função performativa, utilizada para realizar ações. O ato ilocucionário está ligado à ação realizada ao expedir ato de fala, assim entendido como enunciado ou proferimento. O direito, que se manifesta em linguagem, cria sua própria realidade e interfere na conduta humana.

Todas as ações são realizadas mediante o uso de palavras, em determinado contexto. A performatividade jurídica do enunciado se dará se, e somente se, seu significado corresponder um efeito jurídico, ou determinada qualificação jurídica.

Ressalte-se que até mesmo o silêncio é relevante ao direito. Como ato de fala, o silêncio é tomado como juridicamente relevante em diversas situações em que tal conduta é qualificada. Um exemplo é a ausência de contestação em processo judicial no qual o réu foi regularmente citado. A atitude omissiva terá como efeito a revelia.[211]

Neste sentido, a norma jurídica é resultado da interação entre a realidade do caso concreto e o texto de norma, assim considerados no processo de interpretação que engloba, inclusive, tais percepções em linguagem. O relato e a alteração de qualquer objeto advêm de sua percepção, inclusive do próprio ser humano, pois há porosidade na linguagem.

O ser cognoscente deve ser considerado, ele mesmo, nas suas relações sociais específicas e históricas, definidoras de seu horizonte cultural. O homem faz parte da situação dada, não por ato de sua consciência e vontade e, no âmago dessa situação, a transforma continuamente mediante a práxis criadora.

Já o dissemos que a movimentação das estruturas do direito em direção à maior proximidade das condutas intersubjetivas exige a certificação da ocorrência do fato conotativamente previsto na hipótese da norma que se pretende aplicar. Esta verificação não se dará somente por aquele que insere no ordenamento a proposição prescritiva, mas preponderantemente por aquele que realiza as operações lógicas de subsunção e implicação. Para que o relato ingresse no universo do direito, constituindo fato jurídico, é preciso que seja enunciado em linguagem competente, quer dizer, que seja descrito consoante as provas em direito admitidas. Provas são tomadas como relatos linguísticos do evento, sendo argumentativos, e não deixam de ser, também, fatos.

A interpretação, portanto, deve concretizar a norma jurídica, ou seja, a compreensão adequada do texto demanda sua

---

211. BRASIL. Código de Processo Civil (2015). Art. 344. Se o réu não contestar a ação, será considerado revel e presumir-se-ão verdadeiras as alegações de fato formuladas pelo autor.

compreensão em cada situação concreta. O intérprete toma contato com as manifestações expressas do direito positivo e, por meio da adjudicação de sentido, produz as significações.

O legislador, portanto, insere no ordenamento os suportes físicos das normas, em sentido amplo, que servirão de base para a construção normativa pelo intérprete, como normas ainda em sentido amplo, como em sentido estrito. É na mente do intérprete, portanto, que se dotará o significado do enunciado prescritivo de efeito jurídico correspondente, atribuindo-lhe performatividade jurídica. Trata-se de ato de fala preponderante do enunciatário, receptor da mensagem jurídica, dentro de determinado contexto. Tal condição é inerente à condição do direito positivo se tratar de linguagem.

Há de se reafirmar, contudo, que a construção normativa se dá na mente do intérprete, que pode ou não realizar uma conduta, dando eficácia daquilo que interpretou – *tempo 1*, em que assume, tão somente, o papel de enunciatário –, e também pode realizar atividades de enunciação ao fazer o proferimento do resultado daquilo que foi construído, no ciclo de positivação seguinte – *tempo 2*, em que assume a posição de emissor através de cálculo das marcas da primeira mensagem, numa relação de comparação entre os dois contextos. É o que ocorre ao se proferir decisões judiciais, por exemplo.[212] Esse ciclo de positivações tem sua limitação no próprio sistema, ao definir (no caso de decisões judiciais), quando o enunciado não será mais objeto de mutação (trânsito em julgado) e deverá traduzir-se em intelecção para conformar-se em uma ação humana.

---

212. Observa-se essa dicotomia entre contextos, na comparação de posições relativas de emissor e destinatário, prevista no Regimento Interno da SRF – Portaria MF n. 430, de 9 de outubro de 2017, publicada em 11 de outubro de 2017, que prevê, em seu artigo 94, V e VI: Art. 94. À Coordenação-Geral de Tributação (Cosit) compete gerenciar as atividades relativas: [...] V – à interpretação da legislação tributária, aduaneira e correlata, às propostas de acordos e convênios internacionais e às normas complementares necessárias à sua execução, inclusive relativamente às nomenclaturas que tenham por base o Sistema Harmonizado de Designação e de Codificação de Mercadorias, à classificação de mercadorias e à classificação de serviços; VI – à formulação de atos normativos de interpretação, uniformização e regulamentação da legislação tributária, aduaneira e correlata; [...]

9. LINGUAGEM DAS PROVAS COMO MEIO PARA FENOMENOLOGIA DA INCIDÊNCIA

9.1 Direito como subsistema social

Define-se o conceito de sistema (do grego σύστημα) como um conjunto de elementos interconectados, de modo a formar um todo organizado. Consiste, assim, num conjunto de elementos aglutinados e relacionados entre si perante uma referência determinada.

Considerando a epistemologia clássica, partindo-se da intuição, que é o mais poderoso instrumento cognoscitivo, chega-se à ideia, ou termo, formando-se um juízo, ou proposição. A estruturação em raciocínio consiste no argumento que, considerando em conjunto, forma o sistema, que é a mais poderosa entidade lógica.

As classificações permitem segregar novas espécies a partir do universo de um discurso e articular esses fragmentos do mundo em torno de um conceito, relacionando-os uns com os outros, segundo critérios para compor a forma lógica de sistema. Apesar da afirmação de que não existem classificações certas ou erradas, mas sim úteis ou inúteis, a divisão pode apresentar falácias, diante da inobservância de requisitos lógicos. O processo divisório deve seguir regras: a divisão deve ser proporcionada, ou seja, a extensão de um termo divisível há de ser igual à soma das extensões dos membros da divisão; deve se fundamentar num único critério; os membros da divisão devem excluir-se mutuamente; deve fluir ininterruptamente, sem saltos.

A pertinência é resultado de um juízo, proveniente da ação humana de valorar positiva ou negativamente um dado critério para enunciar a continência ou não de uma espécie num dado conjunto.

Para Gunther Teubner,[213] "o Direito constitui um sistema autopoiético de segundo grau, automatizando-se em face da Sociedade, enquanto sistema autopoiético de primeiro grau, graças à constituição autorreferencial dos seus próprios componentes sistêmicos e à articulação destes num hiperciclo".

Partindo dessa premissa, o Sistema Jurídico trata-se de sistema autorreferencial e autorreprodutivo de atos jurídicos. Há sistemas reais ou empíricos e sistemas proposicionais. Os primeiros relacionam-se aos objetos do mundo físico e sociais, enquanto os segundos, por proposições, pressupõem o uso de linguagem, classificando-se em nomológicos ou em nomoempíricos. Os sistemas nomoempíricos podem ser constituídos de proposições descritivas, classificando-se em sistemas nomoempíricos descritivos ou teoréticos ou de proposições prescritivas, dirigidas à conduta social para alterá-la.[214]

O sistema nomoempírico prescritivo, por constituir-se em linguagem técnica prescritiva, diz respeito ao direito positivo, enquanto o sistema nomoempírico teorético relaciona-se, por sua vez, com a Ciência do Direito, pois se utiliza de linguagem científica declarativa. O sistema nomológico, em escritos epistemológicos, costuma referir-se a leis enquanto leis naturais. Entendo, contudo, que se trata de sistema proposicional

---

213. TEUBNER, Gunther. *O direito como sistema autopoiético*. Tradução de José Engrácia Antunes. Lisboa: Fundação Calouste Gulbenkian, 1989.

214. NEVES, Marcelo. *Teoria da inconstitucionalidade das leis*. São Paulo: Saraiva, 1988, *passim*.

(pressupondo, portanto, linguagem) meramente formal, onde as partes componentes são entidades ideais, sem denotação existencial,[215] partindo de axiomas e desenvolvendo-se mediante operações lógico-dedutivas.

Há diversos posicionamentos doutrinários que adotam distinção entre ordenamento e sistema, referindo-se ao binômio ordenamento e direito positivo, de um lado, e Ciência do Direito e sistema, de outro. Deste entendimento nos divorciamos. Ora, em qualquer tecido de linguagem adotado haverá um mínimo de racionalidade inerente às entidades lógicas, de que o sistema é uma das formas. O material bruto dos comandos legislados, antes de submeter-se ao constructivismo lógico-semântico, já se configura como expressão linguística inserida em um contexto racional. Assim, o sistema trata do discurso da Ciência do Direito, além de ser o domínio finito, mas indeterminável, do direito positivo.

As normas jurídicas formam um sistema, relacionando-se através de um princípio unificador por meio da linguagem prescritiva, pertencente à região ôntica dos objetos culturais, ou seja, possui determinada valoração sobre os bens naturais trazidos ao homem.

Pelo fato de as normas do sistema do direito estarem postas em uma estrutura hierarquizada, fundamentada ou derivada que opera tanto no aspecto material quanto no formal ou processual, imprimindo-lhe possibilidade dinâmica, autorregulatória de sua criação e transformações, o sistema empírico do direito é unitário e homogêneo.

Sintetiza Paulo de Barros Carvalho:[216]

> enquanto conjunto de enunciados prescritivos que se projetam sobre a região material das condutas interpessoais, o direito posto há de ter um mínimo de racionalidade para ser compreendido

---

215. VILANOVA, Lourival. *As estruturas lógicas e o sistema do direito positivo*. São Paulo: Noeses, 2005, p. 17.

216. CARVALHO, Paulo de Barros. *Curso de direito tributário*. 25. ed. São Paulo: Saraiva, 2013, p. 138.

> pelos sujeitos destinatários, circunstância que lhe garante, desde logo, a condição de sistema.

Assim, tanto a linguagem da Ciência do Direito quanto a linguagem do direito positivo consistem em sistemas. A distinção entre Sistema Jurídico e Ordenamento Jurídico pode ser vista como variação terminológica. Comungam deste entendimento Paulo de Barros Carvalho[217], Fabiana Del Padre Tomé[218] e Aurora Tomazini de Carvalho.[219]

Contudo, para Tárek Moysés Moussallem,[220] haverá distinção entre ordenamento e sistema em razão da dicotomia entre a visão estática ou dinâmica do direito positivo. Assim, a expressão "sistema do direito positivo" refere-se ao conjunto de normas estaticamente consideradas, enquanto "ordenamento jurídico" é usado no sentido dinâmico, a uma série temporal de sucessivos "sistemas do direito positivo", ou seja, é composto por vários subconjuntos normativos, modificados por expansão, contração ou revisão de acordo com as regras constitutivas de introdução e de eliminação. Compartilham deste entendimento Gregorio Robles[221] e Pablo Eugenio Navarro.[222]

A Ciência do Direito e o direito positivo pertencem à categoria dos sistemas sociais.

A sociedade é um sistema comunicacional, composto por atos de transmissão e de recebimento de informações. Nele

---

217. CARVALHO, Paulo de Barros. *Direito tributário, linguagem e método*. 5ª ed. São Paulo: Noeses, 2013, pp. 216-218.

218. TOMÉ, Fabiana Del Padre. *Contribuições para a seguridade social à luz da Constituição Federal*. 2ª ed. Curitiba: Juruá, 2014, pp. 29-32.

219. CARVALHO, Aurora Tomazini de. *Curso de teoria geral do direito:* o constructivismo lógico-semântico. 4ª ed. São Paulo: Noeses, 2014.

220. MOUSSALLEM, Tárek Moysés. *Revogação em matéria tributária*. 2ª ed. São Paulo: Noeses, 2011, p. 133-143.

221. ROBLES, Gregorio. *Teoría del derecho:* fundamentos de teoría comunicacional del derecho. v. II. Madri: RT, 2015, *passim*.

222. NAVARRO, Pablo Eugenio. *La eficácia del derecho*. Madrid: Centro de Estudios Constitucionales, 1990.

necessariamente haverá transmissão de mensagens entre homens que possam entender-se, mediante uma linguagem comum. A comunicação se trata de atividade humana, pois todos os comportamentos carregam significados e, portanto, atos comunicativos. Mesmo o convívio do ser humano em sociedade pressupõe o constante uso da comunicação, elemento necessário às relações intersubjetivas.

Reafirmamos que o conhecimento não existe sem linguagem, pois sua construção se dá através de proposições e relacionados a juízos, possibilitando ao homem construir a sua realidade, limitado à capacidade de formular proposições sobre determinado objeto. Articulam-se as comunicações mediante organização de signos (língua) e atos (fala) numa relação de coimplicação, em que estarão presentes o emissor e o destinatário da mensagem. Este será responsável pela reconstrução da intenção do emissor mediante interpretação da mensagem, atribuindo-lhe sentido de acordo com seus conhecimentos.

O mesmo ocorre com a norma jurídica. Como a recepção da mensagem jurídica tem início por ato de percepção do destinatário, este também realiza um ato de fala – ou ato comunicacional – razão pela qual o chamamos de enunciatário. A apreensão dos objetos, incluindo a norma jurídica posta, é afetada pelas vivências pessoais do enunciatário.

Como a sociedade é formada por uma rede estruturada de comunicações de diversos matizes, o direito positivo e a Dogmática Jurídica consubstanciam-se em subsistemas compostos por comunicações diferenciadas entre si.

O direito possui específicos códigos de comunicação e peculiares reproduções de elementos, conferindo-lhes operações de fechamento e abertura cognitivas, ingressando no ordenamento jurídico os fatos que ali sejam postos pela linguagem eleita pelas regras do direito,[223] configurando-se, assim, um sistema autopoiético.

---

223. ROBLES, Gregorio. *As regras do direito e as regras dos jogos:* ensaio sobre a teoria analítica do direito. Tradução de Pollyana Mayer. São Paulo: Noeses, 2011.

Ressalte-se que a peculiaridade do sistema autopoiético lhe confere as seguintes características: (i) autonomia, pois é capaz de subordinar toda a mudança de modo que permaneça sua auto-organização; (ii) identidade, pois mantém sua identidade em relação ao ambiente, diferenciando-se deste ao determinar o que é, ou não, próprio do sistema; (iii) não possui *inputs* e *outputs*, ou seja, o ambiente não influencia diretamente no sistema autopoiético, não determina suas alterações, pois qualquer mudança decorre da própria estrutura sistêmica que processa as informações vindas do ambiente.[224]

Em tempo, o sistema alopoiético possui a característica de ter *inputs* e *outputs* automáticos, que ocorrem por si só. Veja-se, por exemplo, os sistemas aquáticos e terrestres, onde o que muda em um sistema causa efeito no outro, sem intermediação ou filtro.

O Sistema Jurídico tem como pressuposto a autorreferencialidade, pois as normas prescrevem a produção de outras normas. Assim como o sistema social, em que atos comunicativos têm conteúdo para gerar outros atos comunicativos. Apesar da clausura organizacional, que lhe garante característica de ser operacionalmente fechado, o Sistema Jurídico tem abertura cognitiva, por meio de códigos e de programas específicos.

Dizer que o sistema é autopoiético não significa que seja hermeticamente fechado, em que nada entra ou sai. Seu fechamento é operacional: uma alteração econômica ou social não causa automaticamente alterações no direito, por si só. Pela abertura semântica (cognitiva) e pragmática, que causa uma irritação (Luhmann) no sistema, que o provoca e movimenta suas estruturas por meio do procedimento propriamente previsto, há acoplamento estrutural entre os sistemas. O positivismo não é pejorativo, ou seja, há mecanismos de abertura para mudança em sistemas autopoiéticos: são fechados operacionalmente, mas permitem a mudança no direito,

224. TOMÉ, Fabiana Del Padre. *A prova no direito tributário.* 4ª ed. São Paulo: Noeses, 2016, p. 64.

ou seja, mudança de sentido sem alteração no plano sintático das normas jurídicas.

Por isso, afirma-se que o direito é objeto cultural linguístico que constrói a sua própria realidade, dentro de fundamentos que compõem a unidade do sistema. Para a descrição do direito positivo, como objeto da Ciência do Direito, deve-se considerar que o plano empírico varia em razão da subjetividade de quem o observa e o analisa, mas não se sujeita a contradições diante da observância das regras válidas para a Epistemologia, decorrentes da lei lógica da não contradição, a despeito das proposições descritivas relatarem normas jurídicas algumas vezes antagônicas. Neste sentido, o sistema da Ciência do Direito é isento de contradições.

Diversamente, no sistema do direito positivo podem existir contradições. Considerando a totalidade do Sistema Jurídico, que serve para revelar se a norma jurídica é válida ou não válida, é possível ao intérprete constatar a inexistência de regra jurídica quando observadas antinomias ou inconstitucionalidades. O ser sistema (elementos que se relacionam entre si voltados para uma finalidade) prescritivo não é isento de contradições, mas convive com antinomias. Apesar da classificação em antinomias reais ou antinomias aparentes, estas se resolvem com critérios de especialidade, cronologia e hierarquia (como vimos), mas aquelas dependem de soluções mais complexas, por meio do livre convencimento motivado no plano concreto, permanecendo válida no sistema: na aplicação as antinomias devem ser solucionadas, por meio da interpretação, o que lhe dá caráter aparente, sendo suscetíveis de solução.

9.2 Prova na Teoria dos Sistemas

O termo "prova" tem diversos significados. Deriva do latim *probatio*, que significa ensaio, inspeção, exame, argumento, razão, confirmação. Trata-se de polissemia. Não obstante seja comum vê-la como algo finalizado, entendendo-a como a demonstração da verdade de um fato, o conceito de prova varia de acordo com o instante em que é considerada, referindo-se aos aspectos da sua fonte, aos enunciados probatórios ou à sua valoração. A prova é atividade desenvolvida pelas partes para levar o julgador à convicção da verdade de uma afirmação, com efeitos correspondentes no processo, além dos objetos de que as partes se servem para provar o recebimento destes por quem irá apreciá-los e o resultado dessa avaliação.

Segundo Fabiana Del Padre Tomé,[225]

> a palavra prova é plurissignificante, susceptível de ser empregada para aludir (i) ao fato que se pretende reconstruir; (ii) à atividade probatória; (iii) ao meio de prova; (iv) ao procedimento organizacional; (v) ao resultado do procedimento; ou (vi) ao efeito do procedimento probatório na convicção do destinatário.

O vocábulo "prova", além de polissêmico, padece da ambiguidade processo/produto. Refere-se aos atos pelos quais se opera o relato e o resultado desse processo. A prova consiste na enunciação de um fato com vistas à sua constituição como realidade jurídica, mas também pode ser vista como atividade, meio e resultado, correspondentes à atividade de enunciação, cuja produção, como ato de fala, tomará a prova como enunciado (fato jurídico em sentido amplo). Mas isso não exclui a possibilidade de a prova ser tomada como suporte físico.

Também será prova o sentido construído a partir do contato com os enunciados, ou seja, tomada como proposição, cuja aproximação do sujeito cognoscente, por meio de suas marcas, a tomará como enunciação-enunciada. Como integra o sistema do direito positivo, que é composto por normas que regem a vida dos indivíduos, a prova apresenta-se também como norma, inclusive com a caraterística que lhe é inerente, composta de um veículo introdutor e norma introduzida.

O fato, para ingressar no ordenamento jurídico, será submetido a cortes seletores de suas propriedades, que lhe garantirão aptidão de pertencer ao conjunto dos fatos juridicamente relevantes. Trata-se de exigência do sistema autopoiético, que

225. TOMÉ, Fabiana Del Padre. *A prova no direito tributário*. 3ª ed. São Paulo: Noeses, 2012, p. 78.

lhe confere certeza e segurança jurídica. Estes valores são imprescindíveis para a caracterização dos fatos sociais em eventos em relação ao sistema do direito. Não são admitidas, portanto, as provas constituídas com violação às normas, conforme prescreve o art. 5º, LVI, da Constituição Federal de 1988:

> Art. 5º. Todos são iguais perante a lei, sem distinção de qualquer natureza, garantindo-se aos brasileiros e aos estrangeiros residentes no País a inviolabilidade do direito à vida, à liberdade, à igualdade, à segurança e à propriedade, nos termos seguintes:
>
> [...]
>
> LVI – são inadmissíveis, no processo, as provas obtidas por meios ilícitos;

Não se trata de qualificar a prova como ilícita, mas sim o meio pelo qual foi produzida ou, ainda, o modo de sua utilização. Trata-se de problema relativo ao veículo introdutor da prova, ou seja, vício na enunciação, e nas suas marcas.

Neste aspecto, é o operador do direito que, em vista do papel central na construção do sentido normativo, converte os problemas oriundos do sistema em norma jurídica, por meio da concretização da interpretação ao caso concretamente posto. Seu labor exegético vai além da mera criação de significações dos enunciados do direito positivo, mas envolve ainda a correlação aos fatos concretamente postos, que também demandam uma construção em linguagem probatória.

Fixadas as premissas de relação entre o homem e o objeto, cujas estruturas são movimentadas dentro de uma visão antropocêntrica, temos que o ser cognoscente deve ser considerado, ele mesmo, nas suas relações sociais específicas e históricas, definidoras de seu horizonte cultural. Os homens fazem parte da situação vivenciada de forma inconsciente, transformando-a com atos de vontade. Karel Kosik[226] assim exprime essa dialética:

> o homem supera (transcende) originariamente a situação não com sua consciência, as intenções e os projetos ideais, mas com a

226. KOSIK, Karel. *Dialética de lo concreto*. México: Grijalbo, 1967, p. 259.

> práxis. A realidade não é um sistema dos meus significados nem se transforma em função dos significados que atribuo aos meus planos. Mas com o agir, o homem inscreve significado no mundo e cria a estrutura significativa do próprio mundo.

Não se pode admitir que a realidade seja, tão somente, um sistema de atribuições de significados, pois o ser humano age dentro da situação dada e na ação prática confere um significado à situação.

Na qualidade de operações lógicas, subsunção e implicação exigem o ser humano como núcleo, construindo, a partir de normas gerais e abstratas, outras normas, gerais ou individuais, abstratas ou concretas.

9.3. Cognição dos fatos por meio da linguagem

Evento consiste no acontecimento do mundo fenomênico despido de qualquer relato linguístico. Ocorrido o evento, não há como entrar em contato direto com ele, pois se esvai no tempo e no espaço, sendo irrepetível. Sobram, apenas, suas marcas, vestígios que servirão de base para a construção do fato jurídico.

Fato consiste no elemento linguístico capaz de organizar uma situação existencial como realidade,[227] individualizando uma situação no mundo fenomênico, com determinação das condições de espaço e de tempo em que se deu a ocorrência. Os fatos podem ser classificados como fatos simples, consubstanciados por enunciados atômicos e fatos complexos, por enunciados moleculares, ao passo que evento é a situação existencial organizada linguisticamente pelo fato, ou seja, é o acontecimento empírico descrito pelo fato.

Fato jurídico é, por sua vez, a representação do evento jurídico vertido em uma linguagem competente. Sem a representação em linguagem adequada para efeito das provas

227. FERRAZ JUNIOR, Tercio Sampaio. *Introdução ao estudo do direito:* técnica, decisão, dominação. 2ª ed. São Paulo: Atlas, 1994, p. 245.

os eventos correspondentes às hipóteses normativas não desencadearão seus efeitos legais, ou seja, não propagarão seus efeitos correlatos. Trata-se, assim, do enunciado protocolar constante da hipótese das normas individuais e concretas cuja constituição considera a data do evento que dá ensejo à constituição do fato e a data da constituição jurídica do fato.

Trata-se de signo individualizado no tempo e no espaço do direito que recebe qualificação jurídica advinda da redução da linguagem social pela linguagem jurídica, através da análise relacional, sintetizado do fenômeno social ao fenômeno abstrato jurídico e do fenômeno abstrato jurídico ao fenômeno concreto jurídico. Neste sentido, as provas também são fatos jurídicos em sentido amplo, pois se tratam de relatos em linguagem jurídica.

Como já dissermos, o ingresso do fato no sistema jurídico demanda esforço voltado à seleção de suas propriedades: a atividade de cortes e recortes metodológicos lhe garante a própria juridicidade, tendo em vista a característica de autopoiese do sistema do direito, em que eventos demandam identificação dos respectivos códigos para ingresso no conjunto dos fatos juridicamente relevantes, com a carga axiológica que lhes são inerentes, dentro das regras do próprio sistema.

Os fatos jurídicos (em sentido estrito) são legitimados pelo procedimento e se constituem em razão das provas apresentadas e não em razão da correspondência com os acontecimentos aos quais fazem referência.

Repise-se que as articulações linguísticas do plano social (dados do mundo) somente farão parte da realidade jurídica se, e somente se, rearticuladas na estrutura própria do direito, através da produção da linguagem da facticidade jurídica, em intersecção entre a linguagem do direito posto e a linguagem da realidade social. A dicotomia consiste no fato de que a conduta em si, ontologicamente considerada, reside no plano do ser, ao passo que a implicação deôntica demanda construção linguística artificial.

No campo deôntico, o processo de positivação se dá com a subsunção do fato à norma e fenomenologia da incidência. Por subsunção, entendemos a operação lógica verificada entre linguagens de níveis diferentes, ou seja, há subsunção quando o fato jurídico guardar absoluta e completa identidade com o desenho normativo da hipótese de incidência, preenchendo todos os seus critérios.

A subsunção, operação lógica entre classes (um conjunto está contido ou não está contido em outro), não se dá entre o acontecimento do mundo social e a norma. Está sempre mediada pelo intelecto humano, pois as entidades (as classes) não existem fora dele, e só podem ser conhecidas pelo esforço do sujeito que deve vertê-la em linguagem intersubjetiva. Trata-se de subsunção do conceito formulado sobre o acontecimento (versado no relato, fato jurídico) ao conceito da norma, cuja forma-limite são os enunciados prescritivos produzidos pelos sujeitos competentes.[228]

Quando pensamos no fenômeno da percussão jurídica, vem-nos à mente a figura de um fato que, subsumindo-se à hipótese normativa, implica o surgimento de vínculo obrigacional. É a fenomenologia da incidência. Referida operação, todavia, não se realiza sozinha: é preciso que um ser humano promova a subsunção e a implicação determinadas pelo preceito da norma geral e abstrata. A subsunção e implicação exigem a presença humana, o que corrobora com a ideia da visão antropocêntrica, em que o homem é posto como construtor de normas jurídicas.

A prova, tomada como fato jurídico em sentido amplo, descreve acontecimentos objetivando a produção de efeitos de natureza prescritiva, ou seja, constituição ou desconstituição do fato jurídico em sentido estrito.

Às proposições descritivas da Ciência do Direito, que guardam relação com o entendimento sistematizado objeto de

---

228. BRITTO, Lucas Galvão de. Sobre o uso de definições e classificações na construção do conhecimento e na prescrição de condutas. *In:* CARVALHO, Paulo de Barros (coord.). *Lógica e direito.* São Paulo: Noeses, 2016, p. 352.

estudo científico do direito, distinguindo-lhe de atribuições morais, aplica-se a lógica apofântica, que terá valores de verdade e falsidade.

9.4 Axiologia para ingresso no Sistema Jurídico

Os eventos se apresentam como meras ocorrências verificadas no mundo da experiência, e são os fatos os enunciados linguísticos que relatam os acontecimentos perante a realidade social, constituindo-os. Como os eventos não se repetem e não têm limites, somente temos acesso às suas versões, mediante os cortes realizados pela linguagem dos fatos.

A constituição de um fato se dará se, e somente se, relatado segundo as regras impostas pelo sistema. Os eventos, assim, somente pertencerão à categoria de fatos jurídicos se relatados em linguagem competente admitida (e prescrita) pelo Sistema Jurídico. Mediante o código lícito/ilícito, somente ingressará no direito positivo aquilo que for vertido na linguagem competente.

Para Maria Rita Ferragut,[229]

> meio de prova é o enunciado passível de ser produzido pelas partes, que tem por conteúdo a ocorrência ou inocorrência de um determinado acontecimento. É o instrumento material de comprovação da existência de algo, como, por exemplo, a verificação judicial, a perícia, a confissão, a prova testemunhal, a documental e a indiciária. É, em última análise, a representação, em linguagem competente, dos eventos ocorridos no mundo fenomênico.

Conforme sustenta Fabiana Del Padre Tomé,[230] "meio de prova será tomado, neste trabalho, como o resultado da atividade exercida em observância às regras de organização

229. FERRAGUT, Maria Rita. *Presunções no direito tributário.* 2ª ed. São Paulo: Quartier Latin, 2005, p. 45.

230. TOMÉ, Fabiana Del Padre. *A prova no direito tributário.* 4ª ed. São Paulo: Noeses, 2016, p. 113.

probatória vigentes, relatada pela linguagem prescrita pelo direito".

Tomada a *prova* na acepção de atividade, meio e resultado, sua consideração se dá no contexto da análise semiótica do discurso. Neste aspecto, toma-se a prova como ação de provar, ou seja, produção de atos de fala (enunciação), com a finalidade de (re)construir os fatos alegados, aptos a servirem de suporte para uma decisão.

Mas a consideração da prova como resultado de ato de fala, isto é, enunciado, não exclui da possibilidade de ser visualizada como suporte físico. Igualmente, pode ser tomada como o sentido que se constrói a partir dos enunciados, em adjudicação de sentido, dando-lhe foros de proposição. Também pode ser tomada como enunciação-enunciada, que indica traços relativos à pessoa, ao espaço e ao tempo em que a produção probatória foi projetada no enunciado.

Como é integrante do sistema do direito positivo, a prova é norma, tanto em sentido amplo, como em sentido estrito (juízo hipotético-condicional). Neste aspecto, deverá ser veiculada pelo instrumento habilitado.

Como qualquer norma anda em pares, isto é, composta de norma introdutora e norma introduzida, a prova ingressa no sistema por meio de um veículo introdutor: trata-se do instrumento por meio do qual as informações sobre os fatos são introduzidas no ordenamento jurídico.

Assim, a prova depende de uma norma geral e concreta derivada da aplicação de regra de competência, que relata no suposto as delimitações do sujeito, espaço e tempo em que se deu a enunciação (meio de prova), e da norma introduzida que corresponde ao resultado da atividade enunciativa, a prova.[231]

Para ingressar no processo judicial (relação jurídico-processual), será introduzida por requerimento à autoridade

231. TOMÉ, Fabiana Del Padre. *A prova no direito tributário.* 4ª ed. São Paulo: Noeses, 2016, p. 95.

credenciada a decidir, para juntada de suporte físico, ou seja, fórmula digital, o texto em seu âmbito estreito, à base material gravada no documento, necessário à construção das normas jurídicas introdutoras e introduzidas.

Assim, tomada como relato linguístico decorrente de atos de fala caracterizadores do seu processo de enunciação realizado segundo as normas que disciplinam sua produção, a prova – enunciado protocolar que lhe corresponde – ingressa no ordenamento por meio de uma norma jurídica geral e concreta, cujo antecedente traz as marcas da enunciação (enunciação-enunciada), prescrevendo no consequente a introdução no mundo jurídico dos enunciados que veicula.

A prova é tomada como signo representativo de um fato (fato alegado), que, por sua vez, apresenta-se como outro signo, que se refere ao evento. O signo apresenta *status* lógico de relação, em que o suporte físico se associa a um significado e a uma significação (triângulo semiótico). Como signo, a prova exterioriza-se mediante um documento (suporte físico), representativo de um fato (fato alegado como significado), fazendo surgir na mente do intérprete a noção daquele fato (significação).

A prova, como signo, não configura representatividade absoluta do fato alegado, remetendo a outro signo, numa interminável cadeia decorrente da própria incompletude do signo, nunca atingindo o objeto significado. O fato alegado figura como objeto imediato do evento, o qual aparece na qualidade de objeto dinâmico, nunca abrangido em sua completude. O fato alegado figura como objeto dinâmico perante a prova, a qual funciona como seu objeto imediato, representando-o apenas parcialmente.

A prova, como enunciado linguístico, decorre de produção humana. Assim, todas as provas são pessoais e toda prova é documental, pois as afirmações orais somente assumem a condição de prova quando reduzidas a escrito. A prova é sempre indireta, pois não alcança o fato que se pretende provar. O modo de produção probatória pode realizar-se pelo emprego de um único fato em sentido amplo, com elevado grau de convencimento (prova "direta"); pela conjugação de diversos fatos como menor grau de convencimento (prova indireta decorrente de indícios); ou pela verificação de um fato em sentido amplo, ao qual a lei atribui o efeito de implicar o fato probando (prova indireta decorrente de presunção legal).[232]

Portanto, na qualidade de signo, a prova nunca atinge o objeto que representa. Portanto, é sempre indireta, caracterizando a presunção. É imprescindível que o intérprete realize operação de inferência lógica para, a partir dela, deduzir o fato. A prova é um fato que leva à presunção de veracidade de outro fato. Assim, a relação probatória exige a presença do (i) fato que se pretende provar e (ii) o fato empregado para demonstrar a veracidade do fato probando. Ambos estão ligados por um vínculo implicacional, de modo que toda decisão fundada em provas decorre de uma presunção, em que o fato provado implica logicamente o fato probando. A distinção entre prova "direta" e indireta consiste na diferença de grau na dificuldade experimentada para convencer o destinatário.

Susy Gomes Hoffmann[233] argumenta que a prova não passa de uma conjectura, um enunciado que não é verdadeiro ou falso, suscetível de refutações e podendo a estas sobreviver ou não. Enquanto as conjecturas resistirem às refutações, permanecerão no ordenamento, ostentando a qualidade de provas jurídicas.

Considerando tal aspecto, já poderíamos nos convencer de que não cabe à prova a característica de ser direta, ou seja, fazer prova plena do fato alegado, suficiente para comprová-lo. Os eventos do mundo são inacessíveis, e a prova sempre consistirá em construção linguística com base nas marcas deixadas pela ocorrência do fenômeno: a prova será sempre indiciária.

---

232. TOMÉ, Fabiana Del Padre. *A prova no direito tributário.* 3ª ed. São Paulo: Noeses, 2012, p. 104.

233. HOFFMANN, Susy Gomes. *Teoria da prova no direito tributário.* Campinas: Copola, 1999, p. 54.

Entretanto, conforme explica Carnelutti,[234] existe prova direta, simples, quando o fato que constitui a fonte de prova é diretamente percebido pelo juiz, e prova complexa, indireta, quando o fato constitutivo da fonte de prova é determinado mediante prova indireta, deduzido de outra fonte de prova. Esclarece, ainda, que a percepção é sempre direta, ou seja, o sujeito cognoscente só tem conhecimento de um fato se o percebe com seus sentidos, mas que a percepção do julgador pode recair sobre o evento referido pelo fato que se pretende provar ou sobre o relato linguístico produzido por outrem. As provas, assim, serão distintas em razão da percepção ou da representação.

Conforme dissemos, a prova é signo, representação parcial de outro fato, e ingressa no sistema por meio do relato feito nos termos prescritos pelo direito. Assim, o fato social não ingressa por si só no ordenamento jurídico. Daí a necessidade de comprovação, a comunicação jurídica.

A percepção sensorial direta precisa ser qualificada como prova, por meio de documentos nos autos, pois os eventos não ingressam no universo do direito. A percepção do julgador em relação aos eventos com os quais tomou contato não é prova jurídica, mas sim o auto circunstanciado desta. Considerações desse jaez nos permitem afirmar que a apreciação da prova considera a intencionalidade daquele que a produziu.

A decisão consiste em norma individual e concreta que relata, no antecedente, o fato jurídico em sentido estrito constituído pela linguagem probatória dos autos, e prescreve no consequente a relação jurídica instalada, conferindo a uma das partes a obrigação relativamente à outra, esta detentora de direito subjetivo. Esta norma, portanto, vem acompanhada de fundamentação, valorando-se as provas colacionadas pelas partes, e as razões do julgador para a tomada da decisão.

O juiz, portanto, é o destinatário da prova. Sua avaliação acerca das provas sujeita-se às normas jurídicas definidoras

---

234. CARNELUTTI, Francesco. *A prova civil*. Tradução de Lisa Pary Scarpa. 2ª ed. Campinas: Bookseller, 2002, p. 241.

da atividade julgadora. Neste aspecto, o livre convencimento deve ser motivado. Mas isso não quer dizer que ficam totalmente afastadas as influências subjetivas daquele que tomará a decisão na solução do litígio. Significa que tal fenômeno tem seus contornos traçados pela imposição normativa. Admite-se certa margem de liberdade ao julgador, de acordo com sua experiência, que influencia na apreciação de provas e na tomada de decisões.

Assim, fala-se em persuasão racional, ou seja, não há valores tarifados quando aprecia-se a prova, dando margem à liberdade para decisão, mas esta deve encontrar-se em consonância com o conjunto probatório existente no processo.

Toda ação humana implica uma decisão, de acordo com certas preferências. E a escolha já é, em si, valoração, razão pela qual toda ação humana liga-se a um valor. Aquele que apresenta as provas no processo (judicial ou administrativo) já o faz mediante certos critérios seletores de propriedades, conduzindo a uma fundamentação visando à aceitação de seu argumento.

Ora, evidente que no nosso complexo sistema processual, poder-se-ia considerar que o Fisco, em processo administrativo, tem o dever de ater-se aos parâmetros da legalidade ao constituir o crédito tributário por meio do lançamento, por exemplo. Isso importaria em dizer que, caso não verificados os critérios para imposição obrigacional tributária, não deve ser constituída a exação, raciocínio que demanda de um princípio ontológico de Direito Público, pelo qual aquilo que não for permitido é proibido.

Contudo, as movimentações das estruturas, as colheitas dos fatos sociais com vistas a adjudicá-los à qualidade de relevo jurídico se dão mediante a ação humana. Esta não é isenta de neutralidades, ou seja, toda ação que visa a constituir fato jurídico em sentido estrito se dá com base em valores (e até mesmo, decisões), já compreendidos no próprio sujeito que a realiza.

Segundo o entendimento de Martin Heidegger:[235]

> a interpretação de algo como algo funda-se, essencialmente, numa posição prévia, visão prévia e concepção prévia. A interpretação nunca é a apreensão de um dado preliminar isenta de pressuposições. [...] Em todo princípio de interpretação, ela se apresenta como sendo aquilo que a interpretação necessariamente já "põe", ou seja, que é preliminarmente dado na posição prévia, visão prévia e concepção prévia.

Assim, tem-se por premissa de que o ser humano, ao realizar a atividade apriorística de cindir o tecido social, o faz por meio de recortes de acordo com sua pré-compreensão dos dados do mundo. Trata-se de trabalho interpretativo, no qual se toma o fato social para constituir um novo nível linguístico, de fatos alegados que serão objeto de provas, aptas a constituírem fatos jurídicos.

Para Hans-Georg Gadamer,[236] a interpretação "começa sempre com conceitos prévios que serão substituídos por outros mais adequados. Justamente todo esse constante reprojetar que perfaz o movimento de sentido do compreender e do interpretar, é que constitui o processo que Heidegger descreve".

O julgador tem ciência das atribuições valorativas que os sujeitos partícipes do processo dão aos objetos. Aliás, aquelas partes têm como característica a parcialidade (ocorre até mesmo na Administração Pública na condição de parte em processo administrativo, ainda que submetida ao controle de legalidade de seus atos), além de não serem neutras.

Neste sentido, os próprios fatos alegados já são, em si, seleções intencionais, de caráter performativo. Assim, concordamos com Tárek Moysés Moussallem,[237] no sentido de que

---

235. HEIDEGGER, Martin. *Ser e tempo*. v. I. Petrópolis: Vozes, 1988, p. 207.

236. GADAMER, Hans-Georg. *Verdade e método I*. Traços fundamentais de uma hermenêutica filosófica. Tradução Flávio Paulo Meurer. 6ª ed. Petrópolis: Vozes, 2004, p. 42.

237. MOUSSALLEM, Tárek Moysés. *Revogação em matéria tributária*. 2ª ed. São Paulo: Noeses, 2011.

"ao selecionarem palavras no esquema abstrato da língua, são responsáveis pela efetivação de uma ação". E isso se reflete nos níveis linguísticos que lhe são posteriores: das provas e dos fatos jurídicos.

O julgador, portanto, ao apreciar as provas apresentadas, sempre considera a "intencionalidade" daquele que as produziu, mas isso fica adstrito ao seu conhecimento privado e influencia o ato decisório. Contudo, não lhe é conferido o poder de constituir fatos sem nenhuma prova: este sempre ficará adstrito aos fatos alegados e provados, sopesando-os de acordo com sua livre convicção para construir, a partir destes, o fato jurídico em sentido estrito: trata-se do livre convencimento motivado.

Fabiana Del Padre Tomé[238] avalia que "a prova objetiva convencer o destinatário sobre a verdade ou falsidade de um fato, o que se dá como o conhecimento dos elementos trazidos no processo". A prova, portanto, não serve para conhecer os acontecimentos, mas para conseguir uma determinação formal dos fatos, aludindo ao relato em linguagem competente acerca do objeto, e não à sua essência ou manifestação.

Como é através das provas levadas aos autos que o julgador se convence acerca da ocorrência ou não dos fatos alegados, estas são relevantes para a tomada de decisões. Entretanto, o magistrado não está obrigado a rebater, um a um, os argumentos trazidos pela parte, desde que os fundamentos utilizados tenham sido suficientes para embasar sua decisão.

9.5 Provas e a fenomenologia da incidência

Provar significa enunciar um fato, constituindo-o na realidade jurídica, mediante o trâmite legalmente prescrito, denominado procedimento organizacional da prova, composto do conjunto de regras que regulam a admissão, produção e valoração dos elementos levados aos autos, determinando o

238. TOMÉ, Fabiana Del Padre. *A prova no direito tributário.* 4ª ed. São Paulo: Noeses, 2016, p. 218.

transcurso probatório. Só se tem enunciação produtora de provas se admitida pelo Sistema Jurídico, mediante as normas de procedimento, ou seja, normas de competência que determinam como deve dar-se a produção de prova. Sob certo ângulo, esse rito de enunciação também recebe o nome de prova.

A concepção tripartida toma a palavra prova como atividade, meio e resultado, possível de ser considerada no contexto da análise semiótica do discurso. A prova como enunciação, ato de fala (atitude pragmática), consiste na ação de provar, na atividade de produção de atos de fala ou enunciação linguística, nos termos da lei, com a finalidade de (re)construir os fatos alegados, do suporte das pretensões deduzidas e da própria decisão. A prova seria produto da atividade psicofísica de enunciação, podendo ser visualizada como suporte físico. Também, denomina-se prova o sentido construído a partir do contato com os enunciados, pela atribuição de valores aos signos que o integram, ou seja, tomada como proposição, conteúdo de significação. Como o ato de fala é objeto dinâmico suscetível de aproximação pelo sujeito cognoscente apenas por meio das marcas deixadas, a prova também é tomada como enunciação-enunciada, evidenciando traçoes relativas à pessoa, ao espaço e ao tempo da enunciação projetadas no enunciado. Sendo integrante do sistema do direito positivo, a prova apresenta-se como norma, tanto em sentido amplo (enunciado normativo), como em sentido estrito (juízo hipotético-condicional) e, para ingressar no ordenamento, deve ser veiculada pelo instrumento habilitado. A prova pode ser tomada como veículo introdutor, ou seja, instrumento pelo qual as informações sobre os fatos são introduzidas no Sistema Jurídico.[239]

No campo tributário, o legislador elabora conceitos sobre os fatos do mundo real. O Direito Tributário elege conceitos em que os aspectos selecionados reflitam signos presuntivos de riqueza econômica, ressaltando que os valores que

239. TOMÉ, Fabiana Del Padre. *A prova no direito tributário.* 3ª ed. São Paulo: Noeses, 2012, p. 80-82.

interessam são aqueles admitidos pelo direito e, quanto aos fatos, os juridicizados.

Ressalte-se, por oportuno, que o antecedente da norma representará uma previsão hipotética, relacionando a forma que o evento do mundo real-social terá para ser considerado fato jurídico.

Pela implicação deôntica, constituído o fato jurídico tributário, nasce a respectiva relação jurídica prescrita no consequente da regra-matriz de incidência tributária.

Fabiana Del Padre Tomé[240] examina:

> O sistema do direito positivo indica os momentos em que os fatos podem ser constituídos mediante produção probatória, impõe prazos para a apresentação de defesas e de recursos (tempestividade), além de estabelecer o instante em que as decisões se tornam imutáveis (coisa julgada). Com determinações desse jaez, fornece os limites dentro dos quais a verdade será produzida, prescrevendo sejam tomadas como verídicas as situações verificadas no átimo e forma legais, independentemente de sua relação com o mundo das coisas (grifos no original).

Já dissemos que "verdade" não se dá pela relação entre a palavra e a coisa, mas entre as próprias linguagens, ou seja, relação entre enunciados construídos pelo ser humano no interior de determinado sistema. No campo da realidade social, é verdadeiro um fato quando constituído mediante as regras da comunidade, na linguagem deste sistema social. No campo jurídico, o próprio sistema do direito positivo prescreve os momentos em que os fatos podem ser produzidos mediantes provas, prazos para defesas, recursos e estabelecimento de imutabilidade das decisões. Serão verídicas, portanto, as situações verificadas no tempo e forma legais, independentemente da relação com o mundo das coisas.

Assim, as provas consistem no mecanismo fundamental para o reconhecimento dos fatos da vida social juridicizados

---

240. TOMÉ, Fabiana Del Padre. *A prova no direito tributário*. 4ª ed. São Paulo: Noeses, 2016, p. 28.

pelo direito, imprescindível ao funcionamento do sistema de normas. Portanto, para a realização apropriada da positivação, necessário o enquadramento do fato à previsão normativa, cuja constituição se dará por intermédio da linguagem das provas, para comprovar a veracidade dos fatos descritos.

Mas tal veracidade se dá somente em consonância com o sistema para sua fixação, pois apenas pela relação entre as linguagens de determinado sistema será possível aferir a verdade ou a falsidade de uma proposição, ou seja, o enunciado verdadeiro não diz o que a coisa é, mas o que pressupõe ser numa determinada cultura.

Ocorrendo a subsunção pelo ser humano, ou seja, quando o fato jurídico tributário constituído em linguagem prescrita pelo direito positivo guardar absoluta identidade com a descrição da hipótese tributária, instala-se, de forma automática e infalível o laço abstrato pelo qual o sujeito ativo torna-se titular do direito subjetivo público de exigir a prestação, ao passo que o sujeito passivo ficará na contingência de cumpri-la.[241]

A fenomenologia da incidência tributária consiste no quadramento do fato jurídico tributário (fato relatado em linguagem competente) que tenha identidade com a hipótese da norma jurídica tributária, cuja consequência é instalar a relação jurídica tributária.

Assim, como a verdade não se dá pela correspondência da proposição ao objeto, mas pela construção do objeto mediante linguagem, não há atribuição, ao fato jurídico, dos valores "verdade/falsidade", mas sim em refutar a construção linguística por meio de novas proposições, ou seja, relativamente às provas (linguagem competente) que os constitui. Como o antecedente normativo é constitutivo de fato jurídico (em sentido estrito) que, apesar de se tratar de um enunciado protocolar descritivo de um evento, é prescritivo de efeitos

241. CARVALHO, Paulo de Barros. *Curso de direito tributário.* 25. ed. São Paulo: Saraiva, 2013, p. 254.

jurídicos, seus valores serão válidos e não válidos, inerentes à lógica deôntica.

A prova reveste-se de importância na apreciação dos fatos. Na lição de Enrico Tullio Liebman,[242] "denominam-se provas, os meios aptos a divulgar um fato e, destarte, a demonstrar sua ocorrência e a formar a convicção sobre a verdade deste fato em si mesmo considerado".

Convém esclarecer que a aplicação do direito não dista da própria produção normativa. A aplicação do direito é, simultaneamente, produção do direito. Trata-se de ato mediante o qual se extrai de regras superiores o fundamento de validade para a edição de outras regras, cada vez mais individualizadas. E é somente por meio dessa ação humana que se opera o fenômeno da incidência normativa em geral, assim como da incidência tributária, em particular. Sem que um sujeito realize a subsunção e promova a implicação, expedindo novos comandos normativos, não há que falar em incidência jurídica.

A movimentação das estruturas do direito em direção às condutas intersubjetivas exige o reconhecimento da ocorrência do fato conotativamente previsto na hipótese da norma que se pretende aplicar. Mas, para que o relato ingresse no universo do direito, constituindo fato jurídico, é preciso que seja enunciado em linguagem competente, quer dizer, que seja descrito consoante as provas em direito admitidas.

Por meio da prova, o Fisco verifica a conformidade do fato jurídico tributário com a norma geral e abstrata tipificadora do fato jurídico tributário infração tributária. No âmbito tributário, a prova é o meio pelo qual se estabelece, no lançamento, a relação de correspondência entre uma norma tributária geral e abstrata e o fato jurídico tributário.

---

242. LIEBMAN, Enrico Tullio. *Manuale di diritto processuale civile*. v. 2. 3. ed. Milano: Giuffrè, 1974, p. 68 (traduzido do original: "si chiamano prove i mezzi che cervono a dar ela conoscenza di um fatto e perciò a fornire la dimostrazione e a formare la convinzione della verità del fatto medesino").

Oportuno observar que tanto a construção do fato juridicamente relevante como da própria norma geral e abstrata demandam a análise de que a prova não consiste em uma ponte linguística rumo à verdade dos objetos, pois a intencionalidade do sujeito tem sua base na experiência, e esta outorga autenticidade ao fenômeno com a linguagem apta à construção de ontologias.

Neste sentido, somente com a delimitação dos significantes dos dados do mundo por meio de recortes, através da linguagem, encontrar-se-á o conhecimento do objeto. E isso é bem evidente, por exemplo, nas infrações tributárias, cujas dosimetrias devem considerar no antecedente normativo critério de subjetividade em relação à ação ilícita perpetrada pelo sujeito,[243] com vistas ao acerto na relação jurídica (e exata percussão normativa), que será instaurada no consequente normativo. Ainda que se considerem as significações construídas com intencionalidade, devem ser observadas as comunicações intersubjetivas e, no caso da incidência normativa, a delimitação dos fatos, das condutas, que são juridicamente consideradas e despidas da intrassubjetividade vivenciada pelo ser no contato com os fenômenos.

243. O que não ocorre com a própria incidência tributária, cujos critérios do antecedente não consideram elementos subjetivos daquele que pratica o fato jurídico tributário, limitando-se ao verbo e complemento (critério material) e os critérios espacial e temporal.

10. APLICAÇÃO, INTERPRETAÇÃO E INTEGRAÇÃO DA LEGISLAÇÃO TRIBUTÁRIA NO CÓDIGO TRIBUTÁRIO NACIONAL

10.1 Aplicação da lei tributária a fatos futuros, pendentes e pretéritos

O Livro Segundo do Código Tributário Nacional dispõe sobre as Normas Gerais em Direito Tributário.[244] Os Capítulos III e IV, da Seção III, do Capítulo I, do Título I, contêm prescrições acerca da aplicação, interpretação e integração da legislação tributária.

A Constituição Federal é o fundamento de validade das normas jurídicas do direito posto. Assim, quaisquer diplomas normativos teriam o caráter de complementaridade ao implementarem os postulados fundamentais de âmbito constitucional. Entretanto, a doutrina não atribui tal conotação à lei complementar, tampouco essa é a orientação decorrente de

244. Cabe aqui uma digressão: o Código Tributário Nacional foi estruturado em dois Livros: o Livro Primeiro sobre o Sistema Tributário Nacional e o Livro Segundo sobre as Normas Gerais em Direito Tributário. Tal estrutura dá a ideia de que as normas gerais não pertenceriam ao Sistema Tributário Nacional.

sua previsão no art. 69,[245] e das demais referências da Constituição Federal.

Entendem os constitucionalistas que as leis complementares são aquelas necessárias ao complemento de dispositivos da Constituição Federal que não são autoaplicáveis, qualificando-as ontologicamente pela matéria inserida no seu conteúdo. Considerando a natureza jurídico-positiva, a lei complementar é aquela que, dispondo sobre matéria, expressa ou implicitamente, prevista na redação constitucional (pressuposto material ou ontológico), está submetida ao quórum qualificado do art. 69, isto é, maioria absoluta nas duas Casas do Congresso Nacional (requisito formal).

Considerando os pressupostos apontados, a lei complementar possui dois traços identificadores: a) dispõe sobre matéria expressa ou implicitamente indicada na Constituição Federal; e b) o *quorum* especial previsto no art. 69 da Constituição Federal de 1988, que prescreve a maioria absoluta das Casas Legislativas. Ao primeiro traço denomina-se pressuposto material ou ontológico, ao passo que o segundo pressuposto denomina-se requisito formal.

Considerando estas premissas, afirma-se que a lei complementar reveste-se de natureza ontológico-formal.

Os assuntos reservados pelo constituinte para o campo da lei complementar estão quase sempre expressos, mas é possível encontrar no Texto Constitucional a alusão à *lei*, sem o qualificativo *complementar*. Nestes casos, a interpretação da prescrição constitucional resultará em construção no sentido de que a importância do tema somente poderá ser objeto de lei complementar, em razão da regulação direta de preceitos da própria Constituição Federal, que não podem ser regulados por outros estatutos.

É frequente o magistério de que as leis complementares desfrutam de superioridade hierárquica em relação às leis

245. BRASIL. Constituição Federal (1988). Art. 69. As leis complementares serão aprovadas por maioria absoluta.

ordinárias, em razão da posição ocupada na lista do art. 59, pelo regime de aprovação mais severo previsto no art. 69.

José Souto Maior Borges[246] critica a tese baseada na topologia do enunciado legal e no procedimento legislativo para edição destas normas, dispondo que as leis complementares não exibem fisionomia unitária que propicie uma definição de superioridade nos escalões do sistema. O autor propõe discernir as leis complementares em duas espécies: a) aquelas que fundamentam a validade de outros atos normativos; e b) as que realizam sua missão constitucional independentemente da edição de outras normas.

Em alguns casos, a lei complementar subordina a lei ordinária, enquanto noutros não há que se falar em supremacia nos níveis do ordenamento, pois tanto as leis complementares como as ordinárias extratam seu conteúdo diretamente do texto constitucional.

Há hierarquia sintática, de cunho lógico, assim como há hierarquia semântica, bipartida em hierarquia formal e hierarquia material. A subordinação hierárquica é uma construção do sistema positivo e não é a regulação da conduta, em si mesma, que pede a formação escalonada das normas jurídicas, mas a decisão decorrente do ato de vontade de cunho político.

Dando enfoque à hierarquia semântica, o aspecto formal diz respeito à prescrição da norma superior em relação aos pressupostos da forma que a norma subordinada deve respeitar: os modos como as leis são produzidas, os requisitos procedimentais (da propositura à sanção), os esquemas de alteração ou modificação e os meios de revogação parcial ou total. O aspecto material diz respeito aos preceitos, da regra subordinante, em relação aos conteúdos de significação da norma inferior, indo, a norma subordinada, a buscar na compostura

246. BORGES, José Souto Maior. *Lei complementar tributária*. São Paulo: RT, 1975, p. 54.

semiológica da norma subordinante o núcleo do assunto sobre o qual pretende dispor.[247]

Assim, muitas normas introduzidas no sistema por lei ordinária deverão procurar o âmbito de validade material do seu conteúdo prescritivo em normas de legislação complementar, como, por exemplo, regras que dispõem sobre conflitos de competência entre as entidades tributantes, nas quais o legislador complementar expede norma cujo conteúdo deverá ser observado e absorvido pelas pessoas políticas interessadas, tratando-se de hipótese de hierarquia material.

Contudo, existem porções privativas para atuação da lei complementar tributária. Exemplo típico é o das limitações constitucionais ao poder de tributar, onde os campos de irradiação semântica são diferentes, não havendo que se falar em relação de hierarquia, tampouco em uma visão unitária sobre o tema da supremacia das leis complementares tributárias.

As relações de subordinação entre normas, assim como as de coordenação, são tecidas pelo direito posto. Com esteio no parágrafo único do art. 59 da Constituição Federal de 1988, estabeleceu-se que todas as leis, com nome ou *status* de lei, ficam sujeitas aos critérios previstos pela Lei complementar n. 95/1998, cujo papel é meramente formal. Nada é dito sobre a matéria que servirá de conteúdos significativos às demais leis, mas impõem-se formalidades para a veiculação de lei ordinária, delegada, medida provisória, decreto legislativo ou resolução: trata-se de superioridade formal dessa espécie do processo legislativo. Assim, a hierarquia se dá sob o ângulo formal.

O Código Tributário Nacional foi recepcionado pela Constituição Federal de 1988 pelo princípio da recepção das normas compatíveis com os novos preceitos constitucionais, que concretiza a economia legislativa. Os arts. 105 a 112 do Código Tributário Nacional são prescrições jurídicas que exercem a função

247. CARVALHO, Paulo de Barros. *Curso de direito tributário*. 25. ed. São Paulo: Saraiva, 2013, p. 212.

de *metalinguagem*. Com o escopo de determinar como se dará a interpretação, utilizam-se prescrições jurídicas para determinar os conteúdos de significação, impondo-lhe limites e regras. A despeito de se tratarem de elementos pertencentes ao sistema do direito positivo, tais normas jurídicas pretendem extrapolar os limites do texto e, deonticamente, prescrever como se dará a construção dos conteúdos normativos. Por esta razão, entende-se que tais comandos normativos exercem função de metalinguagem.

Sob o escopo de editar normas gerais em matéria tributária, o Código Tributário Nacional imiscui-se no modo como se deve dar a interpretação do direito posto (razão pela qual afirmamos que se trata de função de metalinguagem). Estas prescrições, contudo, têm objeto ousado, na medida em que pretende direcionar algo eivado dos axiomas da intertextualidade e da inesgotabilidade. Vejamos o art. 105 do Código Tributário Nacional: "Art. 105. A legislação tributária aplica-se imediatamente aos fatos geradores futuros e aos pendentes, assim entendidos aqueles cuja ocorrência tenha tido início mas não esteja completa nos termos do artigo 116".

Consistindo o fato jurídico tributário em enunciado protocolar posto no antecedente da norma individual e concreta, este implica o surgimento de vínculo obrigacional que, além de instalar a relação jurídica, também pode modificá-la ou extingui-la.

Há atecnia na expressão *fato gerador pendente*, pois a incidência da lei tributária se dará aos fatos jurídicos futuros.[248] Assim, quanto ao "fato gerador pendente", entende-se que não é possível concebê-lo. Nomina-se "fato gerador pendente" aquele cuja definição é adotada pela corrente doutrinária classificatória dos "fatos geradores" fundada no critério temporal da hipótese, adotada por Amílcar de Araújo Falcão,[249] cuja nomenclatura

248. BRASIL. Constituição Federal (1988). Art. 150. Sem prejuízo de outras garantias asseguradas ao contribuinte, é vedado à União, aos Estados, ao Distrito Federal e aos Municípios: [...] III – cobrar tributos: a) em relação a fatos geradores ocorridos antes do início da vigência da lei que os houver instituído ou aumentado;

249. FALCÃO, Amílcar de Araújo. Fato gerador da obrigação tributária. 2ª ed. São Paulo: RT, 1971 *apud* CELESTINO, João Baptista. *Direito tributário nas escolas.* 4ª

traduz-se no neologismo "fato gerador complexivo". Sua definição é fundamentada no art. 105 do Código Tributário Nacional, assim entendido aquele cuja ocorrência tenha tido início, mas não esteja completa nos termos do art. 116:

> Art. 116. Salvo disposição de lei em contrário, considera-se ocorrido o fato gerador e existentes os seus efeitos:
>
> I – tratando-se de situação de fato, desde o momento em que o se verifiquem as circunstâncias materiais necessárias a que produza os efeitos que normalmente lhe são próprios;
>
> II – tratando-se de situação jurídica, desde o momento em que esteja definitivamente constituída, nos termos de direito aplicável.
>
> Parágrafo único. A autoridade administrativa poderá desconsiderar atos ou negócios jurídicos praticados com a finalidade de dissimular a ocorrência do fato gerador do tributo ou a natureza dos elementos constitutivos da obrigação tributária, observados os procedimentos a serem estabelecidos em lei ordinária. (Incluído pela Lcp n. 104, de 10.1.2001).

Os chamados "fatos geradores complexivos" não têm o condão de fazerem nascer juridicamente a obrigação tributária. Se analisarmos cada componente fáctico isoladamente, mesmo com a conjugação de diversos outros fatos, ainda não haverá nascido a obrigação tributária. Somente com a concretude na forma legalmente estipulada, em determinado marco de tempo, irromper-se-á o vínculo jurídico pela subsunção do fato à norma.

Refuga-se, por corolário, a classificação dos "fatos geradores" em instantâneos, continuados e "complexivos", por não adotar classificação aos chamados "fatos geradores" em função do momento de sua ocorrência. Os fatos ocorrem em certas condições de espaço e tempo. Portanto, seria ilógico qualquer alusão a fatos não instantâneos (consideramos a expressão "fato instantâneo" um pleonasmo), falando, tão somente, em tempo e lugar do fato e em tempo e lugar no fato.

---

ed. São Paulo: Sugestões Literárias, 1980, p. 45.

Afirma-se, contudo, que os fatos simples são consubstanciados por enunciados atômicos, e fatos complexos, por enunciados moleculares, pois os fatos são manifestações de linguagem, como estruturas sintáticas dotadas de conteúdo semântico e de efeitos pragmáticos.

Os fatos jurídicos tributários são os enunciados que se sustentam em face das provas em direito admitidas, dando ensejo ao nascimento da obrigação, ou seja, a incidência tributária, que requer norma jurídica válida e vigente e realização de evento juridicamente vertido em linguagem competente, ou seja, relatado com as ferramentas de linguagem indicadas pelo sistema como próprias e adequadas.

Os fatos serão representados juridicamente através de instrumentos ou provas, traduzindo-se, assim, em "verdade jurídica", que possui sistema de linguagem distinto da "verdade material". Ressalta-se que o fenômeno se dá com a interferência humana ao fazer a subsunção e promover a implicação determinada pelo preceito normativo. Neste aspecto, passa-se à análise do art. 106 do Código Tributário Nacional:

> Art. 106. A lei aplica-se a ato ou fato pretérito:
>
> I – em qualquer caso, quando seja expressamente interpretativa, excluída a aplicação de penalidade à infração dos dispositivos interpretados;
>
> II – tratando-se de ato não definitivamente julgado:
>
> a) quando deixe de defini-lo como infração;
>
> b) quando deixe de tratá-lo como contrário a qualquer exigência de ação ou omissão, desde que não tenha sido fraudulento e não tenha implicado em falta de pagamento de tributo;
>
> c) quando lhe comine penalidade menos severa que a prevista na lei vigente ao tempo da sua prática.

São situações nas quais se concede ao legislador a possibilidade de aplicar as leis em sentido retroativo, a fim de preservar a segurança das relações entre Administração e administrados. Não é possível aplicar a norma não válida, mas tão somente aplicar a conduta prescrita durante sua vigência, relativa aos fatos ocorridos naquele lapso temporal. A norma não válida não existe como norma jurídica.

Importante destacar que adotamos a tese de que a incidência é sinônimo de aplicação da norma jurídica, mediante ação humana de positivação do direito, considerando todos os vieses e matizes do caso concreto.

A incidência equipara-se à aplicação da norma jurídica, ou seja, no relato dos eventos do mundo real-social, descritos no antecedente das normas gerais e abstratas, mediante emprego de linguagem competente e das relações jurídicas prescritas no consequente das mesmas regras. Assim, aplicar uma norma é fazê-la incidir na situação por ela juridicizada.

A incidência tributária consiste na aplicação da lei em vigor a todos os "fatos geradores" que vierem a acontecer no seu campo territorial, respeitando-se a disposição contida no art. 5º, XXXVI, da Constituição Federal. Consiste, portanto, na ação humana de aplicação do Direito em sua própria produção, mediante a extração do fundamento de validade de regras superiores para a edição de regras cada vez mais individualizadas.

Ressalte-se que o critério temporal da hipótese tributária consiste na revelação do marco de tempo em que se dá por ocorrido o fato, ou seja, permite identificar, com exatidão, o momento da ocorrência do evento a ser promovido à categoria de fato jurídico.

Assim, assinala o momento em que se instala a relação jurídica na qual o sujeito passivo tem o dever jurídico de cumprir a obrigação tributária e o sujeito ativo tem o direito subjetivo de receber a prestação pecuniária que lhe é devida.

Este critério tem a função direta de identificar, precisamente, o momento de acontecimento do evento; e função indireta de identificar as regras vigentes a serem aplicadas a partir do acontecimento do evento.

Há, contudo, confusão doutrinária entre "fato gerador" e critério temporal da hipótese. Fixando a premissa de que fato consiste no elemento linguístico capaz de organizar uma situação existencial como realidade, o tempo *do* fato consiste no instante de constituição do enunciado denotativo na hipótese de norma individual e concreta, indicando os efeitos constitutivos e declaratórios do fato, guardando relação com a legislação processual. Por outro lado, o tempo *no* fato trata-se do momento de ocorrência do evento – assinala os efeitos declaratórios do enunciado denotativo, guardando relação com a legislação material, conforme art. 144, *caput*, do Código Tributário Nacional: "Art. 144 – O lançamento reporta-se à data da ocorrência do fato gerador da obrigação e rege-se pela lei então vigente, ainda que posteriormente modificada ou revogada".

Nesta linha de raciocínio, o tempo do fato será necessariamente posterior ao tempo no fato. As regras materiais são as do lugar no fato (eficácia declaratória) e as procedimentais para a sua constituição são as do lugar do fato. O momento da constituição do fato não se confunde com o momento da ocorrência do evento. É certo que o instante da constituição do fato faz nascer a obrigação tributária por força da implicação.

O critério temporal é revelador do marco de tempo em que se dá por ocorrido o fato, abrindo-se aos sujeitos da relação o exato conhecimento da existência de seus direitos e obrigações.

Paulo de Barros Carvalho[250] pondera:

> Compreendemos o critério temporal da hipótese tributária como o grupo de indicações, contidas no suposto da regra, e que nos oferecem elementos para saber, com exatidão, em que preciso instante acontece o fato descrito, passando a existir o liame jurídico que amarra o devedor e credor, em função de um objeto – o pagamento de certa prestação pecuniária.

Não se trata de estudar as vicissitudes ligadas à aplicação da lei tributária no tempo: o âmbito eficacial da lei no tempo está para o critério temporal das hipóteses tributárias, assim

250. CARVALHO, Paulo de Barros. *Curso de direito tributário*. 25. ed. São Paulo: Saraiva, 2013, p. 266.

como o grau de eficácia territorial da lei está para o critério de espaço dos supostos das normas fiscais.

10.2 Uso de analogias, princípios gerais de Direito Tributário, princípios gerais de Direito Público e equidade

Ao tratar da interpretação e da integração da legislação tributária, assim dispõe o Código Tributário Nacional, em seu art. 107: "Art. 107. A legislação tributária será interpretada conforme o disposto neste Capítulo".

O enunciado normativo acima traz um critério cartesiano ao prescrever a exclusividade dos critérios para interpretação que conduzirão o labor hermenêutico disposto com privatividade no Código Tributário Nacional. Contudo, a construção de sentido das normas jurídicas compreende sistema interpretativo integrado, sem subsistir uma técnica específica de interpretação. Trata-se de tautologia que prevê que o que está no suporte físico da lei é objeto de interpretação, ou seja, para buscar as normas jurídicas aplicáveis às relações jurídicas aplicáveis, deve-se ter presente a totalidade do ordenamento jurídico.

Com efeito, prevê o art. 108, do Código Tributário Nacional:

> Art. 108. Na ausência de disposição expressa, a autoridade competente para aplicar a legislação tributária utilizará sucessivamente, na ordem indicada:
>
> I – a analogia;
>
> II – os princípios gerais de direito tributário;
>
> III – os princípios gerais de direito público;
>
> IV – a equidade.
>
> § 1º O emprego da analogia não poderá resultar na exigência de tributo não previsto em lei.
>
> § 2º O emprego da equidade não poderá resultar na dispensa do pagamento de tributo devido.

Segundo Tercio Sampaio Ferraz Junior,[251] a sistematização tem duas vertentes: uma que equivale ao racionalismo material, que subordina as normas individuais às gerais pelo seu conteúdo, em que as normas gerais são basicamente aquelas cujo conteúdo dá uniformidade ao conteúdo das normas derivadas; outra, equivalente ao racionalismo formal, faz a subordinação pela hierarquização de competências, onde as normas gerais são aquelas que disciplinam as competências para expedição das normas derivadas.

Neste sentido, a segurança obtida pela sistematização, ao enfatizar o sistema material, dando importância à certeza, será tributária de um poder centralizador que garante a uniformidade dos conteúdos do vértice para a base do sistema, ao passo que, ao enfatizar o sistema formal, cujo relevo é a isonomia, a segurança será tributária de uma maior liberdade de conteúdo, exigindo-se apenas a correta uniformidade na discriminação das competências, favorecendo a livre-iniciativa:

> o papel das chamadas normas gerais tributárias para a segurança do contribuinte deve ser delineado sobre este pano de fundo. Elas desempenham esta dupla função requerida pela noção de segurança (função-certeza e função-igualdade) que, não sendo idênticas nem automaticamente complementares, envolvem algumas ambiguidades.[252]

A presença de normas gerais tributárias é fundamental para a segurança jurídica, quer da perspectiva do emissor (função-certeza) quer da perspectiva do receptor (função--igualdade). É possível vê-la nas normas gerais constitucionais ou normas primárias cujo atributo seria a unidade de certos conteúdos genéricos (em privilégio à função-certeza) ou normas secundárias cujo atributo seria a pluralidade dos endereçados, tratados igualmente, exigindo que a segurança

---

251. FERRAZ JUNIOR, Tercio Sampaio. Segurança jurídica e normas gerais tributárias. *In: Revista de Direito Tributário* n. 17-18, São Paulo: RT, p. 52.

252. Idem, p. 53.

repousasse na rígida discriminação das competências por normas secundárias (em privilégio à função-igualdade).

Ao verificar-se a questão da segurança privilegiando a função-certeza e o papel das normas gerais tributárias como normas primárias que contêm os princípios destinados à pluralidade de sujeitos, vislumbra-se a estrutura administrativa da constituição que exige o Código Tributário Nacional como conjunto de normas gerais capazes de dar unidade de conteúdo ao sistema tributário. Ao ver-se, ao contrário, a segurança privilegiando a função-igualdade das normas gerais tributárias como normas que contêm os critérios gerais de solução de conflitos de competência, olha-se para a estrutura política da Constituição que vê no Código Tributário Nacional um conjunto de normas secundárias que instauram uma unidade de competência para o sistema tributário. A eleição de qual o papel das normas gerais tributárias para a segurança jurídica é opção ideológica (uma concepção mais liberal clássica e outra mais liberal centralizadora).

No caso do art. 108 do Código Tributário Nacional, o preenchimento de lacunas deve considerar o pressuposto ontológico de que, no Direito Privado, aquilo que não está proibido é permitido e, ao viés, no Direito Público, somente será permitida a conduta prevista, sendo todas as demais (e não previstas), proibidas.

A integração analógica que visa a preencher a lacuna legislativa não se confunde, portanto, com a interpretação extensiva com vistas a definir o conteúdo e o alcance da lei.[253] Rigorosamente não existe interpretação analógica, mas integração analógica. A despeito de ocorrerem lacunas e antinomias em seu texto bruto, há completude no Sistema Jurídico. O fechamento do Sistema Jurídico se dá por princípios ontológicos: no Direito Público, tudo que não for permitido é proibido e, no Direito Privado, tudo aquilo que não é proibido, é permitido.

---

253. AMARO, Luciano da Silva. *Direito tributário brasileiro*. 3ª ed. São Paulo: Saraiva, 1999, p. 202.

10.3 Uso dos princípios gerais de Direito Privado

Na esfera do Direito Tributário, a Constituição atribuiu à Lei Complementar, que institui norma de ordem total, uma competência material ampla e vaga. Há duas restrições fundamentais: a norma de ordem total não deve instituir tributos; não deve veicular isenções ou benefícios fiscais, salvo nos casos expressamente previstos pela Lei Maior.

Portanto, as normas gerais de Direito Tributário que dispõem sobre conflitos de competência visam a sedimentar interpretações dos signos constitucionais, impedindo que interpretações distintas gerem conflitos de competência. Estas normas devem eliminar possíveis intersecções decorrentes das interpretações diferentes (e possíveis) de textos constitucionais; ou podem criar essas interseções, quando não vedado pelo texto constitucional.

Para efeito tributário, deverá ser considerada a interpretação sistemática, com supremacia da legalidade como o pilar da ordem jurídica tributária, diante da possibilidade do contribuinte poder utilizar-se dos institutos do direito civil na aplicação à hipótese concreta de conceitos que fogem à situação jurídica definida em lei como fato gerador do tributo, permitindo, por conseguinte, a criação de casos de elisão fiscal.

Neste sentido, seria possível raciocinar que a lei tributária pode expressamente alterar a definição, o conteúdo e o alcance dos institutos, conceitos e formas de Direito Privado, salvo se utilizados em normas constitucionais ou de organização política e administrativa, para definir ou limitar competência tributária.

Considerando tal contexto, o Direito Tributário poderia lançar mão dos institutos de Direito Civil e, como ramo didaticamente autônomo, tem autonomia para definir os efeitos da aplicação dos institutos.

Reafirma-se que o direito se trata de sistema autopoiético, ou seja, nada ingressa no sistema do direito que não seja pelo modo por ele próprio prescrito: a forma normativa. Assim, em atenção ao primado da segurança jurídica, os assuntos hão de ser tratados exclusivamente de acordo com o código do direito, onde, sem norma, um fato não adquire qualificação de fato jurídico.

O Sistema Jurídico brasileiro não admite interpretação econômica do fato jurídico e a Constituição Federal refere-se a fatos jurídicos na repartição das competências.

Conforme avalia Alfredo Augusto Becker, "a autonomia do Direito Tributário é um problema falso e falsa é a autonomia de qualquer outro ramo do Direito Positivo."[254]

A norma jurídica é parte integrante do Sistema Jurídico a que pertence, não existindo, na realidade da vida jurídica, norma jurídica isolada. Assim, "o preceito de lei deve ser posto em relação com as normas das leis correlatas e, de modo geral, com os de todas as leis vigentes no ordenamento jurídico de que se trate."[255] A norma tributária, sendo válida e obrigatória, encontra-se numa relação necessária com outras normas, sofrendo influências recíprocas que lhe garantem determinação, lhe limitam e complementam.

Neste contexto, quando o intérprete se depara com uma norma jurídica de Direito Tributário, deve ter em mente o Sistema Jurídico como um todo, ao qual alude Alfredo Augusto Becker como "cânone hermenêutico da totalidade do sistema jurídico."[256]

Por oportuno, o exemplo trazido por Paulo de Barros Carvalho:[257]

> Tomemos o exemplo da regra-matriz de incidência do Imposto Predial e Territorial Urbano (IPTU), de competência dos

---

254. BECKER, Alfredo Augusto. *Teoria geral do direito tributário.* 5. ed. São Paulo: Noeses, 2010, p. 32.

255. VANONI, Ezio. *Natureza e interpretação das leis tributárias.* n. 47. Tradução de Rubens Gomes de Sousa. Rio de Janeiro: Padova, 1952, p. 257.

256. BECKER, Alfredo Augusto. *Teoria geral do direito tributário.* 5ª ed. São Paulo: Noeses, 2010, p. 121.

257. CARVALHO, Paulo de Barros. *Curso de direito tributário.* 25. ed. São Paulo: Saraiva, 2013, p. 41.

> Municípios. A hipótese normativa, em palavras genéricas, é ser proprietário, ter o domínio útil ou a posse de bem imóvel, no perímetro urbano do Município, num dia determinado do exercício. O assunto é eminentemente tributário. E o analista inicia suas indagações com fito de bem apreender a descrição legal. Ser proprietário é conceito desenvolvido pelo Direito Civil. A posse também é instituto versado pelos civilistas e o mesmo se diga do domínio útil. E bem imóvel? Igualmente, é tema de Direito Civil. Até agora, estivemos investigando matéria tributária, mas nos deparamos apenas com instituições características do Direito Civil. Prossigamos. A lei que determina o perímetro urbano do Município é entidade cuidada e trabalhada pelos administrativistas. Então, saímos das províncias do Direito Civil e ingressamos no espaço do Direito Administrativo. E estamos estudando Direito Tributário [...] E o Município? Que é senão pessoa política de Direito Constitucional interno? Ora, deixemos o Direito Administrativo e penetramos nas quadras do Direito Constitucional. Mas não procuramos saber de uma realidade jurídico-tributária? Sim. É que o direito é uno, tecido de normas que falam do comportamento social, nos mais diferentes setores de atividade e distribuídas em vários escalões hierárquicos. Intolerável desconsiderá-lo como tal.

Vejamos, por exemplo, se o Código Civil[258] exige que os negócios jurídicos sejam efetivados com propósito negocial, matéria afeta à seara tributária.

O negócio jurídico possui elementos que o constituem, requisitos para que seja considerado válido e fatores que concorrem para que possa produzir efeitos no mundo jurídico. A norma do Código Civil trata tanto dos elementos (plano da existência), quanto dos requisitos (plano da validade) do negócio jurídico, nada regulamentando acerca dos fatores de eficácia do negócio jurídico.

---

258. Art. 104. A validade do negócio jurídico requer: I – agente capaz; II – objeto lícito, possível, determinado ou determinável; III – forma prescrita ou não defesa em lei. [...] Art. 113. Os negócios jurídicos devem ser interpretados conforme a boa-fé e os usos do lugar de sua celebração. Art. 114. Os negócios jurídicos benéficos e a renúncia interpretam-se estritamente.

Portanto, não há previsão no Código Civil acerca da obrigatoriedade de celebração de negócios jurídicos com a finalidade negocial.

No Direito Tributário entende-se que o ordenamento jurídico brasileiro eleva o propósito negocial à condição de elemento condicionante da licitude e validade dos planejamentos tributários.

Para Andrade Filho,[259] "planejamento tributário ou 'elisão fiscal' envolve a escolha, entre alternativas válidas, de situações fáticas ou jurídicas que visem reduzir ou eliminar ônus tributários, sempre que isso for possível nos limites da ordem jurídica".

Ocorre que, ao dispormos acerca dos diversos princípios constitucionais que podem ser invocados para amparar o direito dos contribuintes de adotarem medidas para redução da carga tributária *in concreto*, encontramos o princípio da livre-iniciativa (art. 1º, IV, da Constituição Federal de 1988) e o princípio da propriedade privada (art. 170, II, da Constituição Federal de 1988), que garantem aos contribuintes o direito de organizar seus negócios da maneira que lhes convier. Se dessa estruturação decorre economia tributária, tanto melhor para a atividade desenvolvida.

Cite-se ainda o princípio da livre-concorrência (art. 170, IV, da Constituição Federal de 1988), na medida em que admitir uma economia tributária àquele que melhor gere seus custos tributários, contribuir para o fomento da competição empresarial, salutar para o consumidor de seus produtos.

Necessário mencionar ainda todos os princípios ou limitações ao poder de tributar, veiculados nos arts. 150, 151 e 152 da Constituição Federal de 1988, que visam a uma ordem tributária justa.

Noutro giro, não é possível falarmos em total autonomia do direito processual em relação ao direito material, por se

---

259. ANDRADE FILHO, Edmar Oliveira. *Imposto de Renda das empresas*. São Paulo: Atlas, 2007, p. 728.

tratar de resultado da associação do fenômeno jurídico e do fenômeno jurídico-processual. A distinção (mas não autonomia) consiste em afirmar que ao direito material, ou substantivo, caberia a disciplina das relações jurídicas surgidas por força de normas primárias, ao passo que ao direito processual caberia, correlativamente, a disciplina da classe de relações jurídicas decorrentes de normas secundárias, atinentes às atividades de composição de litígios, desempenhada por quem pode figurar numa dada relação processual (basicamente: autor, réu e juiz).

Vejamos ainda, por exemplo, como a contabilidade – que contém princípios e conceitos pré-jurídicos[260] – se relaciona com o Direito Tributário. Tathiane dos Santos Piscitelli[261] assegura que "a utilização do art. 110 da CTN como base para afastar ou convalidar um dado tributo resulta em um debate acerca do papel do Direito Privado não só em face do Direito Tributário, mas, especialmente, diante das normas constitucionais".

Os princípios de contabilidade geralmente aceitos, primeiro, surgem como elemento de contato com as legislações tributária e societária.[262]

Entende-se que por "geralmente aceitos" constituam fonte do direito ou pertençam à categoria de normas jurídicas,

---

260. BECKER, Alfredo Augusto. *Teoria geral do direito tributário.* 5ª ed. São Paulo: Noeses, 2010, p. 42.

261. PISCITELLI, Tathiane dos Santos. Os conceitos de direito privado como limites à interpretação de normas tributárias: análise a partir dos conceitos de faturamento e receita. *In:* SOUZA, Priscila de. (coord.). *VII Congresso Nacional de Estudos Tributários*. São Paulo: Noeses, 2010, p. 1224.

262. Dispõe o art. 177, *caput*, da Lei n. 6.404/1976: Art. 177. A escrituração da companhia será mantida em registros permanentes, com obediência aos preceitos da legislação comercial e desta Lei e aos princípios de contabilidade geralmente aceitos, devendo observar métodos ou critérios contábeis uniformes no tempo e registrar as mutações patrimoniais segundo o regime de competência. 2º. A companhia observará exclusivamente em livros ou registros auxiliares, sem qualquer modificação da escrituração mercantil e das demonstrações reguladas nesta Lei, as disposições da lei tributária, ou de legislação especial sobre a atividade que constitui seu objeto, que prescrevam, conduzam ou incentivem a utilização de métodos ou critérios contábeis diferentes ou determinem registros, lançamentos ou ajustes ou a elaboração de outras demonstrações financeiras. (Redação dada pela Lei n. 11.941/2009).

pois a fonte primária do direito é a própria lei. Por outro lado, no momento em que as normas jurídicas incorporam, total ou parcialmente, regras de contabilidade, mediante lei formal, o próprio direito alça à condição de suas fontes principais regras contábeis que antes lhe eram, no máximo, subsidiárias.

Assinala Jonathan Barros Vita:[263]

> o sistema contábil positivado apropria certos pressupostos da economia para seu funcionamento sincrônico, enquanto o sistema jurídico tributário é indubitavelmente mais autorreferente e voltado para o sistema político, preservação da maioria, e com fundamento de pressão pela operação que condiciona o código capital para o estado.

Neste aspecto, o direito atribui a usos contábeis consequências jurídicas específicas, dotadas de coercitividade e abrangência geral: a partir daí, porém, com aplicação para fins diversos como a tributação ou a apuração de resultados societários.[264]

Assim dispõe o Código Tributário Nacional acerca da matéria:

> Art. 109. Os princípios gerais de direito privado utilizam-se para pesquisa da definição, do conteúdo e do alcance de seus institutos, conceitos e formas, mas não para definição dos respectivos efeitos tributários.
>
> Art. 110. A lei tributária não pode alterar a definição, o conteúdo e o alcance de institutos, conceitos e formas de direito privado, utilizados, expressa ou implicitamente, pela Constituição Federal, pelas Constituições dos Estados, ou pelas Leis Orgânicas do Distrito Federal ou dos Municípios, para definir ou limitar competências tributárias.

---

263. VITA, Jonathan Barros. As relações entre o direito tributário e os conceitos definidos pelo direito privado: (re)analisando a (i)legalidade do regime tributário de transição. *In:* SOUZA, Priscila de. (coord.). *VII Congresso nacional de estudos tributários:* direito tributário e os conceitos do direito privado. São Paulo: Noeses, 2010, p. 646.

264. CHARNESKI, Heron. Uma lei clara: a Lei n. 11.638/07 e a estabilização, na contabilidade, de conflitos tributários e societários. *Revista Dialética de Direito Tributário*, n. 155, p. 35.

O art. 109 trata do núcleo da assertiva da unidade do Direito Privado e Direito Tributário. A contabilidade, sob ângulo de disciplina autônoma do conhecimento, seria considerada como a ciência que estuda as movimentações econômico-financeiras de uma dada entidade empresarial, consubstanciadas em uma estrutura fundamental da contabilidade, os lançamentos contábeis.

Assim, quando aglutinados, os lançamentos contábeis perfazem as estruturas proposicionais da contabilidade, as demonstrações financeiras, como balanços patrimoniais, demonstrações de resultados do exercício etc.

Neste diapasão, juridicamente, estes lançamentos contábeis são considerados enunciados jurídicos ou fatos jurídicos em sentido amplo que, aglutinados, formam uma série de fatos jurídicos em sentido estrito (proposições jurídicas factuais concretas).[265]

A norma pedagógica do art. 110 do Código Tributário Nacional ressalta a impossibilidade de a lei tributária alterar a definição, o conteúdo e o alcance de consagrados institutos, conceitos e formas de Direito Privado utilizados expressa ou implicitamente. Sobrepõe-se ao aspecto formal o princípio da realidade, considerados os elementos tributários.

Há que se ter em conta a assertiva de Misabel Abreu Machado Derzi:[266]

> Quando a Constituição usa um conceito, um instituto ou forma do Direito Privado, o nome empregado denota certo objeto, segundo a conotação que ele tem na ciência jurídica particular, da qual se origina. A conotação completa que advém da ciência do Direito Privado é condição prévia de inteligibilidade e univocidade do discurso constitucional. E se a Constituição se utiliza desse sentido, extraído de certo ramo jurídico, para assegurar a discriminação e delimitação de competência, enfim o pacto

265. VITA, Jonathan Barros. As relações entre o direito tributário e os conceitos definidos pelo direito privado: (re)analisando a (i)legalidade do regime tributário de transição. *In:* SOUZA, Priscila de. (coord.). *VII Congresso nacional de estudos tributários:* direito tributário e os conceitos do direito privado. São Paulo: Noeses, 2010, p. 650.

266. BALEEIRO, Aliomar. *Direito tributário brasileiro.* Notas de atualização de Misabel Abreu Machado Derzi. 11. ed. Rio de Janeiro: Forense, 1999, p. 492.

> federativo, não é dado ao legislador infraconstitucional alterá-lo. Permitir ao intérprete ou ao legislador ordinário que alterasse o sentido e o alcance desses institutos e conceitos constitucionalmente empregados seria permitir que firmasse sem licença da Constituição, novo pacto federativo, nova discriminação de competência. Sendo assim, o art. 110 do CTN determina a cristalização da denotação e da conotação jurídica daqueles institutos, conceitos e formas, vedando-se ao legislador tributário a alteração de sentido que é própria do Direito Privado.

Veja-se a magnitude dessas considerações travadas no julgamento em 23 de maio de 2012 do Recurso Especial n. 842.270 – RS, no Superior Tribunal de Justiça, cujo relator foi o Ministro Luiz Fux:

> EMENTA. TRIBUTÁRIO. SERVIÇOS DE TELECOMUNICAÇÃO. ENERGIA ELÉTRICA. CREDITAMENTO. POSSIBILIDADE. ART. 33, II, "B", DA LC 87/96. DECRETO 640/62. EQUIPARAÇÃO À INDÚSTRIA BÁSICA PARA TODOS OS EFEITOS LEGAIS. VALIDADE E COMPATIBILIDADE COM O ORDENAMENTO JURÍDICO ATUAL. ORDEM EM MANDADO DE SEGURANÇA CONCEDIDA. RECURSO ESPECIAL NÃO PROVIDO.
>
> 1. O art. 1º do Decreto n.º 640/62, que equiparou, para todos os efeitos legais, os serviços de telecomunicação à indústria básica, é compatível com o ordenamento jurídico vigente, em especial com a Lei Geral de Telecomunicações, com o Regulamento do IPI e com o Código Tributário Nacional.
>
> 2. O art. 33, II, "b", da LC 87/96 autoriza o creditamento do imposto incidente sobre energia elétrica quando "consumida no processo de industrialização". Como o art. 1º do Decreto 640/62 equipara, para todos os efeitos legais, a atividade de telecomunicações ao processo industrial, faz jus a impetrante ao creditamento pretendido.
>
> 3. Segundo a regra do art. 155, II, da CF/88, o ICMS comporta três núcleos distintos de incidência: (i) circulação de mercadorias; (ii) serviços de transporte; e (iii) serviços de comunicação.
>
> 4. O princípio da não cumulatividade, previsto no § 2º do art. 155 da CF/88, abrange os três núcleos de incidência, sem exceção, sob pena de tornar o imposto cumulativo em relação a um deles.
>
> 5. No caso dos serviços de telecomunicação, a energia elétrica, além de essencial, revela-se como único insumo, de modo que

> impedir o creditamento equivale a tornar o imposto cumulativo, em afronta ao texto constitucional.
>
> 6. O art. 33, II, da LC 87/96 precisa ser interpretado conforme a Constituição, de modo a permitir que a não cumulatividade alcance os três núcleos de incidência do ICMS previstos no Texto Constitucional, e não apenas a circulação de mercadorias, vertente central, mas não única da hipótese de incidência do imposto.
>
> 7. O ICMS incidente sobre a energia elétrica consumida pelas empresas de telefonia, que promovem processo industrial por equiparação, pode ser creditado para abatimento do imposto devido quando da prestação dos serviços.
>
> 8. Recurso especial não provido.
>
> RECURSO ESPECIAL Nº 842.270 - RS (2006/0088271-8) - RELATOR: MINISTRO LUIZ FUX - RECORRENTE: ESTADO DO RIO GRANDE DO SUL - RECORRIDO: BRASIL TELECOM S/A.

Observe-se no caso em tela que de acordo com a redação original do inciso II, do art. 33, da Lei Complementar n. 87/96, a energia elétrica genericamente usada ou consumida no estabelecimento geraria direito ao creditamento do ICMS, a partir de 01/11/1996 (data da entrada em vigor da aludida Lei Complementar). Por outro lado, com o advento da Lei Complementar 102/2000 (entrada em vigor em 01/08/2000), a entrada de energia elétrica no estabelecimento somente ensejaria direito de crédito: (i) quando objeto de operação de saída de energia elétrica (alínea "a"); (ii) quando consumida no processo de industrialização (alínea "b"); (iii) quando seu consumo resultar em operação de saída ou prestação para o exterior (alínea "c"); e (iv) a partir de 1º de janeiro de 2003, nas demais hipóteses (alínea "d"). As Leis Complementares n. 114/2002, n. 122/2006, n. 138/2010 e n. 171/2019 alteraram, mais uma vez, a redação da alínea "d", do referido dispositivo, que passou, segundo este último diploma legal, a dispor que a entrada de energia elétrica no estabelecimento, não objeto de operação de saída de energia elétrica, que não for consumida no processo de industrialização e cujo consumo não resulta em operação de saída ou prestação para o exterior, somente ensejará direito ao creditamento de ICMS a partir de 01/01/2033.

No âmbito de embargos de divergência interpostos por estabelecimento industrial, o Superior Tribunal de Justiça perfilhou a tese genérica de que o contribuinte tem direito ao creditamento de ICMS se comprovar ter utilizado a energia elétrica "no processo de industrialização", *ex vi* do disposto no art. 33, II, "b", da Lei Complementar n. 87/1996 (EREsp 899.485/RS, Rel. Ministro Humberto Martins, julgado em 13/08/2008, *DJe* 15/09/2008). O parágrafo único, do art. 46, do Código Tributário Nacional, ao versar sobre o IPI, considera industrializado o produto que tenha sido submetido a qualquer operação que lhe modifique a natureza ou a finalidade, ou o aperfeiçoe para o consumo. Com efeito, o art. 4º, do Decreto n. 7.212/2010 (Regulamento do IPI), preceitua que qualquer operação que transforme matéria-prima ou produto intermediário, resultando na obtenção de espécie nova, caracteriza-se como industrialização. O art. 1º do Decreto n. 640, de 2 de março de 1962, prescreve que os serviços de telecomunicações, para todos os efeitos legais, são considerados indústria básica, porque a prestação de serviços de telecomunicações pressupõe um processo de transformação da energia elétrica (matéria-prima), seu insumo essencial, em vibrações sonoras e *bits* e destes novamente em vibrações sonoras. No contexto do ICMS, processo de industrialização não pode ser restringido tão somente à transformação de bens móveis corpóreos.

No caso do Recurso Especial n. 842.270 – RS trouxe como fundamento os elementos concretos da realidade social para firmar a tese de equiparação da prestação de serviços de telecomunicação à indústria básica. Considerou que, dentro do campo de aplicação do tributo, qualquer transformação é um processo de industrialização. Ainda que não tenha tratado especificamente dos arts. 109 e 110, do Código Tributário Nacional, usou dos princípios gerais de Direito Privado para a solução do litígio.

Noutros torneios, as considerações acerca da aplicabilidade dos arts. 109 e 110, do Código Tributário Nacional se dão nas hipóteses em que os contribuintes praticam atos tendentes à economia de tributos. O planejamento tributário é entendido como um expediente a serviço da autonomia privada e da livre-iniciativa, insculpidos nos arts. 1º, IV; 5º, XXII e XXIII; e 170, II, III, IV e parágrafo único, da Constituição Federal de 1988, na medida em que o ordenamento jurídico garante a propriedade privada, nos limites de sua função social, facultando ao contribuinte organizar-se de forma que se lhe imponha a menor carga tributária possível.

O trabalho de ramificação do direito positivo, conquanto sugira uma aparente autonomia científica, não passa de mero expediente metodológico, de uma operação didática, incapaz de isolar esse ou aquele domínio do conhecimento jurídico.[267]

Assim, somente há de se falar na existência de um "Direito Tributário" mediante a consecução de cortes metodológicos realizados em obséquio à didática, sem prejuízo da unidade do ordenamento.

10.4 Interpretação literal

A interpretação literal não pode ser empregada isoladamente, para fins de compreensão de dispositivos legais, pois, sendo o Direito uma linguagem, a construção de sentido pela interpretação decorre da consciência cognoscente. Vejamos, entretanto a disposição contida no art. 111, do Código Tributário Nacional: "Art. 111 – Interpreta-se literalmente a legislação tributária que disponha sobre: I – suspensão ou exclusão do crédito tributário; II – outorga de isenção; III – dispensa do cumprimento de obrigações tributárias acessórias".

O Código elegeu o método literal de conhecimento para interpretação do texto, ou seja, limitado à investigação sintática ou morfológica. Ora, ao travar contato com a base material do texto, imediatamente o intérprete inicia o processo de elaboração de sentido, já no plano do conteúdo da norma,

267. CONRADO, Paulo Cesar. *Compensação tributária e processo.* 2ª ed. São Paulo: Quartier Latin, 2010, p. 23-24.

atribuindo valores aos signos que encontrou justapostos, obtendo, assim, significações.

A regra contida no art. 111 do Código Tributário Nacional proibiu o avanço do intérprete aos planos semânticos e pragmáticos. Por mais que a construção textual da norma esteja correta no plano sintático, não representa, necessariamente, uma formulação semanticamente válida. A interpretação literal (sintaxe) é incompleta para averiguação da dimensão dos enunciados prescritivos, já que obrigatoriamente o intérprete deve irradiar sua investigação no plano semântico e pragmático.

Vejamos o entendimento do Superior Tribunal de Justiça:

> EMENTA: TRIBUTÁRIO. ISENÇÃO DO IMPOSTO SOBRE OPERAÇÕES DE CÂMBIO NAS IMPORTAÇÕES. DECRETO-LEI N. 2.434, DE 19 DE MAIO DE 1988, ARTIGO. 6. A isenção tributária, como o poder de tributar, decorre do *jus imperii* estatal. Desde que observadas as regras pertinentes da Constituição Federal, pode a lei estabelecer critérios para o auferimento da isenção, como no caso *in judicio*. O real escopo do artigo 111 do CTN não é o de impor a interpretação apenas literal – a rigor impossível – mas evitar que a interpretação extensiva ou outro qualquer princípio de hermenêutica amplie o alcance da norma isentiva. Recurso provido, por unanimidade. (Resp 14.400/SP, 1ª T., Rel. Min. Demócrito Reinaldo, j. 20-11-1991).

As palavras ostentam significação base e contextual, visto que não há texto sem contexto. Em relação à legislação, não é possível compreender o conteúdo semântico dos vocábulos utilizando-se somente a interpretação sintática, conforme sintetiza Paulo de Barros Carvalho:[268]

> Instado pelas dificuldades da interpretação, envolvido com toda sorte de peculiaridades desse ente cultural que é o direito, o exegeta vê-se na contingência de lançar um olhar retrospectivo, recuperando o espaço das noções fundamentais, ali onde estão depositados os conceitos básicos de sua Ciência. Ei-lo de volta à Teoria Geral do Direito; ei-lo refletindo sobre o conhecimento jurídico, numa

268. CARVALHO, Paulo de Barros. *Direito tributário, linguagem e método*. 5ª ed. São Paulo: Noeses, 2013, p. 181-463.

> posição de filósofo do seu saber, para regressar com toda a força, dando sustentação a suas teses no domínio das dogmáticas. [...]
>
> A interpretação do direito, em tempos atuais, com os recursos da Semiótica e das teorias analíticas do discurso, pressupõe o contato primeiro e necessário com o plano da expressão ou da literalidade textual. A partir de então tem início o muitas vezes penoso processo de geração de sentido, já que as significações situam-se na instância do conteúdo do texto, devendo ser construídas pelo sujeito do conhecimento. É nesse caminho gerativo, superados os obstáculos de natureza sintática, que o agente ingressa nos domínios da semântica e da pragmática, como intervalos semióticos imprescindíveis ao trabalho de elaboração, pesquisando as relações de veículos sígnicos com as realidades materiais ou imateriais que eles pretendem significar, bem como os vínculos estabelecidos entre signos e seus usuários (pragmática).

Neste sentido, a norma jurídica, portanto, é significação e não suporte físico. Não se confunde com os textos de lei (em sentido amplo). Nas palavras de Fabiana Del Padre Tomé,[269] norma jurídica "não se confunde com o texto do direito positivo, isto é, com as expressões linguísticas que a veiculam", é sim, a significação construída a partir do suporte físico, mas não está contida nele. Deste modo, caberá a cada intérprete uma significação diversa, uma construção diferente de norma jurídica.

Assim, impossível a prevalência da disposição contida no art. 111, do Código Tributário Nacional, por carecer de sentido deôntico, ou seja, prescrever uma conduta que não é possível. A formulação literal não alcança o comando legislativo, pois não há texto sem contexto.

10.5 Lei tributária que define infrações

Assim prevê o art. 112, do Código Tributário Nacional:

> Art. 112. A lei tributária que define infrações, ou lhe comina penalidades, interpreta-se da maneira mais favorável ao acusado, em caso de dúvida quanto:

269. TOMÉ, Fabiana Del Padre. *Contribuições para a seguridade social à luz da Constituição Federal.* 2ª ed. Curitiba: Juruá, 2014, p. 37.

> I – à capitulação legal do fato;
>
> II – à natureza ou às circunstâncias materiais do fato, ou à natureza ou extensão dos seus efeitos;
>
> III – à autoria, imputabilidade, ou punibilidade;
>
> IV – à natureza da penalidade aplicável, ou à sua graduação.

Trata-se de preceito penal, que consagra o princípio do *in dubio pro reo*, pautado na presunção de inocência. Assim, o aplicador da penalidade deverá considerar a posição mais favorável ao contribuinte nas hipóteses de dúvidas sobre a interpretação da lei punitiva.

Para Ruy Barbosa Nogueira,[270] "a equanimidade destas disposições está de acordo com princípios modernos de que a dúvida afasta o agravo. São princípios de respeito ao ser humano". Assim, em caso de dúvida razoável, ou deixa-se de aplicar a sanção ou aplica-se a mais branda.

Assim é o entendimento do Superior Tribunal de Justiça:

> TRIBUTÁRIO. APREENSÃO DE MERCADORIAS IMPORTADAS. PENA DE PERDIMENTO PARCIAL. RECURSO ESPECIAL. DEFICIÊNCIA NA FUNDAMENTAÇÃO. VERBETE N. 284 DA SÚMULA DO STF. PRINCÍPIOS PROPORCIONALIDADE E RAZOABILIDADE. OBSERVÂNCIA. APLICAÇÃO DA PENA.
>
> – Se as razões do apelo especial não demonstram, de forma inequívoca e fundamentada, como ocorreu a ofensa à lei federal, aplica-se, por analogia, o disposto no verbete n. 284 da Súmula do STF.
>
> – A pretensão de perdimento de toda a mercadoria importada, quando apenas parcela dela não era condizente com o que foi declarado, não atende aos princípios da razoabilidade e da proporcionalidade, que devem ser observados na aplicação da pena.
>
> – A legislação tributária que define infrações ou comina penalidades deve ser interpretada de maneira mais favorável ao acusado, em caso de dúvida quanto à natureza da penalidade aplicável, ou à sua gradação (CTN, art. 112, inciso IV).
>
> Recurso especial improvido.

270. NOGUEIRA, Ruy Barbosa. *Curso de direito tributário*. 14. ed. São Paulo: Saraiva, 1995, p. 105.

(REsp 1214862/RS, Rel. Min. Cesar Asfor Rocha, Segunda Turma, j. 02.06.2011, *DJe* 16.06.2011).

Entretanto, quanto ao dispositivo em debate, cabem algumas digressões. Ao falarmos sobre o antecedente de uma norma jurídica, remetemos à noção de que tratamos de um juízo hipotético-condicional, ou seja, resolvidas suas contingências, trataremos de uma implicação. Neste sentido, a composição formal da norma será H → C, ou seja, se ocorrer a hipótese, então deve-ser a consequência.

Este juízo implicacional, composto de um conectivo condicional, terá no antecedente a eleição de critérios identificadores do fato (jurídico), demarcados no tempo e no espaço, e no consequente os elementos da relação jurídica que será estabelecida.

Considerando que o conectivo condicional, para ser verdadeiro, basta que o antecedente seja falso ou o consequente verdadeiro (pelo que, "se p, então q" equivale a "não p ou q"), sem pressupor nenhum outro de tipo de nexo entre antecedente e consequente, além do determinado pelos valores de verdade, temos que, ao tratarmos de normas jurídicas, tende-se a formá-lo de tal modo que entre antecedente e consequente subsista algum elo de tipo semântico. Assim, para interpretar o condicional, recorre-se ao operador de necessidade, ou seja, "se p, então q" equivale a "necessariamente (não-p ou q)".

No conectivo condicional não se pretende uma conexão temporal ou causal entre o antecedente e o consequente. No enunciado "se neva, então faz muito frio", não se pretende dizer que o fato de estar nevando seja uma causa do fazer frio, mas que se é verdade que se neva, isso é suficiente para que possamos afirmar que faz muito frio e, por outro lado, dissemos que fazer muito frio é uma condição obrigatória para que esteja nevando.

Pela implicação, o antecedente é condição suficiente consequente, uma vez que verdadeira sua proposição, instale-se o consequente. A condição suficiente é própria do antecedente. A condição necessária é própria do consequente. Neste sentido, o consequente verdadeiro pode ter antecedente falso ou verdadeiro.

O condicional expressa certa situação que nos fatos podem dizer respeito ao estado de coisas: uma cuja descrição simbolizaremos com "p", e outra cuja descrição simbolizaremos com "q". Normalmente dizemos que o antecedente é condição do consequente, mas os lógicos e filósofos distinguem dois tipos de condição: a necessária e a suficiente.

O fato "p" é condição suficiente de "q" quando conhecer a verdade de "p" permite afirmar a verdade de "q". Dado um enunciado condicional que suponhamos verdadeiro (por exemplo, "se o cachorro mexe a cauda, ele está feliz"), a verdade do antecedente é condição suficiente para a verdade do consequente: se vemos que a cauda se agita, podemos afirmar que seu dono canino está feliz (e afirmaremos com a mesma confiança com que temos aceitado a premissa condicional sobre o significado do dito movimento).[271]

O fato "q" é condição necessária de "p"; conhecer a falsidade de "q" nos permite assegurar a falsidade de "p". No mesmo exemplo, o consequente é condição necessária do antecedente: se sabemos que o cachorro não está feliz poderemos afirmar que não move a cauda ainda que o bicho esteja nas nossas costas. Com efeito, se movesse estaria feliz, mas estamos convencidos de que não está.

Na verdade do condicional, (verdade que depende de sua coincidência empírica), o antecedente é condição suficiente do consequente, (basta que o cachorro mova a cauda para que venhamos a conhecer que está feliz), e o consequente é condição necessária do antecedente (é indispensável que o cachorro esteja contente para mover a cauda).

Assim, ao tratarmos do antecedente da *regra-matriz de incidência tributária sancionatória*, falaremos de critérios suficientes para a instalação da relação jurídica que deverá ser posta no consequente.

---

271. ECHAVE, Delia Tereza; URQUIJO, María Eugenia; GUIBOURG, Ricardo. Lógica, proposición y norma. Buenos Aires: Astrea, 1991, p. 61-62.

Ontologicamente, não há diferença entre o ilícito civil, administrativo, tributário, penal ou criminal. Um fato pode ser considerado lícito, ilícito não criminal ou ilícito criminal dependendo de circunstâncias históricas ou geográficas.

As normas decorrentes de fatos ilícitos são derivadas porque têm pressuposto antijurídico, caracterizadas pela realização de uma conduta prescrita como não permitida ou obrigatória por outra norma jurídica. Nesta classe incluem-se as normas tributárias sancionatórias e as normas jurídicas penais.

O fato ilícito é o antecedente da norma tributária sancionatória e da norma jurídica penal (inclusive tributária). Ambas possuem norma precedente, ou seja, normas que prescrevem condutas obrigatórias pelo legislador.

O ilícito administrativo, ou infração administrativa, consiste no "comportamento voluntário, violador da norma de conduta que o contempla, que enseja a aplicação, no exercício da função administrativa,"[272] de uma sanção da mesma natureza. Quando se faz referência ao comportamento voluntário na definição do conceito de infração administrativa – e não culposo (por negligência, imprudência ou imperícia) ou doloso – afasta-se a necessidade de ordinária exigência, e prova da culpa (*lato sensu*) na conduta do suposto infrator para sua eventual responsabilização pela Administração Pública.

Isso quer dizer que a regra é de inexigibilidade de comprovação de culpa ou dolo para caraterização da infração administrativa. É dispensável à Administração Pública provar sua existência, resumindo-se ao comportamento em si (por exemplo, não pagamento do tributo), sem prejuízo de a lei fazer particular exigência num ou noutro sentido.

A sanção administrativa tem por finalidade restringir direitos daquele que sofre sua imposição, exatamente pela incursão em comportamento típico, antijurídico e reprovável. Visa, ainda, a desestimular condutas reprováveis.

272. FERREIRA, Daniel. *Sanções administrativas*. São Paulo: Malheiros, 2001, p. 63.

No plano semântico e pragmático, em matéria tributária, as sanções administrativas podem consubstanciar-se em sanções patrimoniais (multas) e sanções não patrimoniais de caráter interventivo, também conhecidas como "sanções políticas" (restrição de direitos, perdimento, imputação de deveres formais mais gravosos, indeferimento de Certidão Negativa de Débito).

A despeito de não haver necessidade de comprovação de dolo ou culpa daquele que descumpre a conduta prescrita na relação jurídica tributária, ou seja, de quem comete a infração tributária, no plano sintático da norma tributária sancionatória, a subjetividade é elemento que compõe o critério material da hipótese, pois define a relação jurídica que será estabelecida no consequente normativo, pela implicação de multas qualificadas e gradações dos valores de prestação.

Assim, nas normas de multas tributárias (pelo não pagamento de tributos; de mora; e pelo descumprimento de dever instrumental), há que se falar em elementos de subjetividade para aferição do fato jurídico ilícito, pois resulta em outra relação que será posta no consequente normativo.

Da mesma maneira, a norma penal tributária é derivada em relação de coordenação, da norma tributária individual e concreta, que foi descumprida pelo sujeito passivo. Nesta, é evidente o elemento de subjetividade que compõe o critério material da hipótese. Neste sentido, a jurisprudência:

> TRIBUTÁRIO. IRPJ. CSLL. OMISSÃO DE RECEITA. AUFERIÇÃO INDIRETA. MULTA DO ART. 44, II, DA LEI 9.430/96. NECESSIDADE DE MANIFESTO INTUITO DE FRAUDE. INOCORRÊNCIA. ART. 136 DO CTN C/C ART. 112 DO CTN. AUSÊNCIA DE MÁ-FÉ CONSIGNADA PELO TRIBUNAL A QUO. VIOLAÇÃO AO ARTIGO 535 DO CPC. INOCORRÊNCIA.
>
> 1. A responsabilidade do agente pelo descumprimento das obrigações tributárias principais ou acessórias, via de regra, é objetiva, na dicção do Código Tributário Nacional: "Art. 136. Salvo disposição de lei em contrário, a responsabilidade por infrações da legislação tributária independe da intenção do agente ou do responsável e da efetividade, natureza e extensão dos efeitos do ato." 2. Deveras, a constatação objetiva da infração tributária é

matéria diversa da dosimetria da sanção. É que, na atividade de concreção, o magistrado há de pautar a sua conclusão iluminado pela regra de hermenêutica do artigo 112, do CTN, *verbis*: "Art. 112. A lei tributária que define infrações, ou lhe comina penalidades, interpreta-se da maneira mais favorável ao acusado, em caso de dúvida quanto: I - à capitulação legal do fato; II - à natureza ou às circunstâncias materiais do fato, ou à natureza ou extensão dos seus efeitos;

III - à autoria, imputabilidade, ou punibilidade; IV - à natureza da penalidade aplicável, ou à sua graduação." 3. Doutrina de escol leciona que: - "[...] o que o art. 136, em combinação com o item III do art. 112, deixa claro, é que para a matéria da autoria, imputabilidade ou punibilidade, somente é exigida a intenção ou dolo para os casos das infrações fiscais mais graves e para as quais o texto da lei tenha exigido esse requisito. Para as demais, isto é, não dolosas, é necessário e suficiente um dos três graus de culpa. De tudo isso decorre o princípio fundamental e universal, segundo o qual se não houver dolo nem culpa, não existe infração da legislação tributária." (Ruy Barbosa Nogueira, Curso de Direito Tributário, 14' edição, Ed. Saraiva, 1995, p. 106/107) - Embora o artigo diga que a responsabilidade por infrações independe da extensão dos efeitos do ato, não se deve perder de vista o que dispõe o art. 112 do CTN: "Art. 112. A lei tributária que define infrações, ou lhe comina penalidades, interpreta-se da maneira mais favorável ao acusado, em caso de dúvida quanto: [...] II - à natureza ou às circunstâncias materiais do fato, ou à natureza ou extensão dos seus efeitos;" (Leandro Paulsen, Direito Tributário, Ed. Livraria do Advogado, 2006, págs. 1.053/1.054) 4. Precedentes de ambas Turmas de Direito Público: AgRg no REsp. 982.224/PR, Rel. Ministro MAURO CAMPBELL MARQUES, SEGUNDA TURMA, julgado em 06.05.2010, *DJe* 27.05.2010; REsp. 777.732/MG, Rel. Ministra DENISE ARRUDA, PRIMEIRA TURMA, julgado em 05.08.2008, *DJe* 20.08.2008; REsp. 254.276/SP, Rel. Ministro HUMBERTO MARTINS, SEGUNDA TURMA, julgado em 15/03/2007, *DJ* 28/03/2007; REsp. 743.839/RS, Rel. Ministro LUIZ FUX, PRIMEIRA TURMA, julgado em 14.11.2006, *DJ* 30.11.2006; REsp. 423.083/SP, Rel. Ministro JOÃO OTÁVIO DE NORONHA, SEGUNDA TURMA, julgado em 01.06.2006, *DJ* 02/08/2006; REsp. 323.982/SP, Rel. Ministro CASTRO MEIRA, SEGUNDA TURMA, julgado em 17.06.2004, *DJ* 30.08.2004.

5. *In casu*, resta incontroversa nos autos a irregularidade na escrituração contábil da recorrida, uma vez que as operações financeiras (depósitos e pagamentos) ocorridas no ano de 1998, em conta corrente cadastrada em nome de funcionário da empresa autora, compunham a declaração de rendimentos à tributação

realizada pela empresa no referido ano base, razão pela qual parte do faturamento decorrente da referida movimentação financeira não foi oferecida à tributação.

6. O Juízo singular aplicou multa de 150%, com base no art. 44, II, da Lei 9.430/96, com a redação vigente à época dos fatos, *verbis*: "Art. 44. Nos casos de lançamento de ofício, serão aplicadas as seguintes multas, calculadas sobre a totalidade ou diferença de tributo ou contribuição: (Vide Lei nº 10.892, de 2004) I - de setenta e cinco por cento, nos casos de falta de pagamento ou recolhimento, pagamento ou recolhimento após o vencimento do prazo, sem o acréscimo de multa moratória, de falta de declaração e nos de declaração inexata, excetuada a hipótese do inciso seguinte; II - cento e cinquenta por cento, nos casos de evidente intuito de fraude, definido nos arts. 71, e 73 da Lei nº 4.502, de 30 de novembro de 1964, independentemente de outras penalidades administrativas ou criminais cabíveis." 7. O Tribunal a quo entendeu pela ausência de má-fé a ensejar a redução da multa aplicada pelo Juízo singular, consoante dessume-se do seguinte excerto do voto condutor: "Não se depreende das provas a má-fé dos administradores da empresa.

As circunstâncias em que ocorreram os fatos, circunscritos ao ano-base de 1998, denotam que as irregularidades partiram mais da inexperiência do que de qualquer ação dolosa. Dessa forma, mostra-se razoável a redução do percentual da multa para 75%, enquadrando, assim, a situação no inciso I do art. 44 da Lei nº 9.430/96, que prevê penalidade para os casos de falta de declaração e de declaração inexata." 8. Deveras, restou assentado, inclusive na sentença, a ausência do intuito de fraude, requisito indispensável à incidência da multa de 150%, na dicção do art. 44, II, da Lei 9.430/96, o que se coaduna com a ressalva do art. 136 do CTN: "Salvo disposição de lei em contrário [...]", consoante denota-se da seguinte passagem do *decisum* singular, *litteris*: "Com efeito, o proceder do autor não foi correto e a sua contabilidade não traduz efetivamente a sua movimentação.

Entretanto, pelo que consta dos autos, este proceder ocorreu apenas no ano de 1998 em razão do problema de saúde do sócio Eider Gothif Ern. E considerando o rígido controle da CIDASC (documentos constantes dos autos) é razoável entender-se que parte da movimentação da conta está inserida no faturamento da empresa." 9. O art. 535 do CPC resta incólume se o Tribunal de origem, embora sucintamente, pronuncia-se de forma clara e suficiente sobre a questão posta nos autos. Ademais, o magistrado não está obrigado a rebater, um a um, os argumentos trazidos pela parte, desde que os fundamentos utilizados tenham sido suficientes para embasar a decisão.

> 10. À míngua da possibilidade de aferir o intuito de fraude, afastado pela instância a quo (Súmula 07), intangível revela-se, sob o ângulo da justiça tributária, o acórdão recorrido.
>
> 11. Recurso especial desprovido.
>
> (REsp. 1095822/SC, Rel. Min. Luiz Fux, Primeira Turma, j. 16.12.2010, *DJe* 22.02.2011).

Sintaticamente, ou seja, na sua composição estrutural, a norma tributária sancionatória tem em seu antecedente o critério material (composto por verbo de predicação incompleta, complemento e subjetividade); critério espacial e critério temporal.

Considerando a previsão contida no artigo 61, da Lei n. 9.430/96,[273] a regra-matriz de incidência da multa de mora (RMIMM), aplicável pelo adimplemento tardio, tem no antecedente: i) critério material: pagar o tributo após o decurso do prazo do vencimento; ii) critério temporal: termo final do prazo de vencimento para adimplemento do débito tributário; iii) critério espacial: lugar do pagamento; e no consequente: iv) critério pessoal: sujeito ativo é o titular do direito subjetivo violado de exigir o tributo, e sujeito passivo é o titular do dever jurídico descumprido de pagar o tributo; v) critério quantitativo: a base de cálculo é o valor do tributo adimplido em atraso e a alíquota é a percentagem aplicada ao dia ou ao mês ou ao ano, conforme período estabelecido em lei, sobre a base de cálculo, sujeita ao limite percentual legalmente fixado, ou ainda valores fixos.

A regra-matriz de incidência da multa de ofício (RMIMO), aplicável em decorrência do não pagamento do tributo, do descumprimento de dever instrumental e da prática de infrações subjetivas assim qualificadas pelo não pagamento doloso do

---

273. Art. 61. Os débitos para com a União, decorrentes de tributos e contribuições administrados pela Secretaria da Receita Federal, cujos fatos geradores ocorrerem a partir de 1º de janeiro de 1997, não pagos nos prazos previstos na legislação específica, serão acrescidos de multa de mora, calculada à taxa de trinta e três centésimos por cento, por dia de atraso. § 1º A multa de que trata este artigo será calculada a partir do primeiro dia subsequente ao do vencimento do prazo previsto para o pagamento do tributo ou da contribuição até o dia em que ocorrer o seu pagamento. § 2º O percentual de multa a ser aplicado fica limitado a vinte por cento. [...].

tributo ou pelo descumprimento doloso do dever instrumental, tem no antecedente: i) critério material: não pagar (ou não pagar dolosamente) o tributo ou descumprir (ou descumprir dolosamente) o dever instrumental; ii) critério temporal: átimo em que ocorreu o inadimplemento; iii) critério espacial: lugar em que ocorreu o inadimplemento; e no consequente: iv) critério pessoal: sujeito ativo é o titular do direito subjetivo de exigir a multa mediante a lavratura do Auto de Infração, e sujeito passivo é o titular do dever jurídico de pagar a multa constituída por meio de ato administrativo; v) critério quantitativo: a base de cálculo é o valor do tributo inadimplido ou valor da base de cálculo do próprio tributo e a alíquota é a percentagem aplicada sobre a base de cálculo, ou ainda valores fixos.

11. CONCRETUDE E CONSTRUÇÃO DAS RELAÇÕES JURÍDICO-TRIBUTÁRIAS

11.1 Conceito de tributo e relação jurídico-tributária

Relações jurídicas são enunciados fáticos instaurados mediante a formação de um enunciado linguístico protocolar e denotativo, sem vínculo na norma geral e abstrata. Trata-se de acontecimento fato-causa, ou seja, a circunstância de um vínculo entre pessoas, com referência a um objeto, centro de convergência do direito positivo e do correlato dever. Trata-se de relação irreflexiva, assimétrica e com equivalência implicacional.

Relação, para o direito, é categoria fundamental. A relação mais sutil e simples é a relação de estar em relação, em correspondência pura. Como não há como conseguir termos totalmente unívocos, mas submetidos ao processo de elucidação, utilizamos a lição de Paulo de Barros Carvalho,[274] que define o conceito: "relação jurídica é definida como vínculo abstrato, segundo o qual, por força de imputação normativa, uma pessoa, chamada de sujeito ativo, tem o direito subjetivo de exigir de outra, denominada sujeito passivo, o cumprimento de certa prestação".

274. CARVALHO, Paulo de Barros. *Curso de direito tributário.* 25. ed. São Paulo: Saraiva, 2013, p. 285.

Nas lições de Lourival Vilanova[275], "no mundo do Direito, estruturado relacionalmente, quando a norma estatui que o vendedor deve dar a coisa alienada ao comprador, implica dizer que o comprador tem o direito de receber a coisa adquirida a título oneroso."

Segundo Paulo de Barros Carvalho,[276] as relações têm como características: *reflexividade*, sendo reflexiva se o indivíduo inscrito no predecessor, ou no sucessor, estiver em correspondência com ele próprio, sendo universalmente válida com anteriores e posteriores idênticos. A classe das relações reflexivas é o conjunto total dos vínculos existentes entre uma coisa e a mesma coisa, por força da identidade dos termos nele atrelados ("xRx"), como, por exemplo, igualdade, congruência e equivalência, em que há reflexividade total. Uma relação é simétrica: se ocorre entre "x" e "y" também se dá entre "y" e "x". São simétricas as relações: "casada com", "vizinho de", "compatível com", "paralela a" etc. Numa relação simétrica, o objeto e seu converso são iguais. Relação conversa é aquela obtida pela inversão da ordem de sucessão de seus membros, em que se opera uma troca de posições: o sucessor passa ao tópico de predecessor e este assume o lugar de sucessor. Por meio desta modificação – ressalvado o caso das relações simétricas – altera-se o vínculo.

Uma relação é transitiva, numa classe K, se, para três elementos quaisquer "x", "y" e "z" dessa classe, as condições "xRy" e "yRx" sempre implicam "xRz". No cálculo proposicional, a transitividade é uma das propriedades do conectivo condicional, de sorte que "$[(p \rightarrow q).(q \rightarrow r)] \rightarrow (p \rightarrow r)]$". As variáveis são proposições e não nomes de indivíduos. Exemplo: "Se Artur é mais velho do que Pedro e Pedro é mais velho do que José, então Artur é mais velho do que José". Há relações que nunca

---

275. VILANOVA, Lourival. *As estruturas lógicas e o sistema de direito positivo.* 4ª ed. São Paulo: Noeses, 2010, p. 148.

276. CARVALHO, Paulo de Barros. *Direito tributário, linguagem e método.* 5ª ed. São Paulo: Noeses, 2013, pp. 98-116.

são transitivas, como, por exemplo, "x é mãe de y" ou "y é pai de z". Nesses casos, se "x" é mãe de "y" que é mãe de "z", então "x" é avó de "z" e nunca "mãe de z". São intransitivas. Há relações semitransitivas, como "ser amigo de", "conhecer", que se apresentam ora como transitivas, ora como intransitivas.[277]

Neste sentido, hipótese genuína de relação irreflexiva é a jurídica, pois ninguém pode estar, juridicamente, em relação consigo próprio: o direito pressupõe, inexoravelmente, dois sujeitos distintos, no mínimo, como imperativo de sua fundamental bilateralidade. Os comportamentos dos indivíduos, modalizados deonticamente em proibidos (V), obrigatórios (O) ou permitidos (P) consubstanciam estruturas relacionais interpessoais. Pressupõem-se, assim, vínculos entre, no mínimo, dois indivíduos não semelhantes.

A relação jurídica também se qualifica como assimétrica, pois vincula, necessariamente, dois sujeitos (*a* e *b*), em que "*a* tem o dever a ser cumprido em face de *b*" e "*b* tem o direito de exigir o cumprimento do dever de *a*". Não há simetria porque as relações não se equivalem às suas conversas, pois o vínculo instaurado entre "a" e "b" não é o mesmo estabelecido entre "b" e "a". A troca de posições entre predecessor e sucessor altera o vínculo jurídico. A assimetria é corolário sintático-semântico da operacionalidade do direito.

No que tange à transitividade, as relações jurídicas podem ter essa característica ou não. Sempre que as condições "xRy" e "yRz" indicam "xRz", teremos relações jurídicas com característica de transitividade.

As relações sociais jurídicas ou não jurídicas são constitutivamente relações normadas. Relativamente ao sistema de normas jurídicas, as relações sociais que compõem o universo social subdividem-se em relação de fato e em relações jurídicas. As de fato são normativas, sem necessariamente serem

277. CARVALHO, Paulo de Barros. *Direito tributário, linguagem e método*. 5ª ed. São Paulo: Noeses, 2013, p. 105.

jurídicas, e relativamente ao Direito, é uma relação de fato. O fato social relação torna-se um fato jurídico, cujos elementos integrantes foram necessários para perfazer o fato produtor de consequências jurídicas. O exercício da liberdade dá lugar a relações jurídicas em sentido amplo, pois a ninguém é lícito obrigar ou proibir esse exercício, porque é um direito de fazer ou de omitir, uma permissão bilateral.

Proibir, obrigar ou permitir ações e omissões importa necessariamente estabelecer relações normativas entre os sujeitos de direito. As condutas vedadas, exigidas ou facultadas são estruturas relacionais. As normas jurídicas, com sua incidência sobre os fatos condicionantes de condutas, intertecem um sistema de relações jurídicas entre essas condutas. O universo jurídico compõe-se de fatos naturais e fatos de condutas e de relações que, por serem estabelecidas, modificadas ou desfeitas pelas normas do sistema do Direito, são relações jurídicas: relações no interior do universo jurídico, mas relações jurídicas no sentido amplo. No sentido estrito, ou sentido técnico-dogmático, nem todas as relações são relações jurídicas.

"As relações jurídicas são jurídicas pelo conteúdo social da conduta e dos fatos naturais relevantes para a conduta juridicamente conformada."[278] Mas são relações, compostas de sujeitos de direitos e sujeitos de deveres, em sentido amplo. A relação direito subjetivo/dever jurídico; direito de ação/direito de exceção, são relações no interior de um Sistema Jurídico positivo e, fora do universo jurídico, inexistem faculdades, pretensões, obrigações, deveres que implicam relações. As relações abstratamente consideradas, mas vistas sob o prisma do direito, as relações jurídicas, são típicas do mundo jurídico, mas, num grau maior de abstração, são relações, são estruturas formais, compondo-se de termo antecedente (ou referente) e outro termo consequente (ou relato), e uma espécie de operador, relacionante.

---

278. VILANOVA, Lourival. *Causalidade e relação no direito.* 5ª ed. São Paulo: Noeses, 2015, p. 85.

Assim, independentemente do universo de objetos e de fatos, pode ser traduzido numa linguagem em cujo nível os objetos e os fatos são postos em tópicos de termos antecedentes e consequentes, unidos por termos relacionantes. Causas e efeitos, meios e fins, fatos jurídicos e consequências jurídicas, reduzidos a estruturas formais, são relações.

A relação jurídica em sentido estrito advém de fatos situados em condições espaciais e temporais delimitadas, afetas ao plano normativo individual e concreto. Em nível geral e abstrato, temos, tão somente, a previsão de classes, notas para a formação futura do enunciado fáctico-relacional quando da incidência normativa.

A Lógica dos Predicados, ou Lógica dos Termos, compreende o estudo da composição interna dos enunciados simples e, dentro deles, a análise dos termos do sujeito e predicado, da cópula apofântica e dos quantificadores (universal e existencial). Como os nomes são palavras tomadas para designar indivíduos e seus atributos, num determinado contexto de comunicação, um nome geral é suscetível de ser aplicado, num mesmo sentido, a um número indefinido de coisas, denotando uma classe de objetos que apresentam o mesmo atributo – propriedade que certo objeto manifesta. Todo nome cuja significação está constituída de atributos é, em potencial, o nome de um número indefinido de objetos. Todo nome, geral ou individual, cria uma classe de objetos, com seus atributos peculiares. Classe é a extensão de um conceito geral ou universal.

A Teoria das Relações facilita a compreensão dos institutos de direito de maneira geral. A Lógica dos Predicados ou Lógica dos Predicados Poliádicos preocupa-se em estudar os cálculos de relações, uma vez que estrutura, como sobrelinguagem (apofântica) que é, de maneira lógica e formal as frases normativas.[279]

279. CARVALHO, Paulo de Barros. *Direito tributário, linguagem e método.* 5ª ed. São Paulo: Noeses, 2013, p. 115.

Conforme assegura Maria Angela Lopes Paulino,[280] a teoria das relações, pertinentes à Lógica dos Predicados Poliádicos, tem como objeto de seus estudos os vínculos estabelecidos entre dois ou mais símbolos. A relação é o modo de ser ou de se comportar dois termos entre si, mediante vínculo formal, ocupados por um termo antecedente e um termo consequente, interligados por um operador relacional.

Justamente por isso não poderia se tratar de um predicado monádico, porque este somente pode receber um argumento, em que não existem símbolos de funções, composto por fórmulas atômicas. Os predicados monádicos expressam propriedades, ao passo que os predicados poliádicos expressam relações. O ser cognoscente, ao criar linguisticamente o objeto, o associa a outras percepções, estabelecendo relações entre dados linguísticos, entre significações.

Não existe anomia no fato social. Mas a modalidade deôntica (obrigatório, permitido, proibido) só é incindível sobre fatos de conduta. Uma norma pode ter conteúdo de outra norma, ou de outras (sucessivos graus de superposição). Na base se dá uma conduta, que pode mediata ou imediatamente ser deonticamente – normativamente – modelada, mas não o fato natural, estranho ao mundo sociocultural.

Dentro do ordenamento jurídico, os fatos físicos e os fatos sociais que satisfazem a relação-de-correspondência com as hipóteses fácticas (*species facti, fattispecie astratti*) funcionam como causas de diversos efeitos, de classes diversas, que pode ser meramente qualificador de fatos, de atos, de coisas ou de pessoas.

Quando a regra do art. 2º do Código Civil (2002) estabelece que a personalidade começa com o nascimento com vida, tomou o fato natural subjacente o fato biológico de nascer o ser humano com vida, conectando a esse fato tipificado em abstrato, concretizado no tempo e espaço, o resultado eficacial, que é

280. PAULINO, Maria Angela Lopes. A teoria das relações na compreensão do direito positivo. *In: Constructivismo lógico-semântico*, v. I. São Paulo: Noeses, 2014, p. 375.

o início da personalidade ou a faculdade básica de ser sujeito de direito. A característica desses efeitos jurídicos, diante da realização de certos fatos, é a qualificação jurídica, que independe de propriedades físicas das coisas, dos fatos e das pessoas.

Muitas vezes, o fato dá lugar ao surgimento de efeito mínimo, como no exemplo do ser humano nascer com vida (parecendo que somente se qualificou o fato), mas toda e qualquer qualificação jurídica é relacional e intersubjetiva, ocorrida no domínio do Sistema Jurídico. Somente as formações lógicas podem ser tomadas com independência de atos ou de processos psicológicos e sociais de sua constituição, mas não como norma jurídica.

Sempre que houver norma jurídica, em cuja hipótese fáctica (fato-espécie abstrato) se preveja fato que aqui e agora venha ocorrer (fato-espécie concreto), esse fato se torna fato jurídico. "O fato jurídico, em sua composição interna, pode ser relação, ou dar lugar a uma relação."[281]

A colocação do fato natural dentro de uma hipótese fáctica, dando-lhe atribuição de fato jurídico, revela que o fato natural ficou juridicizado e, portanto, alocado em situação relacional.

No plano jurídico, também é no consequente da norma individual e concreta onde são formadas as relações. Estas são compostas por enunciados factuais e protocolares (fato-causa ou fato jurídico em sentido estrito) instituidores de direitos e deveres entre duas ou mais pessoas.

Pela ótica sintática, o fato jurídico em sentido estrito apresenta-se na forma de predicado monádico, e somente no consequente encontra-se a relação jurídica em sentido estrito, manifestada na forma de predicados poliádicos. Entretanto, tal afirmativa merece explicação. A despeito do fato jurídico apresentar-se na forma de predicado monádico (S é P), certo é que sua constituição se dá por meio de inclusão de certas propriedades de uma determinada classe.

---

281. VILANOVA, Lourival. *Causalidade e relação no direito.* 5ª ed. São Paulo: Noeses, 2015, p. 91.

Em termos semânticos, o fato jurídico em sentido estrito, não obstante constitutivo do fato para o universo jurídico, remete-se a um evento passado, ou seja, exprime relato descritivo com função declaratória, ao passo que o fato jurídico relacional arma-se para o futuro, com providências constitutivas de direitos e deveres ao prescrever, a partir do tempo do fato, uma conduta devida por um sujeito em face do outro.

Neste sentido, concorda-se com a conclusão de Maria Angela Lopes Paulino,[282] ao dizer que a relação jurídica constitui um fato jurídico (enunciado factual), pois há de se compreender a relação como ente lógico, que existirá apenas se enunciada pela linguagem. Apesar do fato jurídico, isoladamente considerado, apresentar-se na forma de predicado monádico, pelo qual são enunciadas suas propriedades, há uma relação de pertinência aos critérios de classe previstos na norma geral e abstrata.

As normas gerais e abstratas, integradas por enunciados conotativos, trazem no antecedente os critérios que os acontecimentos sociais devem preencher para pertencer à classe dos fatos condicionantes de efeitos jurídicos e, no seu consequente, classes com as propriedades que uma relação deve observar para ser identificada como relação jurídica.

No plano da norma individual e concreta, os enunciados denotativos fazem referência a ocorrências particulares e pontuais que se subsomem à classe tipificada na hipótese, implicando relações jurídicas individualizadas. A irradiação de efeitos jurídicos, pelo vínculo interproposicional operado pelo functor-de-functor (neutro deonticamente), ligará o antecedente e o consequente, e consubstanciará a relação jurídica em sentido estrito. Tal vínculo intraproposicional terá operador deôntico modalizado, conectando dois sujeitos de direito em torno do objeto prestacional.

Ressalte-se que na linguagem do direito positivo as regras são postas de modo atributivo ou em termos imperativos. O vínculo

---

282. PAULINO, Maria Angela Lopes. A teoria das relações na compreensão do direito positivo. *In: Constructivismo lógico-semântico*. v. I. São Paulo: Noeses, 2014, p. 385.

implicacional estabelecido no consequente (relação jurídica) é regido pelas leis lógicas. Na lição de Paulo de Barros Carvalho,[283] "enquanto a primeira implicação é posta pelo sistema normativo, que livremente a constitui e desconstitui, a segunda decorre de imposições lógicas ante as quais o sistema não escapa".

Somente com o enunciado da norma individual e concreta aparecerá o fato da relação jurídica obrigacional, ou seja, onde estarão atrelados os sujeitos ativo e passivo, em torno de uma prestação submetida ao operador deôntico modalizado (obrigatório, proibido e permitido).[284] A existência de uma obrigação jurídica depende da pertinência ao Sistema Jurídico determinado da norma que o impõe como tal (fato-efeito).

O relato do antecedente normativo e a prescrição contida no seu consequente interessam à compreensão do impacto tributário. Assim, os fatos jurídicos tributários, reconhecidos em linguagem competente, irradiam seus efeitos e instalam o vínculo obrigacional. Neste sentido, a definição do conceito de relação jurídica obrigacional está atrelada à ideia de direito positivo. Considerando a relação jurídico-tributária ser, em sentido estrito, obrigação tributária consistente no vínculo abstrato em que o sujeito ativo tem o direito subjetivo de exigir do sujeito passivo o cumprimento de prestação de cunho patrimonial, decorrente de aplicação de norma jurídica tributária, ou seja, decorrente do fato jurídico tributário formalizado em linguagem competente, que consiste na expedição de norma individual e concreta.

Ressalte-se que a circunstância do sujeito destinatário do dever de cumprir ou não cumprir a prestação estipulada é estranha ao fato da relação jurídica, pois esta se esgota na fixação do direito e do dever correlato, sem atinência aos futuros comportamentos dos destinatários.

---

283. CARVALHO, Paulo de Barros. *Direito tributário, linguagem e método.* 5ª ed. São Paulo: Noeses, 2013, p. 621.

284. CARVALHO, Paulo de Barros. *Direito tributário* – fundamentos jurídicos da incidência. 9ª ed. São Paulo: Saraiva, 2012, p. 202.

A sanção tributária, como vimos, consiste em regras de conduta cujo antecedente descreve fato ilícito qualificado pelo descumprimento de um dever estipulado no consequente da regra-matriz de incidência. A norma jurídica sancionatória (norma primária sancionadora), tem, portanto, descrito na hipótese ou antecedente o não cumprimento (ilícito tributário) da conduta prevista no consequente da norma de direito material tributário (evento – fato gerador da sanção) e, como consequente, prescreve a relação jurídica que será instaurada entre o particular e o Fisco em que o sujeito passivo (contribuinte) tem o dever de cumprir uma prestação sancionadora, ou seja, multa. Trata-se de relação jurídica linear, cuja condição necessária é o inadimplemento da prestação pecuniária constante da obrigação tributária, cuja etapa pode se dar, no âmbito do Direito Tributário, na esfera administrativa ou na esfera judicial.

A norma jurídica, em sentido amplo, consiste em todas as prescrições contidas no ordenamento, considerando aquelas produzidas por meio da linguagem: compreendem o lançamento, fato jurídico tributário, formulações do direito positivo, do legislador em sentido amplo.

A norma jurídica, em sentido estrito, trata-se da composição dos enunciados para chegar a um juízo hipotético condicional:

$$NJ(e) = D\ [H \rightarrow C]$$

Norma jurídica em sentido estrito: dada a ocorrência do fato descrito na hipótese, deve-ser a consequência. O dever-ser, nesta fórmula, é neutro. Estabelecida a relação jurídica entre dois sujeitos, a consequência terá a prescrição da conduta:

$$D[H \rightarrow R'(S',S'')]$$

Revelados os sujeitos integrantes da consequência normativa, temos modalizados em obrigatório (O), permitido (P) e proibido (V).

A norma secundária, por sua vez, prescreve outra relação jurídica entre o sujeito ativo da norma primária e um terceiro sujeito, qual seja, o Estado, no exercício da função jurisdicional. Possui a seguinte forma:

$$D[-R'(S', S'') \rightarrow R''(S', S''')]$$

Como tanto a norma primária quanto a norma secundária são válidas no sistema, a aplicação de uma exclui a outra. Assim é a estrutura lógica completa da norma jurídica:

$$D[H \rightarrow R'(S', S'')] \vee [-R'(S', S'') \rightarrow R''(S', S''')]$$

Vejamos o art. 3º do Código Tributário Nacional:

> Art. 3º. Tributo é toda prestação pecuniária compulsória, em moeda ou cujo valor nela se possa exprimir, que não constitua sanção de ato ilícito, instituída em lei e cobrada mediante atividade administrativa plenamente vinculada.

Para chegarmos a uma mensagem com sentido deôntico completo na relação jurídica tributária, em que ocorrido o fato jurídico tributário, nascerá ao sujeito ativo o direito de exigir prestação em dinheiro do sujeito passivo. A situação pode ser expressa a partir da seguinte fórmula:

$$FJT = SA \longrightarrow \$ \longleftarrow SP$$

direito subjetivo — bc, al — dever jurídico

Paulo de Barros Carvalho[285] anota seis acepções jurídicas do vocábulo "tributo": (i) quantia em dinheiro; (ii) prestação correspondente ao dever jurídico do sujeito passivo; (iii) direito subjetivo de que é titular o sujeito ativo; (iv) sinônimo de relação jurídica tributária; (v) norma jurídica tributária; (vi) norma,

285. CARVALHO, Paulo de Barros. *Curso de direito tributário.* 25. ed. São Paulo: Saraiva, 2013, p. 45.

fato e relação jurídica, ao mesmo tempo. Esta última acepção é a que se coaduna com a fenomenologia da incidência.

Geraldo Ataliba[286] assegura:

> não é função de lei nenhuma formular conceitos teóricos. O art. 3º do CTN é mero preceito didactico, como o qualificaria o eminente mestre espanhol Sainz de Bujanda. Por outro lado, o conceito de tributo é constitucional. Nenhuma lei pode alargá-lo, reduzi-lo ou modificá-lo. É que ele é conceito-chave para demarcação das competências legislativas do "regime tributário", conjunto de princípios e regras constitucionais de proteção do contribuinte com o chamado 'poder tributário', exercido, nas respectivas faixas delimitadas de competências, por União, Estados e Municípios. Daí o despropósito dessa "definição" legal, cuja admissão é perigosa, por potencialmente danosa aos direitos constitucionais dos contribuintes.

O autor constrói o conceito jurídico-positivo de tributo pela análise e observação das normas constitucionais e preceitua:

> como conceito básico, definimos tributo, instituto nuclear do direito tributário (entendido como sub-ramo do direito administrativo), como obrigação (relação jurídica). Juridicamente define-se tributo como obrigação jurídica pecuniária, *ex lege*, que se não constitui em sanção de ato ilícito, cujo sujeito ativo é uma pessoa pública (ou delegado por lei desta), e cujo sujeito passivo é alguém nessa situação posto pela vontade da lei, obedecidos os desígnios constitucionais (explícitos ou implícitos).[287]

Ressalte-se que o conceito de tributo é constitucionalmente pressuposto por questão extralógica, pela hierarquia estrutural do direito positivo.

Alfredo Augusto Becker,[288] por sua vez, define o conceito de tributo como o objeto da prestação que satisfaz o dever imposto ao sujeito passivo na relação jurídica tributária.

---

286. ATALIBA, Geraldo. *Hipótese de incidência tributária*. 6ª ed. São Paulo: Malheiros, 2013, p. 32-33.

287. Idem, 2013, p. 34.

288. BECKER, Alfredo Augusto. *Teoria geral do direito tributário*. 5ª ed. São Paulo: Noeses, 2010, p. 279-280.

Temos, por definição, que "tributo" consiste na prestação pecuniária, de relação obrigacional, instituído através de lei, que não constitua sanção de ato ilícito, cobrado e arrecadado mediante atividade administrativa vinculada.

Na lição de Paulo de Barros Carvalho,

> a definição do conceito de "relação jurídica tributária" encontra-se vinculada à ideia de direito positivo tributário, o qual, por sua vez, consiste no complexo de normas jurídicas válidas que se referem, direta ou indiretamente, ao exercício da tributação: instituição, fiscalização e arrecadação de tributos. Considerada em seu sentido estrito, "obrigação tributária" é o vínculo abstrato em que uma pessoa, chamada sujeito ativo, tem o direito subjetivo de exigir de outra, denominada sujeito passivo, o cumprimento de prestação de cunho patrimonial, decorrente da aplicação de norma jurídica tributária.

Assim, a relação jurídica tributária decorre imediatamente do fato jurídico tributário através da formalização em linguagem própria (linguagem competente), ocorrendo, assim, a expedição de norma individual e concreta onde estará definido o direito subjetivo do sujeito ativo de exigir a prestação do sujeito passivo (objeto da relação jurídica tributária), fazendo surgir a obrigação tributária e o crédito tributário.

11.2 Obrigação tributária, crédito tributário e lançamento

A *obrigação tributária* é a relação jurídica prescrita no consequente da norma individual e concreta – produzida pelo fisco ou pelo contribuinte ao dar curso ao processo de positivação da regra-matriz de incidência tributária – na qual surge para o contribuinte o dever subjetivo de pagar determinada quantia em dinheiro ao fisco. Crédito tributário é a relação na qual o fisco tem o direito subjetivo de receber essa quantia, constituindo-se, portanto, através da construção de linguagem, produzida pelo agente competente consoante a estipulação legal.

O ciclo de positivação não se encerra com o lançamento tributário ou com a emissão de norma individual e concreta pelo contribuinte, constituindo o crédito tributário. Surgindo o vínculo jurídico obrigacional, o Estado tem o direito de perceber o valor da prestação tributária, ou seja, o crédito tributário. Para exigi-lo, necessariamente ocorrerão atos produtores de normas individuais e concretas, operando-se a inscrição em dívida ativa e execução fiscal.

A norma de exigibilidade, por sua vez, consiste em norma abstrata e geral que possui em seu antecedente o motivo legal, notas conotativas para identificar o contexto fático de inadimplência do contribuinte e, em seu consequente, as notas genéricas para a montagem de relação jurídica na qual o agente estará obrigado a promover a atividade de produção de determinados veículos introdutores, quais sejam, atos administrativos de cobrança, que constituirão em: norma de exigibilidade-autuação, norma de exigibilidade-inscrição e norma de exigibilidade-execução.[289]

Comungamos, portanto, da conclusão de Daniel Monteiro Peixoto,[290] no sentido de que o ato de lançamento e imposição de multa, o ato de inscrição em dívida ativa e o ato de ajuizamento da execução fiscal são espécies do gênero "atos de cobrança do crédito tributário".

Com efeito, assim prevê o art. 113, § 3º, do Código Tributário Nacional: "113. A obrigação tributária é principal ou acessória. [...] § 3º A obrigação acessória, pelo simples fato da sua inobservância, converte-se em obrigação principal relativamente à penalidade pecuniária".

---

289. PEIXOTO, Daniel Monteiro. Suspensão da exigibilidade do crédito tributário. Proposta de equacionamento teórico das causas suspensivas à luz das normas de competência tributária administrativa. *In:* DE SANTI, Eurico Marcos Diniz. (coord.). *Curso de Especialização em Direito Tributário* – homenagem a Paulo de Barros Carvalho. Rio de Janeiro: Forense, 2006, p. 605.

290. PEIXOTO, Daniel Monteiro. *Competência administrativa na aplicação do direito tributário.* São Paulo: Quartier Latin, 2006, p. 204.

O art. 113 do Código Tributário Nacional dispõe que a obrigação tributária é principal ou "acessória", definindo que a "obrigação principal surge com a ocorrência do fato gerador, tem por objeto o pagamento de tributo ou penalidade pecuniária e extingue-se juntamente com o crédito dela decorrente". A seu turno, de acordo com o disposto no seu § 2º, a "obrigação acessória decorre da legislação tributária e tem por objeto as prestações, positivas ou negativas, nela previstas no interesse da arrecadação ou da fiscalização dos tributos".

Da análise do art. 113, tem-se que as "obrigações acessórias" são dissociadas ou autônomas em relação à obrigação principal, estando ligadas ao interesse de arrecadação e de fiscalização. Tratam-se, pois, de regras que prescrevem comportamentos que não repercutem diretamente no pagamento do tributo e estão diretamente ligadas à fiscalização do próprio contribuinte e/ou de terceiros. As chamadas "obrigações acessórias" sinalizam uma "obrigação de fazer/não fazer", exteriorizando-se como nítidos deveres instrumentais do contribuinte.

Como proposta ao art. 113, § 3º, "a obrigação acessória, pelo simples fato da sua inobservância, converte-se em obrigação de pagar relativamente à penalidade pecuniária".

Passa-se, assim, à análise dos aspectos concernentes ao crédito tributário e ao lançamento tributário.

O processo de positivação se dá com a subsunção do fato à norma e fenomenologia da incidência. Por subsunção, entendemos que se trata da operação lógica verificada entre linguagens de níveis diferentes, ou seja, há subsunção quando o fato jurídico tributário guardar absoluta e completa identidade com o desenho normativo da hipótese de incidência, preenchendo todos os critérios.

O crédito tributário, por sua vez, é o direito subjetivo de que é portador o sujeito ativo de uma obrigação tributária e que lhe permite exigir o objeto prestacional, representado por uma importância em dinheiro, tratando-se de um elemento da obrigação.

No entendimento de Paulo de Barros Carvalho:[291]

> nasce o crédito tributário no exato instante em que se irrompe o laço obrigacional, isto é, ao acontecer, no espaço físico exterior em que se dão as condutas inter-humanas, aquele evento hipoteticamente descrito no suposto da regra-matriz de incidência tributária, mas desde que relatado em linguagem competente para identificá-lo.

A noção de fato jurídico tributário, localizada no antecedente de uma norma individual e concreta, pode ser a do ato de lançamento como a de ato exarado pelo sujeito passivo a quem a lei outorgou a devida competência.

Conforme exposto, o crédito tributário constitui-se através da construção de linguagem, produzida pelo agente competente consoante a estipulação legal. Os fatos jurídicos, entre eles o lançamento tributário, são formações linguísticas, em que uma norma individual e concreta é posta na ordem jurídica, através do veículo introdutor ato de lançamento (regra geral e concreta). Neste compasso, o lançamento traduzir-se-á em norma válida e, portanto, será definitivo. Assim, somente outra norma poderá invalidá-lo.

Assim, a "constituição definitiva do crédito tributário" ocorre com a notificação válida do lançamento, pois neste momento constata-se a publicidade do ato administrativo. Nos tributos sujeitos ao "lançamento por homologação", a constituição definitiva ocorre com introdução no sistema, pelo contribuinte, da norma individual e concreta formando o crédito tributário.

O crédito decorre da obrigação tributária e tem a mesma natureza desta. Só com o surgimento da obrigação tributária, que se dá com a ocorrência do fato jurídico tributário, ou seja, fato devidamente vertido em linguagem competente, pode o Fisco exigir o pagamento do tributo.

O crédito tributário consiste no vínculo jurídico, de natureza obrigacional, por força do qual o sujeito ativo pode exigir

291. CARVALHO, Paulo de Barros. *Curso de direito tributário*. 25. ed. São Paulo: Saraiva, 2013, p. 349.

do contribuinte ou responsável (sujeito passivo), o pagamento de tributo ou penalidade pecuniária objeto da relação obrigacional. A obrigação tributária não é afetada por nenhuma circunstância capaz de modificar o crédito tributário, sua extensão, seus efeitos, ou as garantias e privilégios a ele atribuídos, ou excluir sua exigibilidade. Assim, o direito de crédito trata-se de outra maneira de referir-se ao direito subjetivo que o sujeito ativo tem para exigir a prestação.

Depois de constituído, somente através de linguagem competente, ou seja, a expedição de outra norma, o crédito tributário poderá ser modificado, extinto, suspenso ou excluído. Neste sentido, o vínculo relacional (formação do crédito tributário) pode ser revisto, alterado, todavia, não lhe retira o caráter de definitividade, uma vez que a possibilidade de impugnação é predicado de todos os atos administrativos.

Desta feita, não é a decisão administrativa irrecorrível que constitui definitivamente o crédito tributário. Ela limita-se a confirmar o crédito tributário mantendo-se o auto de infração lavrado, ou a extinguir no todo ou em parte o crédito tributário definitivamente constituído pelo lançamento (art. 156, IX, do Código Tributário Nacional). Em outras palavras, a decisão administrativa pode desconstituir o crédito tributário.

O mesmo acontece se o contribuinte notificado do lançamento, ou após encerramento da fase administrativa, ingressar em juízo para anular o crédito tributário. A sentença judicial definitiva, ou manterá aquele crédito tributário, ou o extinguirá no todo ou em parte.

Ora, o lançamento, é ato administrativo da categoria dos simples, não resultando da conjugação de vontade de órgãos diferentes.[292] Ao constituir o crédito tributário, introduz a relação jurídico-tributária no ordenamento jurídico.

Assim, por essa vertente, não se pode confundir procedimento administrativo com processo administrativo tributário.

---

292. MELLO, Celso Antônio Bandeira de. *Curso de direito administrativo*. 19. ed. São Paulo: Malheiros, 2005, p. 398.

O procedimento administrativo, referido no art. 142 do Código Tributário Nacional finda-se com a notificação do lançamento ao sujeito passivo (art. 145 do Código Tributário Nacional). Notificado, o sujeito passivo pode efetuar o pagamento exigido extinguindo o crédito tributário (art. 156, I, do Código Tributário Nacional). Ora, se extingue o crédito tributário é porque esse crédito já estava definitivamente constituído.

O lançamento insere na ordem jurídica a norma individual e concreta cujo consequente formaliza o vínculo obrigacional.

Na linguagem do direito positivo as regras são postas de modo atributivo ou em termos imperativos. O vínculo implicacional estabelecido no consequente (relação jurídica) é regido pelas leis lógicas. Segundo Paulo de Barros Carvalho,[293] "enquanto a primeira implicação é posta pelo sistema normativo, que livremente a constitui e desconstitui, a segunda decorre de imposições lógicas ante as quais o sistema não escapa".

Somente com o enunciado da norma individual e concreta aparecerá o fato da relação jurídica obrigacional, ou seja, onde estarão atrelados os sujeitos ativo e passivo, em torno de uma prestação submetida ao operador deôntico modalizado (obrigatório, proibido e permitido).[294] A existência de uma obrigação jurídica depende da pertinência ao Sistema Jurídico determinado da norma que o impõe como tal (fato-efeito).

O relato do antecedente normativo e a prescrição contida no seu consequente interessam à compreensão do impacto tributário. Assim, os fatos jurídicos tributários, reconhecidos em linguagem competente, irradiam seus efeitos e instalam o vínculo obrigacional. Neste sentido, a definição do conceito de relação jurídica obrigacional está atrelada à ideia de direito positivo. Considerando a relação jurídico-tributária ser, em sentido estrito, obrigação tributária, consiste no vínculo

293. CARVALHO, Paulo de Barros. *Direito tributário, linguagem e método*. 5ª ed. São Paulo: Noeses, 2013, p. 621.

294. CARVALHO, Paulo de Barros. *Direito tributário* – fundamentos jurídicos da incidência. 9ª ed. São Paulo: Saraiva, 2012, p. 202.

abstrato em que o sujeito ativo tem o direito subjetivo de exigir do sujeito passivo o cumprimento de prestação de cunho patrimonial, decorrente de aplicação de norma jurídica tributária, ou seja, decorrente do fato jurídico tributário formalizado em linguagem competente, que consiste na expedição de norma individual e concreta.

Ressalte-se que a circunstância do sujeito destinatário do dever de cumprir ou não cumprir a prestação estipulada é estranha ao fato da relação jurídica, pois esta se esgota na fixação do direito e do dever correlato, sem atinência aos futuros comportamentos dos destinatários.

A sanção tributária, como vimos, consiste em regras de conduta cujo antecedente descreve fato ilícito qualificado pelo descumprimento de um dever estipulado no consequente da regra-matriz de incidência. A norma jurídica sancionatória (norma primária sancionadora), tem, portanto, descrito na hipótese ou antecedente o não cumprimento (ilícito tributário) da conduta prevista no consequente da norma de direito material tributário (evento – fato gerador da sanção) e, como consequente, prescreve a relação jurídica que irá se instaurar entre o particular e o Fisco em que o sujeito passivo (contribuinte) tem o dever de cumprir uma prestação sancionadora, ou seja, multa. Trata-se de relação jurídica linear, cuja condição necessária é o inadimplemento da prestação pecuniária constante da obrigação tributária, cuja etapa pode se dar, no âmbito do Direito Tributário, na esfera administrativa ou na esfera judicial.

11.3 Realidade jurídica e fato jurídico tributário

Hans-Georg Gadamer[295] ensina: "a linguagem é o meio em que se realiza o acordo dos interlocutores e o entendimento sobre a coisa". Assim, a linguagem pode ser vista como a

---

295. GADAMER, Hans-Georg. *Verdade e método I.* Traços fundamentais de uma hermenêutica filosófica. Tradução de Flávio Paulo Meurer. 6ª ed. Petrópolis: Vozes, 2004, pp. 559-560.

capacidade humana de, por meio dos signos, emitir e receber informações por meio da comunicação que possibilita o vínculo entre o sujeito e o objeto, e também como condição para o próprio conhecimento.

Sem o respectivo relato em linguagem, não há como ter-se contato com os acontecimentos do mundo social. A linguagem é o meio pelo qual se intermedeia o contato com os eventos do mundo fenomênico, que são infinitos em seus aspectos e esvaem-se no tempo e no espaço.

O relato linguístico que reconstrói o evento é o fato. Por meio do fato, organiza-se a situação dos dados do mundo; faz-se os recortes daquilo que é relevante e ignora-se (abstrai-se) dos demais elementos que não ingressam no respectivo relato.

Já afirmamos que o fato jurídico é a representação em linguagem competente de determinado evento juridicamente relevante. O fato jurídico, portanto, é o "relato linguístico protocolar que denota acontecimento previsto na hipótese de uma norma abstrata e promove a instauração, modificação ou extinção de relações jurídicas,"[296] confundindo-se com o antecedente de normas individuais e concretas e gerais e concretas.

Fato jurídico tributário é a representação do evento jurídico tributário vertido em uma linguagem competente. Tomamos como linguagem adequada aquela realizada mediante provas, aptas à constituição dos eventos correspondentes às hipóteses normativas que, já eleitos como fatos jurídicos, desencadearão seus efeitos legais, ou seja, propagarão seus efeitos correlatos. É, como dissemos, o enunciado protocolar constante da hipótese das normas individuais e concretas, considerada para sua constituição a data do evento que dá ensejo à constituição do fato e a data da constituição jurídica do fato, além do espaço para qualificação jurídica.

A expressão "fato gerador" foi acolhida pela influência do artigo do publicista francês Gaston Jèze, traduzida para o

296. GAMA, Tácio Lacerda. *Competência tributária:* fundamentos para uma teoria da nulidade. 2ª ed. São Paulo: Noeses, 2009, p. XLVIII.

português e publicado na RDA, em seu v. 2.[297] Não é correta sua utilização, pois alude a duas realidades distintas, quais sejam: a descrição legislativa do fato que faz nascer a relação jurídica tributária e o próprio acontecimento relatado no antecedente da norma individual e concreta do ato de aplicação.

Alfredo Augusto Becker[298] esclarece:

> Exemplo de carência de atitude mental jurídica é a divulgadíssima tese (aceita como óbvia) que afirma ser a hipótese de incidência ("fato gerador", "fato imponível", "suporte fáctico") sempre um fato econômico. Outro exemplo atual é a muito propagada doutrina da interpretação e aplicação do Direito Tributário segundo a "realidade econômica do fenômeno social". Como se demonstrará, ambas as teorias têm como resultado a demolição da juridicidade do Direito Tributário e a gestação de um ser híbrido e teratológico: o Direito Tributário invertebrado (grifos no original).

Não se pode admitir o prestígio da interpretação literal em detrimento da construção de sentido, fundamentando-se no argumento simplório de que o uso da expressão "fato gerador" foi aquele eleito pelo legislador.

Como a relação jurídica se trata de entidade lógica do mundo ideal, o direito pressupõe relação com os respectivos termos referente e relato, dentro da realidade autorreferente, que pode se dar entre um e um, um com vários, vários com um e vários com vários.

E a realidade jurídica é construída, a partir dos conceitos básicos dos dados do mundo, mas que detém o predicado de serem relevantes para o direito. Neste sentido podemos afirmar que o direito constrói a sua própria realidade. No entanto, adverte-se, essa realidade não é totalmente dissociada dos dados factuais, pois mesmo o Sistema Jurídico está inserido

---

297. CARVALHO, Paulo de Barros. *Curso de direito tributário*. 25. ed. São Paulo: Saraiva, 2013, p. 251.

298. BECKER, Alfredo Augusto. *Teoria geral do direito tributário*. 5ª ed. São Paulo: Noeses, 2010, p. 14.

no sistema social, partilhando, de toda sorte, das características inerentes de ser objeto cultural.

11.4 Concretização como elemento de adequação do fato à hipótese normativa

Já se definiu que as normas são resultantes da interpretação lógica e semântica dos enunciados, desde que analisados em conjunto para atribuição da significação deôntica. As significações, portanto, correspondem às normas jurídicas mesmas, que se articularem na forma lógica dos juízos hipotético-condicionais.

Ao deparar-se com o texto jurídico, o intérprete tem o trabalho de, primeiramente, dissecá-lo em sua estrutura sintática, atribuindo, assim, a dimensão semântica do comando normativo. Mas seu trabalho não para por aí: deve considerar o aspecto pragmático em sua construção de sentido. Não se busca, ao menos como resultado, a "vontade do legislador", o que não significa, dentro de seu horizonte cultural, desprezá-la (considerando a amplitude do conhecimento – em seu termo lato – combinada com o momento histórico, político e social), mas sim a firmeza de seu discurso na construção de sentido normativo. Essa solidez tem sua raiz na lógica, isto é, mediante a lógica jurídica é possível construir o sentido normativo em sua exata proporção.

Tal raciocínio leva à conclusão de que o exegeta, ao realizar a tarefa de construção de sentido normativo, percorre níveis de linguagem, iniciando seu trabalho pelo texto bruto (suporte físico) do direito positivo, abstraindo a proposição até chegar ao nível da Ciência Jurídica: somente através da linguagem corrente dos juristas poderá o intérprete fazer a correlação dos conceitos trazidos no texto normativo com a situação concreta que lhe é posta.

Subindo a espiral do percurso gerador de sentido, o intérprete chega ao plano da Teoria Geral do Direito, nível de linguagem que lhe dá a exata dimensão da amplitude do discurso jurídico, mas não ainda a totalidade de seu sentido. Somente na Filosofia obtém-se a exata conformação do sentido normativo com as bases construídas pelo intérprete, formalizando o discurso. Mas ainda há a necessidade de regresso ao plano de linguagem onde a interpretação teve seu início: isso se dá na desformalização (saturação de conteúdos), e correlato cotejo com a situação posta, ou, noutros termos, no plano da concretização.

Assim, valendo-se dos dados oferecidos pela natureza e pela experiência social, o jurista constrói o seu arcabouço de regras ou normas, obedecendo, contudo, à índole do sistema positivo em vigor.

Sendo o direito linguagem, e sendo a linguagem constituidora de normas jurídicas, resultantes de atos de fala, somente terá sentido falar em alteração do mundo social se atendido o pressuposto de sua ordenação causal, pois o Direito não se opõe aos efeitos da causalidade, mas a observa para, dentro dela (causalidade física, natural e social), disciplinar as condutas intersubjetivas. Os três níveis de análise (formal ou morfossintático, dogmático ou semântico e o decisório ou pragmático) – correspondentes às três partes que se dividem a Teoria Comunicacional – implicam a aplicação de três métodos diferentes que, não obstante, possuem elementos comuns.

Defendemos assim, a necessidade epistemológica de um plano interpretativo relativo à etapa da concretização, considerando que o percurso gerador de sentido, os planos S1, S2, S3 e S4, não consideram os elementos contextuais no processo interpretativo. Assim, por serem imprevisíveis, as circunstâncias fáticas envolvendo o caso concreto, não se alocam em nenhum dos planos do percurso de construção de sentido, sob a pena de reduzir o dever-ser (direito) ao plano do ser (fato).

Ao intérprete caberá, portanto, converter os dados contextuais e sociais em linguagem jurídica, mediante o desencadeamento do processo decisório de aplicação da norma jurídica, tendo como resultado o estabelecimento da relação entre o caso concreto e os textos jurídicos positivados.

Para completude da interpretação jurídica, deve-se admitir que os textos, em si mesmos, trazem sentidos atribuídos previamente por um legislador histórico, sob pena de avultar-se o trabalho desenvolvido pelo intérprete, a quem é dada a incumbência de dialogar com os textos jurídicos, buscando conciliar dispositivos legais com valores constitucionais, para finalmente dar vida às normas jurídicas concretizadas.

A concretização, como etapa última do percurso gerador de sentido, pressupõe uma compreensão do conteúdo da norma a ser concretizada, que não se desliga da compreensão do intérprete e do problema concreto a ser resolvido, em correlação com a realidade a ser ordenada, considerando a finalidade do direito em alterar a conduta humana, visando a solucionar conflitos. A concretização consiste, portanto, na epifania em sentido filosófico, na súbita sensação de entendimento e compreensão da essência da norma jurídica, ainda que acessível, tão somente, ao fenômeno em que se manifesta.

Vejamos um exemplo: o caso de exigência do IPI nas saídas de produtos importados industrializados para o mercado interno, promovida por estabelecimento equiparado a industrial, mesmo quando essas mercadorias não tenham sofrido qualquer processo de industrialização.[299] Nos termos do art. 153, IV, da Constituição Federal,[300] a União tem competência para instituir Imposto sobre Produtos Industrializados – IPI, e o Código Tributário Nacional, em seu art. 46,[301] prescreveu normas gerais sobre o presente imposto, traçando suas possíveis hipóteses de incidência. Assim, somente nestas

299. Observe-se que, quanto ao tema, permanece pendente de julgamento pelo Supremo Tribunal Federal o Recurso Extraordinário n. 946.648, com repercussão geral reconhecida.

300. BRASIL. Constituição Federal (1988). Art. 153. Compete à União instituir impostos sobre: [...] IV – produtos industrializados.

301. BRASIL. Código Tributário Nacional. Art. 46. O imposto, de competência da União, sobre produtos industrializados tem como fato gerador: I – o seu desembaraço aduaneiro, quando de procedência estrangeira; II – a sua saída dos estabelecimentos a que se refere o parágrafo único do artigo 51; III – a sua arrematação, quando apreendido ou abandonado e levado a leilão.

três hipóteses o Fisco poderá exigir o pagamento de IPI do contribuinte.

Observe-se que o próprio Sistema Jurídico prescreveu a definição de conceito de produto industrializado, ou seja, "o produto que tenha sido submetido a qualquer operação que lhe modifique a natureza ou a finalidade, ou o aperfeiçoe para consumo" (artigo 46, parágrafo único, do Código Tributário Nacional). A despeito de não ser função do direito positivo a definição de conceitos, certo é que tal enunciado prescritivo orienta qual conduta humana estará apta à percussão normativa, ou seja, com exceção dos casos de importação ou a arrematação (em que se presume que a industrialização ocorreu na operação imediatamente anterior, seja no exterior, seja no Brasil – art. 46, I e III, do Código Tributário Nacional), para se autorizar a incidência do IPI é necessário que a industrialização tenha sido realizada na própria operação envolvendo o produto.

Assim, nos termos do art. 46, II, do Código Tributário Nacional, a hipótese de incidência do IPI está atrelada à saída de estabelecimento industrial ou equiparado relativamente a produtos industrializados nacionais, isto é, que sofreram efetiva industrialização no país pelo sujeito que realizou sua comercialização. Neste sentido, acrescenta Andréa Medrado Darzé Minatel:[302]

> Nenhuma presunção aqui seria suficiente para afastar a inconstitucionalidade de exigência que não reunisse esses dois requisitos: industrializar produto + dar saída a produto que fora industrializado na própria operação. Afinal, a presunção já se verificou na etapa anterior da cadeia. Assim, nestes casos, não basta a industrialização do produto, tampouco a mera saída de produto que não fora industrializado. Pelo contrário, é necessária a conjugação de ambos. Sem a presença de qualquer desses requisitos não se tem suporte fático suficiente para autorizar a incidência, por ausência de subsunção ao tipo tributário, que os elegeu como elementos essenciais e inafastáveis. (com grifos no original)

302. MINATEL, Andréa Medrado Darzé. Da inconstitucionalidade da incidência do IPI na primeira saída. *In: XV Congresso Nacional de Estudos Tributários:* 30 anos da Constituição Federal e o Sistema Tributário Brasileiro. São Paulo: Noeses, 2018, p. 60.

São estas circunstâncias fáticas que envolvem o caso concreto, devidamente convertidas em linguagem jurídica no Plano de Concretização da norma, que darão a exata dimensão do comando normativo. No caso em tela, os arts. 46 e 51 do Código Tributário Nacional devem ser interpretados sistemática e teleologicamente, como ocorreu nas seguintes jurisprudências:

> Imposto sobre Produtos Industrializados – IPI – Importação – Dupla Incidência – Ação Cautelar – Recurso Extraordinário – Efeito Suspensivo Ativo – Requisitos Presentes – Inexistência de Dano Inverso – Deferimento. [...] Está em jogo, como questão de fundo, a inconstitucionalidade de nova incidência de Imposto sobre Produtos Industrializados – IPI nas operações de revenda da mercadoria importada, quando da saída desta do estabelecimento importador. A partir de interpretação da legislação de regência, no caso, o Código Tributário Nacional – artigos 46 e 51 –, cria-se, segundo o sustentado, situação de oneração excessiva do importador em relação ao industrial nacional. Este, ao produzir a mercadoria no País, sujeita-se ao Imposto sobre Produtos Industrializados apenas na ocasião em que o produto sai do estabelecimento, enquanto aquele está submetido em dois momentos distintos: quando do desembaraço aduaneiro e da revenda, ainda que não pratique ato de industrialização. A incidência do imposto deixa de equiparar o produto nacional ao similar importado e passa a criar verdadeira distorção entre eles. Observo, no campo precário e efêmero, ser a questão merecedora de pronunciamento pelo Pleno, ante o princípio da isonomia versado no artigo 150, inciso II, da Carta da República. Até tal oportunidade, entendo presentes os requisitos do sinal do bom direito e do risco da demora, ante a possibilidade de ser cobrado da autora o tributo não recolhido, hoje exigível pelo Fisco. (Medida Cautelar na Ação Cautelar 4.129 Santa Catarina – Ministro Marco Aurélio).

> TRIBUTÁRIO. IMPOSTO SOBRE PRODUTOS INDUSTRIALIZADOS. SAÍDA DO ESTABELECIMENTO IMPORTADOR. A norma do parágrafo único constitui a essência do fato gerador do imposto sobre produtos industrializados. A teor dela, o tributo não incide sobre o acréscimo embutido em cada um dos estágios da circulação de produtos industrializados. Recai apenas sobre o montante que, na operação tributada, tenha resultado da industrialização, assim considerada qualquer operação que importe na alteração da natureza, funcionamento, utilização, acabamento ou apresentação do produto, ressalvadas as exceções legais. De outro modo, coincidiriam os fatos geradores do imposto sobre produtos industrializados e do imposto sobre circulação

> de mercadorias. Consequentemente, os incisos I e II do *caput* são excludentes, salvo se, entre o desembaraço aduaneiro e a saída do estabelecimento do importador, o produto tiver sido objeto de uma das formas de industrialização. Embargos de divergência conhecidos e providos. (STJ, Embargos de Divergência em REsp. n. 1.411.749, Primeira Seção, Rel. Min. Sérgio Kukina, j. 11.06.2014, *DJe* 18.12.2014).

Observa-se que somente haverá incidência do IPI nas saídas de produtos importados industrializados para o mercado interno quando essas mercadorias tenham sofrido processo de industrialização pelo estabelecimento nacional.

Entretanto, em 14.10.2015, ao julgar Embargos de Divergência em Recurso Especial n. 1403532, a primeira Seção do Superior Tribunal de Justiça decidiu que os produtos importados estão sujeitos a uma nova incidência do IPI quando de sua saída do estabelecimento importador na operação de revenda, mesmo que não tenham sofrido industrialização no Brasil. Vejamos a ementa do julgado, admitido como Recurso Repetitivo – Tema 912:

> EMBARGOS DE DIVERGÊNCIA EM RECURSO ESPECIAL. DIREITO TRIBUTÁRIO. RECURSO REPRESENTATIVO DA CONTROVÉRSIA. ART. 543-C, DO CPC. IMPOSTO SOBRE PRODUTOS INDUSTRIALIZADOS - IPI. FATO GERADOR. INCIDÊNCIA SOBRE OS IMPORTADORES NA REVENDA DE PRODUTOS DE PROCEDÊNCIA ESTRANGEIRA. FATO GERADOR AUTORIZADO PELO ART. 46, II, C/C 51, PARÁGRAFO ÚNICO DO CTN. SUJEIÇÃO PASSIVA AUTORIZADA PELO ART. 51, II, DO CTN, C/C ART. 4º, I, DA LEI N. 4.502/64. PREVISÃO NOS ARTS. 9, I E 35, II, DO RIPI/2010 (DECRETO N. 7.212/2010).
>
> 1. Seja pela combinação dos artigos 46, II e 51, parágrafo único do CTN – que compõem o fato gerador, seja pela combinação do art. 51, II, do CTN, art. 4º, I, da Lei n. 4.502/64, art. 79, da Medida Provisória n. 2.158-35/2001 e art. 13, da Lei n. 11.281/2006 – que definem a sujeição passiva, nenhum deles até então afastados por inconstitucionalidade, os produtos importados estão sujeitos a uma nova incidência do IPI quando de sua saída do estabelecimento importador na operação de revenda, mesmo que não tenham sofrido industrialização no Brasil.

2. Não há qualquer ilegalidade na incidência do IPI na saída dos produtos de procedência estrangeira do estabelecimento do importador, já que equiparado a industrial pelo art. 4º, I, da Lei n. 4.502/64, com a permissão dada pelo art. 51, II, do CTN.

3. Interpretação que não ocasiona a ocorrência de *bis in idem*, dupla tributação ou bitributação, porque a lei elenca dois fatos geradores distintos, o desembaraço aduaneiro proveniente da operação de compra de produto industrializado do exterior e a saída do produto industrializado do estabelecimento importador equiparado a estabelecimento produtor, isto é, a primeira tributação recai sobre o preço de compra onde embutida a margem de lucro da empresa estrangeira e a segunda tributação recai sobre o preço da venda, onde já embutida a margem de lucro da empresa brasileira importadora. Além disso, não onera a cadeia além do razoável, pois o importador na primeira operação apenas acumula a condição de contribuinte de fato e de direito em razão da territorialidade, já que o estabelecimento industrial produtor estrangeiro não pode ser eleito pela lei nacional brasileira como contribuinte de direito do IPI (os limites da soberania tributária o impedem), sendo que a empresa importadora nacional brasileira acumula o crédito do imposto pago no desembaraço aduaneiro para ser utilizado como abatimento do imposto a ser pago na saída do produto como contribuinte de direito (não cumulatividade), mantendo-se a tributação apenas sobre o valor agregado.

4. Precedentes: REsp. n. 1.386.686 – SC, Segunda Turma, Rel. Min. Mauro Campbell Marques, julgado em 17.09.2013; e REsp. n. 1.385.952 – SC, Segunda Turma, Rel. Min. Mauro Campbell Marques, julgado em 03.09.2013. Superado o entendimento contrário veiculado nos EREsp. nº 1.411749-PR, Primeira Seção, Rel. Min. Sérgio Kukina, Rel. p/acórdão Min. Ari Pargendler, julgado em 11.06.2014; e no REsp. n. 841.269 – BA, Primeira Turma, Rel. Min. Francisco Falcão, julgado em 28.11.2006.

5. Tese julgada para efeito do art. 543-C, do CPC: "os produtos importados estão sujeitos a uma nova incidência do IPI quando de sua saída do estabelecimento importador na operação de revenda, mesmo que não tenham sofrido industrialização no Brasil".

6. Embargos de divergência em Recurso especial não providos. Acórdão submetido ao regime do art. 543-C do CPC e da Resolução STJ 08/2008.

(EREsp 1403532/SC, Rel. Min. Napoleão Nunes Maia Filho, Rel. p/ Acórdão Min. Mauro Campbell Marques, Primeira Seção, j. 14.10.2015, *DJe* 18.12.2015).

Ora, com o devido e merecido respeito aos nobres julgadores, a exigência de recolhimento de IPI em operação na qual não há industrialização exorbita a competência outorgada pela Constituição Federal, uma vez que a mera venda de produto industrializado importado não é fato jurídico tributário apto à incidência do IPI.

Não se deve confundir, portanto, a hipótese de incidência com a unidade de tempo em que se manifesta, ou seja, ainda que o legislador tenha se referido à saída do estabelecimento industrial como átimo para incidência do IPI, não se pode legitimamente entender que a mera saída de produto importado sem industrialização seja suficiente para autorizar a incidência do imposto. Demonstra-se que o legislador utiliza linguagem livre e desapegada das amarras rigorosas da linguagem científica, e a concretização, como etapa última da construção de sentido, é o elemento de adequação do fato à hipótese normativa.

Cabe referir que o discurso normativo não se atém pura e simplesmente à linguagem em que as condutas se efetivam no meio social, confirmando as proposições factuais, alterando-as pela infirmação total ou parcial, ao talante do legislador, com vistas à construção da facticidade jurídica. Decorrem disso configurações semióticas distintas entre os dois corpos, cujo intervalo dessa diferença é preenchido pelas construções em que o autor dos preceitos normativos opera sob a lógica deôntica e princípio do sistema, com vistas aos fins reguladores a que objetiva a linguagem do direito posto.[303]

Ainda que o discurso jurídico-positivo assuma ares de autonomia com relação à linguagem da realidade, esta mesma linguagem insere-se no plano da facticidade jurídica quando promovida pelo intérprete a concretização da própria norma, e correlata identificação dos elementos pertencentes à relação jurídica, inclusive a modalização do dever-ser.

303. CARVALHO, Paulo de Barros. *Direito tributário:* reflexões sobre filosofia e ciência em prefácios. São Paulo: Noeses, 2019, p. 11.

Reafirma-se que a construção do arcabouço normativo no plano geral e abstrato não consubstancia na identificação do fato jurídico, pois se limita às notas conotativas que o acontecimento deve ter para adquirir a qualidade de fato juridicamente relevante. Então, a construção da norma individual e concreta consubstanciará na construção do próprio fato jurídico, e esta se dará no retorno da espiral do percurso gerativo de sentido ao plano empírico, onde serão identificadas as relações concretamente postas. A completude de sentido da norma jurídica, para efetividade da regulação da conduta humana, se dará na concretização.

11.4.1 Interpretação do fato para implicação jurídica

David Hume,[304] ao tratar sobre a metaética, trouxe a ideia de que existe uma diferença significativa entre afirmações descritivas e afirmações prescritivas ou normativas, ou seja, não é possível deduzir o *dever-ser* daquilo que é. Assim, nesta concepção, enunciados factuais somente implicam outros enunciados factuais.

Contudo, o direito, como subsistema social, dialoga com o mundo dos fatos. Ele toma como fontes materiais mediante processo de enunciação dos fatos jurídicos, ou normas de conduta, dirigidas à conduta humana como escopo final. O direito opera segundo condições básicas para seu funcionamento, considerado como segmento do mundo social fechado operacionalmente, mas aberto em termos cognitivos, em acoplamento estrutural.

O fato consiste em uma mudança no mundo social, e este mundo é composto de fatos. Ao considerarmos a diferenciação entre os elementos do mundo social e aqueles juridicamente relevantes, adjudicamos a qualidade de jurídico ao fato. Mas isso não significa dizer que o fato jurídico não pertence também ao mundo social, pois este se compõe da totalidade dos

304. HUME, David. *A treatise on human nature*. Livro III, parte 1, seção 1. Nova York: 1961.

fatos, não sendo cabível falar-se em exclusão dos fatos jurídicos do mundo social.

Neste ponto, considerando a premissa de que é a linguagem do direito que constitui a realidade jurídica, oportuno destacar que o fenômeno da atuação do direito se dá pela intersecção de linguagens. Explicamos: o domínio da linguagem do direito positivo (Ldp) projeta-se sobre o plano da linguagem da realidade social (Lrs), implicando na facticidade jurídica (Lfj). Em termos lógicos: (Ldp ∩ Lrs) → Lfj. Assim, numa intersecção de classes, a linguagem do direito positivo incide sobre a linguagem da realidade social, que produz a linguagem da facticidade jurídica, em corte das respectivas camadas linguísticas.[305]

Ora, a própria criação da regra jurídica, sua existência com estrutura lógica, a realização da hipótese de incidência e sua incidência sobre a hipótese realizada são fatos. É o corte da realidade, com a entrada do fato no mundo jurídico que constitui o fato jurídico.

O jurista que realiza a operação intelectual de interpretação da norma jurídica deve percorrer o caminho da distinção de todos os elementos que compõem a hipótese de incidência da regra jurídica examinada, conhecendo suas correlatas consequências predeterminadas. Além disso, deve investigar o mundo social, de que o mundo jurídico faz parte, para descobrir se se encontram presentes todos os fatos que integram a hipótese de incidência, dentre a multiplicidade de fatos ocorridos.

Configurados todos os critérios dos fatos componentes da hipótese de incidência, tratar-se-á de possibilidade de incidência da regra jurídica que, uma vez ocorrida, deverá o intérprete observar se foram respeitadas as suas consequências.

Necessária, para construção da base de incidência normativa, a atividade do jurista também na construção do fato jurídico. Considerando que as prescrições jurídicas são proposições

305. CARVALHO, Paulo de Barros. *Direito tributário* – fundamentos jurídicos da incidência. 9ª ed. São Paulo: Saraiva, 2012, p. 36.

construídas mediante functores "obrigatório", "proibido" e "permitido", que são aplicadas às ações humanas, conclui-se que as ações não são apenas interferências no mundo social ou natural, mas interferências em relação a como poderiam ou deveriam ter ocorrido, trazendo, consigo, notas de tipicidade. É justamente neste aspecto que vai se operar o corte da realidade social que garante o caráter jurídico ao fato.

A interpretação do fato, atribuindo-lhe qualificações de juridicidade, ocorrerá através dos operadores deônticos. Ao considerarmos que a norma jurídica, enquanto mensagem, é portadora de discursos, interações humanas voltadas à regulação de comportamentos e, também, qual o tipo de relação que se dá entre o emissor e o receptor de seu conteúdo, identificamos pelos functores a díade autoridade/sujeito nas suas diferentes modalidades (obrigação, proibição, permissão).

O caminho para a construção do fato jurídico transita pela seleção dos aspectos juridicamente relevantes dos fatos do mundo, cujo processo de dará por meio da linguagem.

Tal percurso é elementar para se identificar a fenomenologia da incidência normativa, mas também serve de pressuposto para identificar o comportamento que a regra jurídica visa a regular. Neste sentido é que se defende a necessidade da ida e vinda no percurso gerador de sentido, para exata adequação do fato à hipótese normativa.

Como os fatos do mundo real são infinitos e irrepetíveis, o fato jurídico apesenta-se como um enunciado de teor prescritivo, que não pode alcançar o *status* de cognoscente do real, em que relata um evento passado, já demarcado no tempo e no espaço, declarando ter ocorrido uma alteração no plano físico-social. Este fato, qualificado como jurídico, vertido em linguagem, também é objeto de construção do intérprete da norma jurídica.

Ambas construções, do fato jurídico recortado do mundo social e da própria norma jurídica em si, são necessárias para a completude da exata adequação do comando normativo.

Não é demais lembrar que a construção do fato jurídico compõe frase que traz, por regras sintáticas no antecedente, a norma individual e concreta de acordo com os limites da norma geral e abstrata.

Conforme dissemos, considerando que o direito se trata de um fenômeno comunicacional, não há como existir enunciado sem contexto e, em razão disso, afirma-se a característica de que todo enunciado é argumentativo. A mensagem transita por um canal estabelecido entre o autor e o receptor, cujo sentido é definido em função daquilo que se quer transmitir e a construção feita pelo destinatário. A significação, portanto, é resultado da relação entre elementos linguísticos que, adjudicando-se ao contexto, forma o sentido (considera o implícito, o pressuposto e o subentendido). A frase se trata de uma estrutura linguística caracterizada por relações sintáticas e uma significação, ao passo que o enunciado é uma frase a que se adicionam informações retiradas da situação em que ela é enunciada, ou seja, seu contexto.[306]

A linguagem jurídica não está isenta de fatores que retardam ou embaraçam a comunicação, que podemos chamar de ruídos. Duas dificuldades semânticas presentes na linguagem são a ambiguidade e a vaguidade, ou seja, todas as palavras são vagas e potencialmente ambíguas.

A ambiguidade é um caso de incerteza designativa, ocorre quando coexistirem dois ou mais significados relativamente a uma única palavra, podendo ser do tipo *homonímia* (por exemplo, a hipótese da palavra casa: pode referir-se a um hospital, à Casa Legislativa, uma escola, uma moradia ou até mesmo o buraco no paletó ou camisa por onde se passa o botão); *polissemia* (quando um mesmo termo designa significados conectados metaforicamente, por exemplo, a palavra "pesado", que pode referir-se a uma tonelada de ferro ou a uma pessoa cansativa); ou ainda, *processo-produto* (palavra que faz alusão tanto a uma atividade como ao seu resultado, como por

306. FIORIN, José Luiz. *Argumentação*. São Paulo: Contexto, 2016, p. 36.

exemplo, o termo "contrato", que pode referir-se ao ato de contratar e ao termo resultante dessa atividade).[307]

A vaguidade ocorre quando não há regra definida sobre a extensão e aplicabilidade de um termo, pela inexistência de limites precisos para sua denotação, consistindo na imprecisão do significado da palavra.

Assim explica Luis Alberto Warat:[308]

> Metaforicamente, pode-se dizer, com referência a qualquer denotação dos termos da linguagem natural, que ela apresenta três zonas: a) de luminosidade positiva – composta pelos objetos ou situações onde não existe nenhuma dúvida em relação a sua inclusão na denotação; b) de luminosidade negativa – composta pelos objetos ou situações que com certeza não entram na denotação; c) de incerteza – onde existem legítimas dúvidas quanto ao fato do objeto ou situação entrar ou não na denotação. Nesta zona de incerteza é onde se apresenta o problema da vagueza.

Considerando estes aspectos, o texto diz mais do que está na sua superfície, pois não transmite conteúdos explícitos, mas conteúdos implícitos, marcados no próprio enunciado ou na situação comunicativa, apreendidos ao se fazer inferências.

O conteúdo explícito é denominado posto, ao passo que os conteúdos implícitos podem ser pressupostos e subentendidos. Somente com a tomada do pressuposto como verdadeiro, os conteúdos explícitos têm sentido, apesar de questionáveis. Com a negação do pressuposto, impede-se a continuidade da argumentação.

Se a argumentação é realçar a ideia, e esta é dependente da verdade do pressuposto, temos que, na norma jurídica, o enunciado protocolar descritivo do fato estabelece os limites da subsunção, cujo relato da mensagem (do fato) sempre se dará por meio das provas.

---

307. WARAT, Luis Alberto. *O direito e sua linguagem*. 2ª ed. Porto Alegre: Sergio Antonio Fabris, 1995, p. 78-79.

308. Idem, p. 76-77.

O caminho para a construção da norma jurídica, considerando a relação existente entre o fato e a norma que se dá na experiência, depende da situação comunicativa, ou seja, da inferência semântica do subentendido, cuja responsabilidade é do enunciatário. Ressalte-se que a "argumentação faz progredir o discurso por inferências."[309]

Justamente neste aspecto, a mensagem normativa se dará na mente do intérprete, e sua correlação com o comportamento prescrito ocorrerá na etapa da concretização, consubstanciada naquele elemento-fim que servirá tanto como processo, como produto, da interpretação própria.

Já dissemos que para a doutrina de Paulo de Barros Carvalho, a incidência tributária seria sinônimo de "aplicação" da norma jurídica a um caso concreto feita em linguagem competente por uma autoridade, no processo de positivação do direito. Noutras palavras, nega-se aqui a aplicação clássica do conceito de incidência:

> O fenômeno da incidência normativa opera, pois, com a descrição de um acontecimento do mundo físico-social, ocorrido em condições determinadas de espaço e de tempo, que guarda estreita consonância com os critérios estabelecidos na hipótese da norma geral e abstrata (regra-matriz de incidência). Por isso mesmo, a consequência desse enunciado será, por motivo de necessidade deôntica, o surgimento de outro enunciado protocolar, denotativo, com a particularidade de ser relacional, vale dizer, instituidor de uma relação entre dois ou mais sujeitos de direito. Este segundo enunciado, como sequência lógica, e não cronológica, há de manter-se, também, em rígida conformidade ao que for estabelecido nos critérios da consequência da norma geral e abstrata. Em um, na norma geral e abstrata, temos enunciado conotativo; em outro, na norma individual e concreta, um enunciado denotativo. Ambos com a prescritividade inerente à linguagem jurídica.[310]

---

309. FIORIN, José Luiz. *Argumentação*. São Paulo: Contexto, 2016, p. 47.

310. CARVALHO, Paulo de Barros. *Direito tributário, linguagem e método*. 5ª ed. São Paulo: Noeses, 2013, p. 142.

Já afirmamos que a relação de pertinência a uma determinada classe decorre de ato valorativo, em que se estabelecem juízos para a criação de classificações com vistas à estruturação na forma lógica de sistema, e a atribuição positiva ou negativa de critérios para articular a continência ou não de uma espécie a um dado conjunto. Deve-se, no entanto, observância aos requisitos lógicos. Lourival Vilanova chama a atenção para a diferença entre "inclusão de classes" e "relação de pertinência":

> A relação-de-membridade [...] ou de pertinencialidade é do indivíduo para sua classe, não das classes entre si; a extinção factual do indivíduo não afeta a existência lógica da classe do indivíduo. De uma classe ou conjunto lógico, diz-se que é o subconjunto de si mesmo, que há conjunto sem indivíduos ou membros – os conjuntos nulos ou vazios –, que todo conjunto nulo é parte de qualquer conjunto: proposições estas que carecem de sentido se tomássemos como sujeito os indivíduos.

Repise-se, por oportuno, que a classe não existe fora da mente do sujeito, pois é dependente da formação da ideia em torno dos atributos do objeto, razão pela qual é criada e não descoberta.

As classes não são conjuntos pré-existentes na natureza, prestes a serem descobertos, mas criados pelo homem por meio de operação lógica que reúne certos elementos com fundamento em um critério. A classe não é a mera somatória dos indivíduos que a compõem, separando-se do conceito de coletividade ou conjunto. Para enumerar os elementos (indivíduos ou membros) que pertencem a uma classe, fala-se em extensão (denotação), já para falar das condições de pertinência à classe que abrange esses indivíduos, fala-se em intensão (conotação). Os elementos pertencem à classe na medida em que denotam as características por ela conotadas. Um critério de pertinência a um dado conjunto consiste em ter certa característica (ou conjunto delas) ou não tê-la, sem haver terceira possibilidade.[311]

---

311. BRITTO, Lucas Galvão de. Sobre o uso de definições e classificações na construção do conhecimento e na prescrição de condutas. *In:* CARVALHO, Paulo de Barros (coord.). *Lógica e direito*. São Paulo: Noeses, 2016, pp. 326-327.

O fenômeno da percussão jurídico-tributária consiste no fato que se subsumiu à hipótese normativa tributária, implica o surgimento de vínculo obrigacional. Tal operação, que consiste na fenomenologia da incidência, tem o ser humano como propulsor, na medida em que, por meio de juízos indutivos e de ponderações, promove a subsunção e a correlata implicação determinada no preceito da norma abstrata e geral. São, portanto, operações lógicas, como já dissemos, em que o homem é elemento intercalar apto à produção de normas cada vez mais concretas e individualizadas.

Já afirmamos que o legislador elabora conceitos sobre os fatos do mundo real. Os aspectos de signos presuntivos de riqueza são selecionados pelo Direito Tributário para fins de relevância jurídica apta à percussão normativa, mediante previsões hipotéticas que prescrevem como serão considerados fatos jurídicos. Uma vez constituído, nasce a relação jurídica prescrita no consequente normativo, em razão da implicação deôntica.

Fabiana Del Padre Tomé[312] sustenta que o sistema do direito positivo prescreve os momentos em que os fatos devem ser constituídos mediante a linguagem das provas, que são imprescindíveis para juridicizar eventos da vida social, imprescindível às regras jurídicas. A positivação depende do enquadramento do fato à hipótese normativa.

Ocorrendo a subsunção, ou seja, quando o fato jurídico tributário constituído em linguagem prescrita pelo direito positivo guardar absoluta identidade com a descrição da hipótese tributária, instala-se, mediante ação humana, o laço abstrato pelo qual o sujeito ativo torna-se titular do direito subjetivo público de exigir a prestação, ao passo que o sujeito passivo ficará na contingência de cumpri-la.[313]

Assim, a fenomenologia da incidência tributária consiste no quadramento do fato jurídico tributário (fato relatado em

---

312. TOMÉ, Fabiana Del Padre. *A prova em direito tributário*. São Paulo: Noeses, 2005, p. 33.

313. CARVALHO, Paulo de Barros. *Curso de direito tributário*. 25. ed. São Paulo: Saraiva, 2013, p. 254.

linguagem competente) que tenha identidade com a hipótese da norma jurídica tributária, que tem como consequente a instalação da relação jurídica tributária.

Repise-se que a construção do fato jurídico compõe frase que traz, por regras sintáticas no antecedente, a norma individual e concreta de acordo com os limites da norma geral e abstrata, ou seja, aquela é pressuposta na relação jurídica ocorrida entre o direito subjetivo e dos deveres correlatos.

Devemos considerar o aspecto da pluridimensionalidade do fato, ou seja, sob o olhar por diversas dimensões. O mesmo fato jurídico afeta diversos bens juridicamente tutelados, que podem ser distintos, e acarreta diversas relações jurídicas, inclusive de ordem sancionatória estritamente tributária, penal (por exemplo, no *descaminho*, em que há questões de ordem tributária e criminal), e até mesmo a incidência de dois ou mais tributos (como no caso da importação). Nestes casos, o intérprete tributário realiza um esforço de *ataraxia*, selecionando os valores desejáveis pelo respectivo ramo didaticamente autônomo do direito, e não se preocupando com outras lucubrações pertencentes às demais áreas do ordenamento, o que não significa dizer que elas não existam: por isso, a realização também deste específico corte metodológico.

11.4.2 Movimento empírico-dialético e o percurso de construção de sentido

Carlos Cossio,[314] no desenvolvimento de sua doutrina egológica do Direito, retomou a teoria husserliana sobre os objetos, identificando o ato gnosiológico e o método por meio do qual nos aproximamos das regiões ônticas.

De acordo com a estruturação sintetizada na obra de Maria Helena Diniz,[315] os objetos classificam-se, portanto, em (i)

314. COSSIO, Carlos. *La valoración jurídica y la ciencia del derecho.* Buenos Aires: Arayú, 1954, *passim.*

315. DINIZ, Maria Helena. *Compêndio de introdução à ciência do direito.* São Paulo: Saraiva, 1988, p. 124.

naturais; (ii) ideais; (iii) culturais; e (iv) metafísicos. O ser humano é o ponto de referência de onde se irradiam os espaços correspondentes, ou seja, é o centro a partir do qual os objetos do mundo são considerados: esta é a visão antropocêntrica, onde o homem é o núcleo que integra todas as tentativas de localização dos objetos.

O corte metodológico volta nossa atenção ao estudo do direito, enquanto objeto da cultura. Os objetos culturais são reais, ocorrem no espaço e no tempo e são suscetíveis à experiência. Possuem valores positivos e negativos, cujo acesso gnosiológico se dá pela compreensão, e o método que lhe é próprio é o empírico-dialético, com trajeto entre a base material e o plano dos valores, ressaltando que, quanto a este último, à concreção da entidade física examinada.

No movimento empírico-dialético, o intérprete toma contato com os elementos contextuais e factuais, representativos da realidade social, realizando os devidos cortes daquilo que é juridicamente relevante e, assim, procede à exata adequação do fenômeno de percussão normativa. Mas tal percurso não se dá somente em uma única via, pois o conteúdo normativo construído pelo trajeto percorrido nos planos de adjudicação de sentido deve voltar-se à conformação com o recorte da realidade social constituído sob a égide de fato jurídico: este é o processo dialético entre a norma-fato e o fato-norma.

Reafirmamos que não temos acesso aos objetos ontologicamente considerados, mas à sua manifestação como fenômenos. A interpretação exige do intérprete a definição de critérios hermenêuticos para tornar possível o processo cognitivo e, assim, há de se perquirir quais critérios são definidos como legítimos pelo ordenamento no processo de construção de normas jurídicas. Para fins de interpretação das normas jurídicas tributárias, ainda que se considerem os critérios prescritos nos arts. 107 a 112, do Código Tributário Nacional, o agente competente deve construir significados jurídicos para prescrição de condutas intersubjetivas por meio de amarras aos termos da linguagem, por esquemas lógicos que deem firmeza à mensagem, com cuidado especial com o arranjo sintático da frase, preocupando-se com o plano do conteúdo, escolhendo as significações mais adequadas à fidelidade da enunciação.[316]

O esforço de contextualização realizado neste processo, em que o intérprete segue no movimento de construção de sentido normativo, interpretação do fato e exata dimensão da percussão normativa dá azo para implemento da segurança jurídica nas relações sociais. Não existe conhecimento não hipotético, tendo em vista que a abordagem do real se dá por pontos de vista em função da relação de valores, pois nenhum sistema é capaz de reproduzir integralmente a infinidade do real. Os limites da inteligibilidade constituem barreiras intransponíveis ao conhecimento da totalidade de qualquer objeto: nenhum conceito é capaz de reproduzir integralmente a diversidade do fenômeno.[317]

O intérprete, para realizar com solidez a construção de seu discurso jurídico, empregando sentido à norma jurídica analisada, deve subir ao plano da Teoria Geral do Direito, considerando a referência demarcada pela espiral do percurso gerador de sentido. Neste nível de linguagem terá a exata dimensão da amplitude, e dos limites, da interpretação, mas não ainda a totalidade de seu sentido. É no plano da Filosofia que se obtém a exata conformação do sentido normativo com as bases construídas pelo intérprete, formalizando o discurso, sendo imprescindível o regresso neste percurso pela desformalização do discurso, para que se alcance o plano da concretização.

---

316. CARVALHO, Paulo de Barros. Algo sobre o constructivismo lógico-semântico. *In*: CARVALHO, Paulo de Barros. *Constructivismo lógico-semântico*. v. I. São Paulo: Noeses, 2014, p. 4.

317. Observe-se que o reconhecimento da incompletude do conhecimento sobre os fenômenos influenciou o conceito de tipo ideal de Max Weber, que aborda as ciências da natureza e as ciências sociais: "A seu ver, nenhum sistema é capaz de reproduzir integralmente a infinidade do real e nenhum conceito é capaz de reproduzir integralmente a diversidade intensiva de um fenômeno particular. Em suma, não existe conhecimento não hipotético. O tipo ideal é um outro momento da seleção que fazem o historiador e o sociólogo, por abordarem necessariamente o real a partir de certos pontos de vista em função da relação com os valores." (FREUND, Julien. *Sociologia de Max Weber.* 4ª ed. Rio de Janeiro: Forense, 1987, pp. 48-49).

É no plano da facticidade que se fará a averiguação daquele fato concreto com o desenho traçado normativamente. Não significa que durante o processo o jurista já não tenha realizado os devidos cortes na realidade, numa seleção de critérios relativos ao próprio fato, que também é uma interpretação. Ainda mais, o próprio desenho normativo tem seus planos a serem percorridos para adjudicação de sentido, num processo de construção que estabelece uma relação circular e complementar entre o fato e a norma, e a norma e o fato.

Fala-se em nome do evento por necessidade lógica, mas não se admite possível a incursão em sua ontologia, mas tão somente na manifestação como fenômeno. O reconhecimento jurídico dos eventos apreendidos pelos sentidos depende das contingências prescritas pelo direito, com vistas a alterar o mundo com a implementação de valores, projetando-se sobre o fluxo da instabilidade humana:

> num contínuo processo dialético que se estabelece entre normas gerais e abstratas, de um lado, e normas individuais e concretas ou individuais e abstratas, de outro, dinâmica da qual participam, invariavelmente, as regras gerais e concretas como veículos introdutores dos comandos prescritivos.[318]

Como a linguagem sempre estará presente, afirma-se que o mundo social possui certa ordenação causal, e o direito não pode se opor aos efeitos da causalidade, mas a observa para, dentro dela, abrir suas possibilidades de disciplinar as condutas intersubjetivas. Trata-se do movimento empírico-dialético formador do conhecimento da mensagem prescritiva, onde se trava o contato com a expressão (estrutura sintática e morfológica do texto legislado) pela qual o enunciatário compreende a mensagem e completa o ciclo comunicacional do direito. Em etapa seguinte, concretiza suas lucubrações visando a alterar o comportamento.

---

318. CARVALHO, Paulo de Barros. *Direito tributário:* reflexões sobre filosofia e ciência em prefácios. São Paulo: Noeses, 2019, p. 73.

Importante ressaltar que o processo de positivação é inaugurado com as regras de competência previstas na Constituição Federal, que avança de forma gradativa aos comportamentos humanos. E registra-se aqui o nascimento da relação jurídico-tributária: quando exercida a competência, são instaurados os termos necessários para que o fato seja observado e, quando de sua ocorrência intermediada pela linguagem das provas, ou seja, pela linguagem competente que lhe adjudica a qualidade de fato jurídico, teremos como consequência a percepção de que o ente federativo expediu norma jurídica necessária à existência de tributo e que esta deu azo à existência de relação entre dois ou mais sujeitos, em conduta modalizada vinculada à obrigação patrimonial.

Para se conhecer a conduta humana regulada normativamente, portanto, deve-se estabelecer um movimento de ida e vinda de seu substrato ao sentido, até a suficiente satisfação do espírito em relação ao sentido aferido à conduta, dentro do processo de compreensão. E essa valoração jurídica é dada de acordo com a sensibilidade humana, em determinadas condições de espaço e tempo, influenciando, inclusive, em decisões judiciais.

11.5 Relação jurídica e consequente normativo tributário

Causalidade se trata de uma relação de causa e efeito entre duas proposições. A causalidade natural encontra-se no *mundo do ser*, ao passo que a causalidade jurídica no *mundo do dever-ser*. São reciprocamente intangíveis.

No universo do direito, temos normas e fatos, fatos naturais, ou fatos da conduta humana. Fatos só naturais ligam-se, pela causalidade natural, a outros fatos naturais. Mas fatos naturais ligam-se ainda a outros, como efeitos não naturais, mantidos por normas. A norma do direito faz a causalidade jurídica, estabelecendo relações de causalidade, que inexistem sem ela, a norma, ou, se existem, a norma recebe a causalidade, dá-lhe relevância jurídica, ou seja, liga-se a efeitos que só existem no mundo do direito. A relação de causalidade jurídica não coincide com a relação de causalidade natural.

Conforme avalia Lourival Vilanova:[319]

> Onde quer que se dê norma e fato, sobrevém relação jurídica: sobrevêm os efeitos que se ligam ao fato, que se tornou, pela incidência da hipótese fáctica, fato jurídico. Se o fato já por si está contido na relação – relação fáctica –, a norma incidente qualifica-o como fato jurídico produtor de efeitos: a relação jurídica, quer num sentido amplo, quer num sentido restrito. Mas relação jurídica é o momento efectual. E não é relação entre fatos naturais, nem relação de sujeito com fato natural (ou coisa). É relação intersubjetiva, entre sujeitos de direito.

As relações físicas ou sociais discorrem casualmente, dentro de sequências de ordem, simultâneas ou sucessivas, e, relativamente ao sistema normativo do direito, são relações de fato. Ao corresponder a relação factual ao esquema delineado pela hipótese fáctica (hipótese de fatos de possível ocorrência), sobre essa relação incide a norma, com efeitos que não adviriam das meras relações de causalidade natural.

Causalidade jurídica, em sentido amplo, trata-se de relação que se exprima em termos de função, entre o pressuposto fáctico e a sua consequência jurídica. É a norma jurídica incidindo nos fatos e a eles ligando efeitos, tecendo relações jurídicas. O antecedente e o consequente são ligados pelo nexo lógico da implicação, projetando-se ao mundo social dos fatos, estabelecendo relação de causalidade jurídica: o fato torna-se fato jurídico, e dele provêm efeitos.

Os objetos do mundo são considerados a partir de uma visão antropocêntrica, ou seja, o homem é o núcleo que integra todas as tentativas de localização dos objetos. Neste sentido, Gabriel Ivo:[320]

> em todos os momentos a presença humana é imprescindível. No ato de vontade de aplicação; o intérprete autêntico no sentido kelseniano. E no ato de conhecimento, de designação do sentido

319. VILANOVA, Lourival. *Causalidade e relação no direito.* 5ª ed. São Paulo: Noeses, 2015, p. 92.

320. IVO, Gabriel. *Norma jurídica:* produção e controle. São Paulo: Noeses, 2006, pp. 60-61.

dos textos normativos, ou seja, na construção das normas jurídicas; o intérprete não autêntico de Kelsen.

Tal estrutura vai além da produção das significações pelo ser humano em contato com as manifestações expressas do direito positivo. Abrange uma correlação entre essa significação à vista de um problema concreto, diversamente da busca pelas orientações fundamentais na relação direito-fato, em que se migra do desprezo da realidade a ser decidida até atingir-se sua valorização como critério hermenêutico.

A causalidade natural, portanto, reescreve-se como "se A, então B assim é". Na causalidade jurídica, com nexo normativo, reescreve-se: "se A, então B assim deve ser". Em ambos os casos há relações de implicação, sendo que uma o é, e a outra *deve ser*.

O dever-ser, normativamente posto, tece as relações de imputação no interior do sistema do direito positivo, cujo laço implicacional lhe permeia integralmente. O aspecto perlocucionário ganhará relevância jurídica se inserido em outro ato de fala deôntico. O simples ato de entregar certa quantia aos cofres públicos não tem significado jurídico de pagamento sem o revestimento linguístico adequado, não passando de mero evento, ou fato, do mundo das relações sociais. O direito constrói a sua causalidade (ou realidade), o que Hans Kelsen chama de imputação normativa, mediante expedição de atos de fala no plano deôntico.

Como a norma jurídica não se trata de uma descoberta empírica, mas advém de um ato de vontade que traz foros de imputabilidade, a relação jurídica é construída no consequente normativo.

A criação da norma, em si, é uma conduta. É realizada mediante processo em que o sujeito competente cria, modifica ou extingue uma norma jurídica no sistema do direito positivo, denominado *nomogênese*.[321] O direito regula condutas através de normas jurídicas que vinculam consequências

321. GAMA, Tácio Lacerda. *Competência tributária:* fundamentos para uma teoria da nulidade. 2ª ed. São Paulo: Noeses, 2009, p. LI.

positivas e negativas a acontecimentos, por meio de conectivo que vincula, por ato de vontade humana, duas proposições prescritivas formadoras de juízo condicional.

Já dissemos que o Sistema Jurídico determina as relações que devem se estabelecer, dentre as possíveis hipóteses e consequências, considerando a causalidade jurídica. O ato de vontade decorre do exercício da competência constitucionalmente prescrita pela autoridade que legisla, que se expressa por um dever-ser neutro, que não aparece modalizado nas formas proibido, permitido e obrigatório, responsável pela conexão deôntica entre a hipótese e a consequência. Consiste no functor-de-functor relativo ao dever-ser jurídico, incidente sobre o liame de implicação interproposicional, em que fica estabelecido o vínculo entre proposição antecedente da norma e proposição consequente, sendo modalização invariável.

Estabelecido o vínculo implicacional da norma jurídica tributária, ou seja, constituído o nexo jurídico da proposição antecedente e proposição consequente, o dever-ser se encontrará modalizado no prescritor, sintaticamente posto na relação jurídica estabelecida entre o sujeito ativo, detentor de direito subjetivo, e o sujeito passivo, a quem incumbe o dever jurídico de cumprir a prestação obrigacional. A conexão entre os sujeitos ativo e passivo numa relação jurídica se dá por modal intraproposicional, que pode variar entre permitida, proibida e obrigatória.

Mas à norma jurídica tributária temos intrínseca uma proposição válida aos fatos e, dentro dessa proposição descritiva, devemos nos imiscuir ao campo empírico para afirmarmos ou não sua veracidade. O intérprete, portanto, necessita da busca na experiência da linguagem, para confirmar a assertiva de que o direito incide na realidade.

Com o direito busca-se a juridicidade da norma e sua obtenção ocorre somente por meio da norma processual. O cálculo de relações entre caso paradigma e a identidade com os demais casos semelhantes será travado pela norma geral e abstrata (paradigma) e a sua aplicação aos casos concretos.

12. AS DECISÕES JUDICIAIS E SUA INTERFERÊNCIA NO PROCESSO DE POSITIVAÇÃO DO DIREITO TRIBUTÁRIO

12.1 Racionalização e proceduralização

O sistema do direito tem como característica a homogeneidade sintática e heterogeneidade semântica. Todas as suas proposições, de caráter semântico, podem ser reduzidas ao campo da Lógica, simbolizadas sintaticamente, para aferir seu valor de verdade por meio de categoremas e sincategoremas. Mas tais lucubrações pertencem ao campo da Lógica Proposicional Deôntica,[322] cuja saturação de conteúdos semânticos envolverá a análise pragmática do discurso. Isso remete ao fato de que a abertura semântica, portanto, está imbricada com a pragmática.

A racionalização (que alguns chamam de simplificação, mas entendemos não ser o termo mais adequado, pois o raciocínio envolve expedientes mais ou menos complexos, e o que se busca é o seu direcionamento à formação do escopo das condutas humanas de maneira menos complexa cognoscitivamente) consiste na utilização de expedientes voltados, pragmaticamente,

322. ECHAVE, Delia Tereza; URQUIJO, María Eugenia; GUIBOURG, Ricardo. *Lógica, proposición y norma*. Buenos Aires: Astrea, 1991.

à saturação das aberturas semânticas de modo a adjudicar a menor, ou mais direta, possibilidade de conteúdos que, ao final, regulará as condutas intersubjetivas. O desafio é grande, pois envolve todas as construções de proposições jurídicas, desde a sintaxe até a consideração de seu uso pelos utentes do direito, transitando pelas orientações de ordem semântica.

A questão, portanto, é racional-científica, própria do método cartesiano. Verifica-se a validade do fenômeno a ser estudado e, por meio de incisivos cortes metodológicos, busca-se sentido às unidades com vistas à sintetização de um todo, dentro de um ordenado pensamento. A aplicação da racionalização ao Direito Tributário tem como ponto de partida as próprias unidades do sistema, mas sem deixar de considerar o paradoxo da interdisciplinaridade,[323] pois o corte metodológico é compatível com a análise do mundo mediante diversas abordagens, pois quaisquer disciplinas tendentes a um fechamento hermético (operacionalmente fechadas) são abertas em termos cognitivos, cujas categorias conceituais são alteradas pelo contexto.

Neste aspecto, além das diversas disciplinas próprias do direito, a construção normativa pertinente ao Direito Tributário deve buscar elementos dentro do Sistema Jurídico, nas unidades normativas que pertencem aos diversos ramos didaticamente autônomos, além das incursões ao macrocontexto social em que está inserido o sujeito que o interpreta. Todos aqueles habilitados à emissão de normas jurídicas (legislador em sentido amplo) o fazem dentro de determinado contexto social (inclusive histórico), permeado de valores, por suas experiências: a atividade do legislador em sentido amplo se dá em determinado contexto linguístico.[324]

---

323. TOMÉ, Fabiana Del Padre. O objeto do conhecimento científico e o paradoxo da interdisciplinaridade. *In*: (coord.) CARVALHO, Paulo de Barros. *Constructivismo lógico-semântico*. v. II. São Paulo, 2018.

324. TOMÉ, Fabiana Del Padre; FAVACHO, Fernando Gomes. O que significa pragmático para o constructivismo lógico-semântico: a tríade linguística 'sintático, semântico e pragmático' utilizada por Lourival Vilanova e Paulo de Barros Carvalho na Teoria do Direito. *In*: *Quaestio Iuris*, v. 10, n. 01, Rio de Janeiro, 2017, pp. 274-290.

Neste contexto, a legitimidade de decisões judiciais que utilizam técnicas de ponderação depende de sua racionalidade, com vinculação ao Sistema Jurídico vigente e, por ônus argumentativo, determina a solução que deverá ser adotada e as razões pelas quais se tomou tal decisão, dada a amplitude do campo de atuação e criação do intérprete conferido pelo Sistema Jurídico.

As relações dialógicas do discurso, portanto, demandam a abertura semântica-pragmática. Mas uma advertência é feita: a interdisciplinaridade não consiste na afirmação de que um fato jurídico pode ser tomado como econômico, político ou moral, o que caracterizaria uma transdisciplinaridade com miscigenação de sistemas, impossibilitando a forma de seus elementos. Preserva-se a diferenciação entre o sistema do direito positivo e os demais subsistemas que compõem o sistema social, e afirma-se que as situações pragmaticamente consideradas deverão, para formar a relação triádica de sentido da norma jurídica, também ingressar no Sistema Jurídico através dos específicos códigos de comunicação e peculiares reproduções de elementos decorrentes da característica do sistema do direito ser autopoiético.

Para manutenção de sua autonomia e identidade, o Sistema Jurídico possui fechamento operacional, ou seja, uma alteração econômica ou social não causa automaticamente alterações no direito, por si só. Através da proceduralização, é possível identificar a abertura semântica (cognitiva) e pragmática, atuando na provocação e na movimentação de suas estruturas por meio do procedimento propriamente previsto (código lícito/ilícito), possibilitando o acoplamento estrutural entre os sistemas.

Pois bem. Tenhamos em mente que não saímos das formas, pois estamos presos na linguagem, cujo cerco é inapelável. Como somente temos acesso às formas (a ideia/conteúdo permanece na mente até ser enunciada/forma), o conteúdo somente aparece na objetividade da linguagem intersubjetiva: a forma é o fundo aparecendo, e as coisas têm *pseudo*essências, cujo acesso nós não temos (*noúmenos*), mas tão somente ao que aparece (fenômenos).

Nas decisões judiciais, através de procedimento aporético, haverá o confronto de argumentos favoráveis e desfavoráveis (antítese). O direito também é feito e alterado pelas decisões dos juízes ao interpretarem os elementos legais existentes, e enfrenta o paradoxo de que a administração da justiça consiste na administração do direito em si, cujos conflitos jurídicos são contradições entre diferentes reivindicações de validade, que acarretam consequências distintas.

Não se quer referendar o ativismo judicial apresentado a partir da invasão de um poder na esfera do outro, sem autorização constitucional para tanto. Contudo, a realização do controle de constitucionalidade das leis e a atuação do Poder Judiciário para assegurar a proteção de direitos fundamentais não configuram ativismo. Igualmente, como a aplicação do direito somente se dá mediante atividade interpretativa, a necessária incursão além do plano literal, sem a busca da "vontade" da lei ou do legislador, não caracteriza ativismo.

Assim, o chamado "bom ativismo" não se caracteriza, de fato ativismo: este consiste na discricionariedade judicial com utilização de convicções pessoais do julgador em detrimento de fontes normativas. Ora, somente formas de racionalização do direito, com o propósito de limitar e objetivar a atividade legislativa do Poder Judiciário, considerando a realidade difusa do conteúdo dos ordenamentos, tem o condão de negar o voluntarismo judicial.

Deve-se considerar que o direito mantém relação com autonomias sociais variadas e suas normatividades e racionalidades intrínsecas, num polígono de racionalidades sociais. Isso acarreta uma nova distribuição de peso das fontes tradicionais do direito, o que levaria a uma queda do texto legislado em sentido estrito (suporte físico) e um valor maior do *fazer direito* como resultado de conflitos internos dentro da sociedade, inclusive às decisões judiciais capazes de sentir e refletir normatividades sociais.[325]

---

325. TEUBNER, Gunther. Dealing with paradoxes of law: Derrida, Luhmann, Wiethölter. *In*: PEREZ, Oren; TEUBNER, Gunther (org.). *On paradoxes and inconsistencies in law*. Oxford: Oxford, 2006, p. 62.

Bianor Arruda,[326] ao discorrer sobre a coisa julgada, limites e relativização, destaca:

> [...] enquanto as normas postas pelo Poder Legislativo são postas no presente e destinam-se a reger o futuro, as normas postas pelo Poder Judiciário são postas no presente, porém destinam-se a reger o passado. Enquanto as primeiras, portanto, não retroagem por força da Constituição, as segundas o fazem, também por força da Constituição, porém sob a *(sic)* perspectivas de estarem operando a partir de critérios legais vigentes já ao tempo do fato jurídico e da relação jurídica, ambos descritos pelas partes através das questões jurídicas apresentadas no processo para serem decididas.

Tal entendimento corrobora com o fato de que somente a partir de estimativas e vieses é possível apresentar os possíveis resultados de uma decisão judicial quanto às incertezas das incidências tributárias, tendo em vista o enredo de normas abstratas e gerais potencialmente aplicáveis. E tal incerteza persiste por toda a relação processual, pois ainda haverá os posicionamentos do tribunal de apelação, a sensibilidade do tema pelo Superior Tribunal de Justiça e eventuais posturas do Supremo Tribunal Federal, caso envolva questão constitucional.

Assim, ocorrerá um complexo processo de positivação da norma jurídica até que se construa a derradeira norma concreta e individual, em que estarão definidos o fato jurídico tributário e os termos da relação jurídica posta no consequente.

Ademais, necessária a aplicação de soluções estruturadas aos problemas complexos como o campo das lucubrações no Direito Tributário, que constantemente encontra-se envolvido em novas tecnologias, produtos, industrializações e até mesmo a definição do que seja consumo, bens, serviços e insumos.[327] Assim, qualquer decisão dos Tribunais Superiores, de

---

326. ARRUDA, Bianor. Coisa julgada, limites e relativização: o caso Metabel e o RE n. 590.809 em face dos novos paradigmas processuais e filosóficos. *In. XIV Congresso Nacional de Estudos Tributários:* racionalização do sistema tributário. São Paulo: Noeses, 2017. Disponível em: https://www.ibet.com.br/. Acesso em: 01 out. 2019.

327. Veja-se, por exemplo, a tributação dos *softwares* como serviços ou produtos e toda a temática dos tributos na era digital, que estão em constante evolução, a

efetivamente analisar o caso concretamente posto (e por isso, em relação a este, tem característica de norma individual e concreta), insere no ordenamento norma abstrata e geral, que transcenderá o contexto histórico em que foi posta,[328] sendo significante apto à proceduralização.

A proceduralização confirma a necessidade de, dialeticamente, a construção da norma jurídica permear-se pelos influxos de informações que dão novas – ou reafirmam – as dimensões semânticas em que poderão ser saturados os conteúdos da norma geral e abstrata produzida pelos Tribunais Superiores. Mas considerações desse jaez demandam, necessariamente, um esforço pragmático. Não queremos afirmar que as decisões que consideram tão somente o consequencialismo estão corretas: ao viés, queremos dizer que, para formar precedentes, mediante edição de decisões que têm, além do caráter individual e concreto (no caso em si posto em julgamento), também caráter abstrato e geral.

Por isso a abertura aos influxos evolutivos próprios dos objetos culturais, nos quais as dimensões do discurso, neste caso, devem considerar o "vir a ser", a abertura aos efeitos prospectivos próprios do preenchimento de conteúdo (semânticos) e sua evolução pelos usos dos conteúdos de significação (pragmática).

A proceduralização não significa desrespeito à irretroatividade, ou relativização irrestrita da coisa julgada. Como as ideias conceituais oprimem seu interlocutor a exemplos com dêiticos que o vinculam, vejamos um caso judicial em que o Supremo Tribunal Federal reafirmou seu posicionamento diante da pretensão de relativização da coisa julgada por meio

definição dos limites quanto às operações envolvendo preços de transferência e concretização do *arm's length principle*, a própria definição do conceito constitucional de renda, e muitos outros.

328. Observe-se, por exemplo, que a Súmula n. 405, do Supremo Tribunal Federal, muito utilizada em matéria processual tributária sobre a possibilidade de suspensão da exigibilidade do crédito tributário, foi publicada em 01.06.1964 e teve como precedente o julgamento do RMS 11.412 – SP, publicado no *DJ* de 25.07.1963.

de rescisória que pretendia conformar os pronunciamentos dos tribunais brasileiros com a jurisprudência de último momento da Corte, mesmo diante de norma constitucional:

> AÇÃO RESCISÓRIA *VERSUS* UNIFORMIZAÇÃO DA JURISPRUDÊNCIA. O Direito possui princípios, institutos, expressões e vocábulos com sentido próprio, não cabendo colar a sinonímia às expressões "ação rescisória" e "uniformização da jurisprudência".
>
> AÇÃO RESCISÓRIA - VERBETE Nº 343 DA SÚMULA DO SUPREMO. O Verbete n. 343 da Súmula do Supremo deve ser observado em situação jurídica na qual, inexistente controle concentrado de constitucionalidade, haja entendimentos diversos sobre o alcance da norma, mormente quando o Supremo tenha sinalizado, num primeiro passo, óptica coincidente com a revelada na decisão rescindenda.
>
> RECURSO EXTRAORDINÁRIO 590.809 RIO GRANDE DO SUL - RELATOR: MIN. MARCO AURÉLIO - RECTE.(S): METABEL INDÚSTRIA METALÚRGICA LTDA - ADV.(A/S): IVES GANDRA DA SILVA MARTINS E OUTRO(A/S) - RECDO.(A/S): UNIÃO - PROC.(A/S)(ES): PROCURADOR-GERAL DA FAZENDA NACIONAL.

Vale aqui a análise deste caso paradigmático. Trata-se de ação ajuizada pelo contribuinte em 07/03/2003, perante a Justiça Federal do Rio Grande do Sul, cuja pretensão era o aproveitamento de créditos do IPI, oriundos da aquisição de insumos NT, ou seja, isentos, imunes, não tributados ou com alíquota zero. Na data de 03/10/2003, em primeira instância, foi proferida sentença que julgou a ação improcedente. Submetida à apelação, em 02/03/2004, o Tribunal reverteu a decisão, deferindo ao contribuinte o direito ao aproveitamento dos créditos escriturais. Os recursos especial e extraordinário não foram admitidos, razão pela qual houve o trânsito em julgado do feito. O contribuinte foi intimado ao cumprimento do julgado em 25/01/2007.

Em 08/02/2007, a Procuradoria Geral da Fazenda Nacional ajuizou ação rescisória perante o Tribunal, sob o fundamento de ofensa à literal dispositivo legal, nos termos do art. 485, V, do Código de Processo Civil de 1973. Houve a concessão de tutela antecipada para impedir o cumprimento do julgado e provimento da ação. A defesa do contribuinte pautou-se nos dêiticos em que se situavam o contexto das discussões judiciais: argumentou que não seria possível se falar em violação à literal dispositivo de lei, pois desde 1998 a matéria era extremamente controvertida tanto no âmbito da Justiça Federal, quanto do próprio Supremo Tribunal Federal, sendo aplicável a Súmula n. 343.[329] O Tribunal Regional Federal da 4ª Região entendeu que não seria o caso de aplicar o entendimento consagrado na Súmula n. 343, embora tenha reconhecido a controvérsia na interpretação da lei federal tributária em discussão, pois a matéria versada na ação rescisória era constitucional. Assim, se o Supremo Tribunal Federal decide pela inconstitucionalidade de determinada lei, expurgando-a do ordenamento, então toda e qualquer decisão nela fundada torna-se sem fundamento legal, sendo irrelevante se imutável pela coisa julgada.

Ora, não se pode admitir que o expurgo do sistema da norma declarada inconstitucional possa infirmar as relações jurídicas estabilizadas a partir de decisão tomada com base nela e transitada em julgado. Diante disso, o Supremo Tribunal Federal, em 23/10/2014, ao apreciar recurso extraordinário interposto em face da decisão do Tribunal Regional Federal da 4ª Região, entendeu pela aplicação da Súmula n. 343, impedindo a retroatividade das normas jurídicas para incidir em situações já consolidadas.

O exemplo ilustra que, a despeito de argumentar-se que a justiça seja valor capaz de autorizar a flexibilização da coisa

---

329. BRASIL. Supremo Tribunal Federal. Súmula n. 343, de 13/12/1963: "Não cabe ação rescisória por ofensa a literal disposição de lei, quando a decisão rescindenda se tiver baseado em texto legal de interpretação controvertida nos tribunais". Oportuna aqui a demonstração da controvérsia: Em 05/03/1998, o Supremo Tribunal Federal entendeu devido o aproveitamento dos créditos nos casos de insumos isentos (RE n. 212.484). Em 18/12/2003, concluiu pelo aproveitamento nos casos de insumos sujeitos à alíquota zero, bem como insumos não tributados (RE n. 350.446, RE n. 353.668 e RE n. 357.277). Por fim, em 25/06/2007, o Supremo Tribunal Federal reviu seu posicionamento quanto aos insumos não tributáveis e sujeitos à alíquota zero, sem modulação de efeitos.

julgada material, tornando inócua essa garantia fundamental, sua persecução absoluta acarretaria na revisão *ad aeternum* das decisões judiciais, negando-se, portanto, a segurança jurídica. E a proceduralização não se trata disso, mas de considerar as dimensões semânticas em que poderão ser construídos os sentidos das normas abstratas e gerais emanadas dos Tribunais Superiores, em razão de novos influxos de informações que compreenderão o contexto do discurso, em estrita observância aos correlatos dêiticos.

Neste sentido, Georges Abboud[330] explica:

> Exemplo paradigmático dessa atuação do Judiciário é o correto uso das decisões aditivas/manipulativas, em sede de jurisdição constitucional, para correção de deficiência e omissão da função legislativa, a fim de se preservarem direitos fundamentais, o que não quer dizer que o Judiciário está legitimado a substituir a função legiferante do Congresso Nacional.

O que faz uma norma legal ou um resultado jurídico válido é pragmático. A realização de uma racionalidade jurídica deve permear-se na mediação entre a universalidade normativa e as circunstâncias reais, onde os Tribunais Superiores deixam de dar soluções materiais e definitivas aos diversos temas complexos e dariam respostas *procedurais* flexíveis que se manteriam abertas aos influxos de novas informações e descobertas.[331]

Mantém-se, assim, que as decisões proferidas no âmbito de repercussão geral e regime de repetitivos ficariam abertas aos regramentos estruturais para solução dos problemas complexos, permitindo que inovações de caráter social, desde que juridicizadas, sejam apreendidas pela jurisdição.

Mas isso não quer dizer que a jurisprudência dos Tribunais Superiores tenha liberdade para solucionar as questões

330. ABBOUD, Georges. *Processo constitucional brasileiro.* 2ª ed. São Paulo: RT, 2018, p. 1196.

331. Idem, p. 1.257.

jurídicas em parâmetros discricionários que são não jurídicos, pautados na subjetividade e pragmatismo, mas sim que se deve permear pela reconstrução dos critérios contraditórios apresentados pelo caso concreto, ou seja, imiscuir-se-á no campo da concretização.

A concretude, portanto, se trata de etapa fundamental para aferir-se, com exatidão, a própria norma jurídica e também a definição da relação juridicamente posta. Há, assim, um dialogismo entre a relação jurídica posta no consequente normativo e a concretização da própria norma jurídica, pelas considerações, pelo intérprete, das condições pragmáticas à saturação das aberturas semânticas de significação.

Veja que o próprio sistema admite considerações dessa forma, como no caso do *distinguishing*. Ainda que abstratamente e genericamente posta, deve-se descer às entranhas da concretização para observar se aquela norma se aplica, ou não, ao caso concreto. Mas não é somente isso: mesmo a construção da norma jurídica geral e abstrata posta por decisão de repercussão geral, ontologicamente considerada, tem seu percurso imbricado nas questões de ordem pragmática e dos constantes fluxos evolutivos inerentes aos objetos culturais. Para a construção das relações intersubjetivas, e jurídicas, há de se considerar o plano da concretização, e a decisão judicial, assim, funcionará no sistema como introdutora de enunciados, em ato performativo.

12.2 Decisão judicial como ato performativo

A teoria dos atos de fala tem suas bases nos trabalhos de John Langshaw Austin.[332] Qualquer ato de fala, mesmo que simples, é uma realidade complexa, com muitas dimensões, que se apresenta como expressão comunicativa produtora de enunciados, ou seja, enunciação.

---

332. OLIVEIRA, Manfredo Araújo de. *Reviravolta linguístico-pragmática na filosofia contemporânea*. São Paulo: Loyola, 1996.

Enunciado consiste num conjunto de grafemas ou fonemas, organizados segundo certas regras, a partir dos quais se formam proposições. Segundo Paulo de Barros Carvalho,[333] enunciados são "um conjunto de fonemas ou de grafemas que, obedecendo a regras gramaticais de determinado idioma, consubstanciam a mensagem expedida pelo sujeito emissor para ser recebida pelo destinatário, no contexto da comunicação".

A *enunciação* consiste na atividade psicofísica produtora de enunciados. O resultado dessa atividade forma um texto. Segundo José Luiz Fiorin,[334] "o primeiro sentido de 'enunciação' é o ato produtor do enunciado".

Como a atividade de enunciação compreende todos os atos necessários à produção de um enunciado, a *enunciação-enunciada* consiste nas marcas deixadas no processo de enunciação, ou seja, o conjunto de marcas deixadas no texto que remetem à instância da enunciação. Em tempo, é possível identificar, ainda, a sequência enunciada desprovida dessas marcas de enunciação, que denominamos *enunciado-enunciado.*

Ao utilizarmos a linguagem, trata-se de ação humana, com produção de atos com funções diferentes, tais como atos fonéticos, que são simples execução de ruídos; atos fáticos, que são expressões de vocábulos, palavras, ruídos com forma determinada, que pertencem a um vocábulo e seguem regras de gramática; ato rético, que consiste no uso de palavras para falar sobre algo; ato locucionário, que é o ato de dizer algo; e ato ilocucionário, que é o ato de dizer algo, mediante o qual também se faz algo.[335]

---

333. CARVALHO, Paulo de Barros. *Direito tributário* – fundamentos jurídicos da incidência. 9ª ed. São Paulo: Saraiva, 2012, p. 20.

334. FIORIN, José Luiz. *As astúcias da enunciação:* as categorias de pessoas, espaço e tempo. 2ª ed. São Paulo: Ática, 1999, p. 31.

335. TOMÉ, Fabiana Del Padre. *A prova no direito tributário.* 4ª ed. São Paulo: Noeses, 2016, p. 310.

Para Aurora Tomazini de Carvalho:[336]

> no corpo físico do documento normativo diferenciam-se dois tipos de enunciados: (i) aqueles que remetem à atividade de enunciação, informando o processo, a autoridade competente e as coordenadas de espaço e tempo em que se deu a produção do documento normativo, cujo conjunto denominamos de enunciação-enunciada e (ii) aqueles que nada informam sobre a atividade de enunciação, apesar de terem sido produzidos por ela, os quais denominamos de enunciado-enunciado.

Em relação aos conceitos, podemos definir por *enunciação* toda atividade humana (física) de produção de enunciados, num processo de criação da linguagem. A *enunciação-enunciada* são as marcas de pessoa, de espaço e de tempo da enunciação projetadas no enunciado. O *enunciado-enunciado* é a parte do texto desprovida das marcas da enunciação, sendo o enunciado veiculado pela enunciação-enunciada.

Neste compasso, as sentenças são normas de ampliação sistêmica, já que aplicam normas de conduta. Aos atos normativos estabelecidos pelas autoridades judiciais consubstanciam-se em instrumentos introdutores de normas, produzidos no curso do processo judicial. O conteúdo da sentença, portanto, consiste em enunciado-enunciado, portadores de enunciação-enunciada próprio da atividade jurisdicional.

A proposta de proceduralização, em que as decisões judiciais seriam flexíveis e se manteriam abertas aos influxos de novas informações e descobertas não consiste em tomar a justiça como conceito performático, com adoção de critérios do justo para flexibilização da coisa julgada. Como a linguagem é mediadora do conhecimento humano, numa dialeticidade com a realidade, não há que se centrar esforço na essência da coisa, mas nos fundamentos e condições para sua construção a partir da linguagem. Assim, ainda que se abandone um sentido unívoco de justiça, seu conceito sempre será submetido a um controle por meio da fundamentação.

336. CARVALHO, Aurora Tomazini de. *Curso de teoria geral do direito:* o constructivismo lógico-semântico. 4. ed. São Paulo: Noeses, 2014, pp. 679-680.

Ainda que se considere a dicotomia proposta por John Austin[337] entre enunciados "constativos" – que se prestam somente à descrição ou constatação de algo, sujeitos ao juízo de veracidade e falsidade – e enunciados performativos ou performáticos – cujo fim não é a descrição, mas a realização de algo, sem serem considerados verdadeiros ou falsos – certo é que nenhum enunciado é meramente descritivo, pois todos possuem um aspecto performativo e podem, sob a perspectiva pragmática, serem encarados como atos linguísticos. Igualmente, nos atos performáticos também se encontra alguma dimensão constativa. Por isso a distinção em atos locutórios, ilocutórios e perlocutórios dos atos enunciativos.

Essa digressão tem suma importância ao analisarmos os aspectos das decisões judiciais proferidas pelos Tribunais Superiores, em que se deve evitar a utilização de conceitos vagos e vazios de sentido, tais como "justiça" e "segurança jurídica", quando não postos na contextualização da fundamentação da própria decisão, numa atitude performativa voltada para a realização de uma ação e nada mais. Fala-se em nome da "justiça" e da "segurança jurídica" e chega-se a qualquer caminho que queira tomar o julgador, num ato de vontade daquele que detém o poder de julgar, em afronta ao art. 93, IX, da Constituição Federal.[338]

A possibilidade de interpretações diversas acerca da "justiça" (*v.g.*) impossibilita o acesso a um conceito universal, compelindo à necessidade de fundamentações sólidas e lastreadas à concretude das relações jurídicas, ainda que abertas aos influxos de novas comunicações que adjudiquem novas significações, dentro do contexto em que são analisadas.

---

337. AUSTIN, John L. *How to do things with words:* the William James lectures delivered at Harvard University in 1955. 2. ed. J.O. Urmson and Marina Sbisà; Oxford: Clarendon Press, 1975.

338. BRASIL. Constituição Federal (1988). Art. 93, IX. Todos os julgamentos dos órgãos do Poder Judiciário serão públicos, e fundamentadas todas as decisões, sob pena de nulidade, podendo a lei limitar a presença, em determinados atos, às próprias partes e a seus advogados, ou somente a estes, em casos nos quais a preservação do direito à intimidade do interessado no sigilo não prejudique o interesse público à informação.

Neste ponto, são imprescindíveis as lucubrações acerca das circunstâncias fáticas do caso concreto para a exata compreensão da norma jurídica, e isso se dá mediante a tomada de uma decisão que considera o elemento de subjetividade do intérprete e sua conexão com as necessidades pragmáticas que também são construídas para contextualização da significação normativa.

Mais importante que a mensagem normativa do texto de lei elaborado pelo legislador encontra-se a construção de sentido feita pelo intérprete da norma jurídica, pois este, na qualidade de enunciador, tem controle sobre a inferência semântica, embora o ato perlocucionário a ser produzido decorra de raciocínio cuja conclusão é provável.

Como se observa ao falar de fontes do Direito, sempre haverá um mínimo de causalidade na mera conduta humana, perceptíveis a todo procedimento jurídico. Neste aspecto, a linguagem jurídica será objetiva quando da expedição de norma pelo juiz, que a insere no ordenamento de forma pontual e intrassistêmica.

Com a construção do fato, haverá a construção da realidade jurídica posta à prova, numa relação entre o sujeito detentor de direitos e aquele outro sujeito compelido a deveres. O Poder Judiciário, assim, é chamado à manifestação em situações concretas, independentemente de alegação de lacuna ou obscuridade no ordenamento.[339]

Oportunas as palavras de João Maurício Adeodato:[340]

> parece hoje mais do que óbvio, mesmo intuitivamente para o jurista prático, não apenas que os tribunais criam normas gerais por intermédio da jurisprudência e que qualquer juiz cria direito no caso concreto, como quer a doutrina, positivista porém antiexegética, mais tradicional, mas também que o juiz singular cria normas gerais diante de casos singulares.

---

339. BRASIL. Código de Processo Civil (2015). Art. 140. O juiz não se exime de decidir sob a alegação de lacuna ou obscuridade do ordenamento jurídico.

340. ADEODATO, José Maurício. *Ética e retórica* – para uma teoria da dogmática jurídica. 3ª ed. São Paulo: Saraiva, 2007, p. 255.

Assim, a decisão judicial proferida pelos Tribunais Superiores insere significantes no ordenamento, suportes físicos que serão objeto de interpretação como normas de caráter abstrato e geral: ao intérprete caberá promover a positivação ao caso concreto, com a edição de normas individuais e concretas. Somente na concretização ter-se-á a exata dimensão da alteração da conduta humana promovida pela incidência da norma jurídica na realidade.

12.3 Decisão judicial e relação jurídica

Nos capítulos que precederam, vimos que há relações independentemente dos termos concretos que nela figuram. Haverá, no campo tributário, relação entre a hipótese e o consequente normativo; relação posta no consequente normativo, em que são identificados os sujeitos e o objeto; relação de direito subjetivo do sujeito ativo de exigir certa prestação do sujeito passivo; relação de dever jurídico do sujeito passivo de entregar o objeto da prestação ao sujeito ativo e, ainda, relação de competência exercida pelos sujeitos de direito na instituição de uma exação, e muitas outras.

Igualmente, afirmou-se que o direito busca a juridicidade da norma, obtida somente pela norma processual, cujo cálculo de relações entre caso paradigma e a identidade com os demais casos semelhantes será travado pela norma geral e abstrata (paradigma) e a sua aplicação aos casos concretos, dentro da própria relação processual. Como a relação jurídica é um vínculo estabelecido entre duas pessoas perante uma obrigação determinada, nega-se a possibilidade de relação entre sujeito e coisa, conforme conclui Lourival Vilanova:[341]

> A conduta é um fato de relação. É interpessoal ou intersubjetiva. Desdobra-se como ação ou omissão, que percute na conduta de outrem. Outrem é pronome pessoal indefinido. É qualquer outra

341. VILANOVA, Lourival. *Causalidade e relação no direito.* 5ª ed. São Paulo: Noeses, 2015, p. 80.

> pessoa. Não outra coisa. A relação imediata sujeito/coisa só é juridicamente relevante se mediatamente existe a relação sujeito a sujeito. Existe a relação sujeito/coisa (no Direito Real) se existe a relação jurídica mediata sujeito/sujeito, pouco alterando a indeterminação provisória de um dos sujeitos.

A relação processual não se trata, portanto, de relação estabelecida entre o sujeito e o bem ou coisa, pois estes não detêm personalidade jurídica para estabelecer uma relação jurídica com nenhum sujeito. Segundo Paulo Cesar Conrado,[342] "jurisdição é dever estatal, predominantemente cometido ao Poder Judiciário, que objetiva a composição de conflitos de interesses".

Neste sentido, cabe ao Estado a função jurisdicional, cabendo-lhe dirimir a lide com justiça, conforme a lei reguladora do conflito, mediante provocação. A jurisdição se exerce caso por caso, ou seja, dada a ocorrência da lide e em face da lide, se serve do processo. É uma operação por meio da qual se obtém a composição da lide, se manifesta através de atos coordenados tendentes a esse fim. A ação consubstancia-se no direito de invocar o exercício da função jurisdicional.

Processo é um meio ou instrumento através do qual se obtém a composição de uma lide, onde se desenvolve um conjunto de atos coordenados, que se sucedem uns aos outros, encaminhados para um fim. Compor a lide significa resolvê-la conforme os mandamentos da ordem jurídica, quer dizer, resolver os conflitos segundo a lei.[343] Trata-se, portanto, de uma relação jurídica.

Paulo Cesar Conrado[344] aponta a variabilidade de seu alcance semântico:

> "Processo" assim designaria (1) uma categoria de documento ('autos'); (2) uma tecnologia (meio de utilização pelo homem, exclusiva

---

342. CONRADO, Paulo Cesar. *Processo tributário.* São Paulo: Quartier Latin, 2004, p. 35.

343. SANTOS, Moacyr Amaral. *Primeiras linhas de direito processual civil:* adaptadas ao novo Código de Processo Civil. v. 1. São Paulo: Saraiva, 1985, p. 12.

344. CONRADO, Paulo Cesar. *Processo tributário.* São Paulo: Quartier Latin, 2004, p. 17.

> ou predominantemente, em determinada ação que engendra); (3) uma série pré-organizada de atos (rito); (4) o subconjunto do direito positivo, composto por regras formais; (5) uma espécie de relação jurídica, voltada a instrumentar o exercício do direito de ação e do correlato dever jurisdicional; (6) um'outra espécie de relação jurídica, canalizada a instrumentalizar o exercício dos direitos ao contraditório e à ampla defesa; (7) ainda outra espécie de relação jurídica, agora a que instrumentaliza o exercício do "direito ao processo" ('processo aqui entendido na quinta acepção apontada); (8) mais uma modalidade de relação jurídica, dirigida a instrumentalizar o exercício de atípica atividade administrativa pelo Poder Judiciário (a denominada "jurisdição voluntária"); (9) outra relação jurídica, agora triádica, havida entre 'autor', Estado-juiz (Judiciário) e "réu", e firmada por provocação do primeiro e ulterior integração do segundo; (10) um'última variedade de relação jurídica, revestida da mesma estrutura que se vê na acepção imediatamente anterior, mas na qual responde pelo papel de Estado-juiz a Administração (Executivo).

Neste aspecto, para a definição de processo, três elementos adicionais devem ser considerados: (i) angularidade, que também pode expressar-se pela noção de triadicidade, onde a relação processual envolve, de ordinário, três sujeitos: aquele que formula a pretensão, aquele a quem é formulada e aquele contra quem se formula; (ii) caráter público, uma vez que um dos sujeitos da relação é, obrigatoriamente, o Estado, na específica condição de juiz; (iii) complexidade, por não ser instantânea, a relação processual conforma-se pela somatória de uma série de atos, lógica e cronologicamente encadeados.

Entre a norma subordinante e a norma subordinada sempre haverá o ser humano como elemento intercalar na condição de agente competente que, segundo as regras de articulação do sistema, produz norma apta à regulação de condutas.

Como o ser humano assume posição crítica entre o real e a vida, em inquietação própria do ser pensante, a formação de conceitos categoriais já advém de uma associação fundante, como protoformas lógicas abertas ao influxo da experiência, da concreção existencial do real.

A decisão judicial, assim, consubstanciará na norma individual e concreta em relação ao caso especificamente posto naquela relação angular articulada entre o juiz, o autor e o réu. Mas assume foros de generalidade e abstração quando voltada aos demais sujeitos de direito, inseridas no ordenamento pelo regime de repetitivos[345] e de repercussão geral.[346]

Analisemos um exemplo. A definição do conceito de insumos na legislação da Contribuição para o PIS/Pasep e da Cofins foi estabelecida pela Primeira Seção do Superior Tribunal de Justiça no julgamento do Recurso Especial 1.221.170/PR, assim ementado:

> EMENTA. TRIBUTÁRIO. PIS E COFINS. CONTRIBUIÇÕES SOCIAIS. NÃO CUMULATIVIDADE. CREDITAMENTO. CONCEITO DE INSUMOS. DEFINIÇÃO ADMINISTRATIVA PELAS INSTRUÇÕES NORMATIVAS 247/2002 E 404/2004, DA SRF, QUE TRADUZ PROPÓSITO RESTRITIVO E DESVIRTUADOR DO SEU ALCANCE LEGAL. DESCABIMENTO. DEFINIÇÃO DO CONCEITO DE INSUMOS À LUZ DOS CRITÉRIOS DA ESSENCIALIDADE OU RELEVÂNCIA. RECURSO ESPECIAL DA CONTRIBUINTE PARCIALMENTE CONHECIDO, E, NESTA EXTENSÃO, PARCIALMENTE PROVIDO, SOB O RITO DO ART. 543-C DO CPC/1973 (ARTS. 1.036 E SEGUINTES DO CPC/2015).
>
> 1. Para efeito do creditamento relativo às contribuições denominadas PIS e COFINS, a definição restritiva da compreensão de insumo, proposta na IN 247/2002 e na IN 404/2004, ambas da SRF, efetivamente desrespeita o comando contido no art. 3º, II, da Lei 10.637/2002 e da Lei 10.833/2003, que contém rol exemplificativo.

---

345. O art. 1.036 do Código de Processo Civil dispõe que, quando houver multiplicidade de recursos especiais com fundamento em idêntica controvérsia, a análise do mérito recursal pode ocorrer por amostragem, mediante a seleção de recursos que representem de maneira adequada, a controvérsia. Recurso repetitivo, portanto, é aquele que representa um grupo de recursos especiais que tenham teses idênticas, ou seja, que possuam fundamento em idêntica questão de direito.

346. A Emenda Constitucional n. 45/2004 incluiu a necessidade de a questão constitucional trazida nos recursos extraordinários possuir repercussão geral para que fosse analisada pelo Supremo Tribunal Federal. O instituto foi regulamentado mediante alterações no Código de Processo Civil e no Regimento Interno do Supremo Tribunal Federal; BRASIL. Código de Processo Civil (2015). Art. 1.035. O Supremo Tribunal Federal, em decisão irrecorrível, não conhecerá do recurso extraordinário quando a questão constitucional nele versada não tiver repercussão geral, nos termos deste artigo. § 1º Para efeito de repercussão geral, será considerada a existência ou não de questões relevantes do ponto de vista econômico, político, social ou jurídico que ultrapassem os interesses subjetivos do processo. [...]

2. O conceito de insumo deve ser aferido à luz dos critérios da essencialidade ou relevância, vale dizer, considerando-se a imprescindibilidade ou a importância de determinado item – bem ou serviço – para o desenvolvimento da atividade econômica desempenhada pelo contribuinte.

3. Recurso Especial representativo da controvérsia parcialmente conhecido e, nesta extensão, parcialmente provido, para determinar o retorno dos autos à instância de origem, a fim de que se aprecie, em cotejo com o objeto social da empresa, a possibilidade de dedução dos créditos relativos a custo e despesas com: água, combustíveis e lubrificantes, materiais e exames laboratoriais, materiais de limpeza e equipamentos de proteção individual-EPI.

4. Sob o rito do art. 543-C do CPC/1973 (arts. 1.036 e seguintes do CPC/2015), assentam-se as seguintes teses: (a) é ilegal a disciplina de creditamento prevista nas Instruções Normativas da SRF ns. 247/2002 e 404/2004, porquanto compromete a eficácia do sistema de não cumulatividade da contribuição ao PIS e da COFINS, tal como definido nas Leis 10.637/2002 e 10.833/2003; e (b) o conceito de insumo deve ser aferido à luz dos critérios de essencialidade ou relevância, ou seja, considerando-se a imprescindibilidade ou a importância de terminado item – bem ou serviço – para o desenvolvimento da atividade econômica desempenhada pelo Contribuinte.

ACÓRDÃO. Vistos, relatados e discutidos estes autos, acordam os Ministros da Primeira Seção do Superior Tribunal de Justiça, na conformidade dos votos e das notas taquigráficas a seguir, prosseguindo no julgamento, por maioria, após o realinhamento feito, conhecer parcialmente do Recurso Especial e, nessa parte, dar-lhe parcial provimento, nos termos do voto do Sr. Ministro Relator, que lavrará o ACÓRDÃO. Votaram vencidos os Srs. Ministros Og Fernandes, Benedito Gonçalves e Sérgio Kukina. O Sr. Ministro Mauro Campbell Marques, Assusete Magalhães (voto-vista), Regina Helena Costa e Gurgel de Faria (que se declarou habilitado a votar) votaram com o Sr. Ministro Relator. Não participou do julgamento o Sr. Ministro Francisco Falcão. Brasília/DF, 22 de fevereiro de 2018 (Data do Julgamento).

RECURSO ESPECIAL Nº 1.221.170 – PR (2010/0209115-0) – RELATOR: MINISTRO NAPOLEÃO NUNES MAIA FILHO.

A tese do Superior Tribunal de Justiça está posta e é o que cabia fazê-lo pela análise do caso concreto (que lembramos, foi julgado sob o regime de repetitivos): definir as bases abstratas para se chegar ao conceito de insumos para fins de não cumulatividade da Contribuição ao PIS e da Cofins. E a decisão proferida consistiu em resposta procedural flexível que considera as atualidades dos fenômenos sociais, ou seja, abertas às percepções de mundo que garantem ao direito agir como sistema. Ou seja, a definição de conceito de insumo, para fins de creditamento relativo às contribuições ao PIS e à Cofins, se dá pelos critérios de essencialidade ou de relevância, considerando-se a imprescindibilidade ou a importância de determinado bem ou serviço para o desenvolvimento da atividade econômica do contribuinte.

Considerações desse jaez permitem afirmar que, a partir da norma geral paradigma, caberá ao intérprete promover sua concretude ao analisar a situação concreta quando da expedição da norma individual e concreta. Não cabe a outra norma geral e abstrata, sob o escopo de estabelecer as diretrizes da norma paradigma, tolhê-la semanticamente das hipóteses de construção de sentido, mediante expedição de prescrições que delimitam o que foi decidido pelo Tribunal Superior, dando falsa percepção de finitude do que pode existir.

Contudo, a Secretaria da Receita Federal do Brasil emitiu o Parecer Normativo COSIT n. 5, de 17 de dezembro de 2018, sob escopo de ser necessária porque

> a aplicação concreta dos critérios definidos pela Primeira Seção do Superior Tribunal de Justiça demanda um processo de análise que muitas vezes pode ser complexo e em alguns casos pode gerar conclusões divergentes. Neste contexto, considerando que as diversas áreas da Secretaria da Receita Federal do Brasil analisam regularmente a subsunção de milhares de itens ao conceito de insumos da legislação da Contribuição para o PIS/Pasep e da Cofins (em procedimentos de fiscalização, de compensação e ressarcimento, de consulta etc.), torna-se necessária uma concretização desses critérios em relação às principais categorias de itens analisadas administrativamente.[347]

347. Item 4 do Relatório do Parecer Normativo COSIT/RFB n. 05, de 17 de dezembro de 2018.

O referido Parecer Normativo utilizou-se dos fundamentos da decisão proferida nos autos do Resp 1.221.170/PR, no sentido de que a adequada compreensão de insumo, para efeito do creditamento relativo às contribuições usualmente denominadas PIS/COFINS, deve compreender todas as despesas diretas e indiretas do contribuinte, abrangendo, portanto, as que se referem à totalidade dos insumos. Não é possível, no nível da produção, separar o que é essencial (por ser físico, por exemplo), do que seria acidental, em termos de produto final (este foi o entendimento do Relator, Ministro Napoleão Nunes Maia Filho). Por fim, afirma a tese esposada pelo Superior Tribunal de Justiça:

> o conceito de insumo deve ser aferido à luz dos critérios de essencialidade ou relevância, ou seja, considerando-se a imprescindibilidade ou a importância de determinado item – bem ou serviço – para o desenvolvimento da atividade econômica desempenhada pelo contribuinte.

Entretanto, em interpretação que visa a tolher a concretude da norma geral e abstrata, retirando o caráter procedural da decisão, Parecer Normativo COSIT n. 5/2018 prescreveu que somente podem ser considerados insumos itens relacionados com a produção de bens destinados à venda ou com a prestação de serviços a terceiros, o que não abarca itens que não estejam sequer indiretamente relacionados com estas atividades. Sob tal argumento, não considerou como insumos os bens e serviços cuja subtração importa na impossibilidade mesma da prestação do serviço ou da produção, isto é, cuja subtração obsta a atividade da empresa, ou implica substancial perda de qualidade do produto ou serviço daí resultantes.

Esta consideração acarretou no entendimento de que não há insumos permissivos de creditamento em atividades que não geram como resultado um bem destinado à venda ou em um serviço disponibilizado ou prestado a terceiros (esforço bem-sucedido), como em pesquisas, projetos abandonados, projetos infrutíferos *etc.* Além disso, inexistem insumos na atividade comercial. Entende-se que não podem ser considerados insumos gastos com transporte (frete) de produtos acabados (mercadorias) de produção própria entre estabelecimentos da pessoa jurídica, para centros de distribuição ou entrega direta ao adquirente, como: a) combustíveis utilizados em frota própria de veículos; b) embalagens para transporte de mercadorias acabadas; c) contratação de transportadoras.

Contudo, admite a possibilidade de apuração de créditos das contribuições na modalidade aquisição de insumos em relação a dispêndios necessários à produção de um bem-insumo utilizado na produção de bem destinado à venda ou na prestação de serviço a terceiros (insumo do insumo), além de itens não indispensáveis à elaboração do próprio produto ou à prestação do serviço, mas que integram o processo de produção por imposição legal (EPI's, testes de qualidade, vacinas exigidas pela legislação ao produtor rural, tratamento de efluentes *etc.*), com a ressalva de que não podem ser considerados para fins de creditamento das contribuições: a) itens exigidos pela legislação relativos à pessoa jurídica como um todo, como alvarás de funcionamento *etc.*; b) itens relativos a atividades diversas da produção de bens ou prestação de serviços. De muitos outros itens imiscui-se o referido parecer.

O que se quer ressaltar, nesse caso, é que o parecer não tem o condão de prescrever no ordenamento a concretude das relações jurídicas que serão estabelecidas para fins de creditamento das contribuições ao PIS e à Cofins. Não há como considerar lícita no ordenamento jurídico, ainda que seja sob o escopo de explicar aos seus agentes a dimensão semântica exarada no Resp. 1.221.170/PR, prescrição do próprio ente tributante que venha restringir os efeitos de generalidade e abstração da decisão proferida pelo Tribunal Superior, através da (re)definição do conceito de insumos e, assim, impedindo o efeito procedural da decisão.

Reafirma-se que a construção da norma jurídica voltada à regulação das condutas intersubjetivas (e, portanto, no seu mais alto grau de concretude) deve permear-se pelos influxos de informações que afirmam, confirmam ou infirmam as dimensões semânticas em que poderão ser saturados os conteúdos da norma geral e abstrata produzida pelos Tribunais Superiores, dando certeza da relação jurídica que se estabelecerá em seu consequente.

Oportuno ressaltar que, ainda no caso sob análise, a 3ª Turma da Câmara Superior do Conselho Administrativo de Recursos Fiscais (CARF) seguiu, de maneira unânime, o entendimento do Superior Tribunal de Justiça no Recurso Especial n. 1.221.170, que definiu que insumos são bens essenciais à atividade de uma empresa.[348] O entendimento promoveu uma conceituação mais ampla de insumos para fins da apuração dos créditos de PIS e Cofins. Não compete à Receita Federal do Brasil, mediante edição do Parecer Normativo COSIT n. 5, de 17 de dezembro de 2018, prescrever o que é ou não insumo ao seu talante, sob o argumento de que estaria "explicando" a decisão proferida pelo Superior Tribunal de Justiça.

O tema, apesar da pacificação no Tribunal Superior, deve considerar especificamente a concretude da construção da norma jurídica e das relações jurídicas tributárias prescritas (modalizadas) no caso concreto. Este é um efeito inerente à proceduralização destas decisões: somente através da dialeticidade com o plano empírico obter-se-á o sentido completo da norma jurídica tributária.

Reafirma-se que os fatos jurídicos e consequentemente as relações jurídicas são postas à prova para que o Judiciário se manifeste em situações concretas. Assim, os posicionamentos devem dar azo àquele ponto fulcral, marginalizando questões oblíquas, pois o resultado do processo judicial é garantia do direito material. Observemos outro exemplo do Supremo Tribunal Federal, sobre a incidência tributária nas controladas e coligadas no exterior:

> TRIBUTÁRIO. IMPOSTO SOBRE A RENDA E PROVENTOS DE QUALQUER NATUREZA. CONTRIBUIÇÃO SOCIAL

348. CARF Processo: 13502.000491/2005-01, Fazenda Nacional *v.* ITF Chemical Ltda.

> SOBRE O LUCRO LÍQUIDO. PARTICIPAÇÃO NOS LUCROS DEVIDOS POR EMPRESAS ESTRANGEIRAS ÀS PESSOAS JURÍDICAS SEDIADAS NO BRASIL. CONTROLADAS E COLIGADAS. MOMENTO EM QUE SE APERFEIÇOA O FATO JURÍDICO TRIBUTÁRIO. CONCEITO CONSTITUCIONAL DE RENDA. CONCEITOS DE DISPONIBILIDADE JURÍDICA E DE DISPONIBILIDADE ECONÔMICA DA RENDA. MÉTODO DA EQUIVALÊNCIA PATRIMONIAL (MEP). ART. 43 DO CTN. MP 2.158-34/2001 (MP 2.135-35/2001). ART. 248, II DA LEI 6.404/1976. ARTS. 145, §1º, 150, III, "a" e 153, III, DA CONSTITUIÇÃO. Proposta pelo reconhecimento da repercussão geral da discussão sobre a constitucionalidade do art. 74 e par. ún. da MP 2.158-35/2001, que estabelece que os lucros auferidos por controlada ou coligada no exterior serão considerados disponibilizados para a controladora ou coligada no Brasil na data do balanço no qual tiverem sido apurados, na forma do regulamento, bem como que os lucros apurados por controlada ou coligada no exterior até 31 de dezembro de 2001 serão considerados disponibilizados em 31 de dezembro de 2002, salvo se ocorrida, antes desta data, qualquer das hipóteses de disponibilização previstas na legislação em vigor. (RE 611586 RG/PR, Rel. Min. Joaquim Barbosa, Pleno, j. 05.04.2012).

Trata-se de discussão acerca da incidência do Imposto sobre a Renda e da Contribuição Social sobre o Lucro Líquido (CSLL) sobre os resultados de empresas controladas ou coligadas no exterior, na data do balanço no qual tiverem sido apurados.

Sabe-se que a presunção absoluta é delicada na conformação da regra-matriz de incidência tributária, pois há de se respeitar garantias do contribuinte. Assim, o princípio da capacidade contributiva deve conversar com conceito de renda e realização de renda. Observe-se que a Lei n. 9.249/1995 prescreveu que a tributação de lucros do exterior de coligadas e controladas se daria na apuração, com reação dos contribuintes, que entendiam que a tributação sobre o lucro é daquele realizado. Com o advento da IN SRF n. 96/1999 prescreveu-se que a parcela de lucro em comento era aquela disponibilizada e não a apurada, cuja disponibilização foi regulamentada pela Lei n. 9.532/1997, ratificada pela Lei Complementar n. 104/2001, definindo-se, assim, a quem pertence a renda realizada.

Ainda que se pretenda a construção de sentido lógico da norma com perspectivas contábeis, haverá de se ter filtro jurídico no diálogo dessa intertextualidade. Observa-se que há de perquirir o conceito de renda líquida, estimada, realizada e concreta, e qual a medida de lucro refletida nas variações cambiais, pois a parcela de valor de ajuste do investimento é lucro no exterior, e não do Brasil.

Contudo, o Supremo Tribunal Federal decidiu pela incidência do IRPJ e da CSLL sobre os resultados das controladas e coligadas no exterior na data em que tiverem sido apurados em países considerados "paraísos fiscais", mas não no caso de coligadas localizadas em países sem tributação favorecida, ou que não são condicionantes de "paraísos fiscais".

Observe-se, assim, que a decisão judicial estabeleceu os limites em que se darão as relações jurídicas, mas, para tanto, o fez com base nos critérios de hipótese normativa. A despeito de projetarem-se no campo dos critérios do consequente da norma tributária, suas lucubrações se deram na classificação daqueles elementos colhidos do mundo dos fatos que farão parte do suposto normativo, em cotejo com as situações concretamente postas.

12.4 Interpretação intersistemática e o movimento empírico-dialético na construção das relações jurídicas tributárias

O direito consubstancia-se numa unidade sistêmica de normas. Em termos metodológicos para construção de uma ciência, essa unidade torna-se indecomponível e tem como axioma a intertextualidade jurídica. A demarcação de qualquer objeto científico consubstancia-se em corte do *continuum* heterogêneo da realidade circundante, propiciando-se o *descontinuum* homogêneo inerente à ciência, a que alude Rickert, em que se podem realizar outros cortes e recortes, dependendo do objetivo de aprofundamento.

O sistema é feito de proposições axiomáticas e teoremáticas, mas se trata de concepção para a ciência de objetos não formais culturais, como é o direito. Contudo, a realidade circundante é heterogênea, e os cortes do mundo são, em classificações, os próprios subsistemas.

Assim, os subsistemas não estão perfeitamente organizados e com suas demarcações bem definidas, tanto que qualquer isolamento disciplinar importa em ferir o axioma da intertextualidade. Não teria cabimento falar em interdisciplinaridade sem o valor individual das próprias disciplinas, visto ser necessário o conhecimento de suas fronteiras. A intertextualidade no direito se dá internamente, entre os ramos didaticamente autônomos, e entre todos os setores que tomam o direito como objeto, como a Sociologia do Direito, a História do Direito etc., sendo estes externos ou extrajurídicos.

Ressalte-se que o ser humano está atrelado inexoravelmente ao seu contorno existencial delineado pelos seus horizontes culturais, em limites de espaço e tempo, em uma dicotomia entre a razão e seus padrões axiológicos. Estes valores atuam no comando das decisões de cada conduta, que são acompanhadas pela mutável vida social. Observe-se, ainda, que a experiência jurídico-tributária acompanha as alternâncias sociais, políticas, econômicas, financeiras e administrativas nos setores público e privado. Neste cenário, a movimentação do domínio das disposições constitucionais e a correlata positivação, se dará nas situações contenciosas, em que são montados os procedimentos jurídicos voltados a fazerem valer os direitos consagrados no ordenamento.

E esse dinamismo no relacionamento humano, que traça os parâmetros circunstantes das condutas intersubjetivas, requer que o Sistema Jurídico atenha-se nas formas de interação, com referentes semânticos genéricos posteriores em relação ao fato social objeto das normas, sem imiscuir-se nas ocorrências efetivas, o que provoca o descompasso entre o plano da realidade social e o plano do ordenamento jurídico que sobre ela incide.

Neste contexto, a realidade normada pressupõe minucioso conhecimento do universo factual. No campo do Direito Tributário, que se atina aos tributos, a concepção semiótica submete a ordem jurídica a uma crítica rigorosa, mediante considerações sintáticas, semânticas e pragmáticas. Veja-se sobre o ICMS, em que há um conceito constitucional de mercadoria, dado que o termo compõe a própria competência outorgada pela Constituição Federal aos Estados-membros e ao Distrito Federal, mas que, com o passar do tempo, expandiu-se para abranger bens incorpóreos destinados à atividade mercantil, onde se verifica que a atribuição de sentido há de evoluir de acordo com as mudanças tecnológicas ocorridas na vida social. Assim, o contexto é decisivo para a configuração do processo comunicacional.

Ainda que se considere o direito como um sistema comunicativo diferenciado e dotado de programas e códigos próprios, com abertura e fechamento especiais em relação ao ambiente,[349] certo é que pertence ao macrossistema social. O sistema social, por sua vez, se encontra em constantes mutações comunicacionais, ocorridas em seus subsistemas político, econômico, científico etc., que possuem códigos de comunicações próprios e reprodução de elementos por meio de operações específicas conferidoras de fechamento operativo, com peculiares aberturas cognitivas. Observe-se, contudo, que o Sistema Jurídico visa a estabilizar as expectativas normativas, qualificando as condutas por estruturação em códigos lícito e ilícito, e programa definidor da hipótese em que a comunicação jurídica qualificará os fatos sociais, mediante condicionais que regulam a alocação dos valores ao código binário.

Justamente neste ponto a concretização servirá como modelo de incisão do fato social mediante a cognição jurídica, possibilitando, assim, o ingresso no mundo do direito como enunciado que, preenchidos os requisitos prescritos pela legislação, qualifica-o como fato jurídico. Mas a norma jurídica, como

349. LUHMANN, Niklas. *O direito da sociedade*. Tradução do original "Das Recht der Gesellshaft", por Saulo Krieger. São Paulo: Martins Fontes, 2016, *passim*.

objeto, depende da ação humana para sua construção, cuja intencionalidade daquele que realiza o movimento empírico-dialético se dá no contexto social, ou seja, considerando todo o complexo de elementos reunidos sob características comuns que se inter-relacionam.[350] Neste sentido, a mesma conduta pode ser objeto de incidência de várias classes de normas (contínuo heterogêneo), mas, em atitude gnosiológica, deve-se fracioná-la em porções para orientação na complexidade da textura social: esse descontínuo homogêneo se dá pragmaticamente.

Veja-se, assim, que a substituição de variáveis lógicas com constantes fácticas se dá na experiência, cujo modelo de referência é a realidade social. Como o direito positivo nunca alcança a multiplicidade da contextura social, a relação entre seu sistema (deôntico-jurídico) e a realidade é semântica e pragmática. As diferenças entre os ambientes, delimitadas e constituídas pelas operações internas do sistema na autorreprodução de elementos, suscita conflitos sujeitos a decisões.

Neste cenário, destacam-se as técnicas de tutela de direitos transindividuais, em que são delimitados e identificados os objetos, as partes e os fundamentos jurídicos com o propósito de atender, de forma unitária e homogênea, uma finalidade concernente a um grupo, categoria, ou classe, ou número expressivo de sujeitos, ou a toda coletividade, evitando-se diversas e repetidas ações individuais. Tem como condição operacional, portanto, a projeção de eficácia para além daqueles partícipes da relação processual.

Sobre o assunto, pondera Mantovanni Colares Cavalcante:[351]

> Essa eficácia além do processo se ajusta com muita propriedade aos litígios tributários, pois no Direito Tributário é comum

---

350. VILANOVA, Lourival. *As estruturas lógicas e o sistema do direito positivo*. São Paulo: Noeses, 2005.

351. CAVALCANTE, Mantovanni Colares. Coisa julgada no processo tributário coletivo e a força transcendente de julgados em processos individuais. *In:* CARVALHO, Paulo de Barros. *XV Congresso Nacional de Estudos Tributários*: 30 anos da Constituição Federal e o sistema tributário brasileiro. São Paulo: Noeses, 2018, pp. 765-766.

> a existência de relações homogêneas, como por exemplo (*sic*) quando se tem contribuintes do mesmo imposto, de modo que se mostra bastante adequada a coisa julgada coletiva numa situação como essa, de "[p]essoas diferentes que mantêm relações jurídicas análogas, em substância, com a de outras pessoas, em círculos mais ou menos amplos" (Conforme destaca Araken de Assis. Processo civil brasileiro. vol. III: parte especial: procedimento comum: da demanda à coisa julgada. São Paulo: Revista dos Tribunais, 2015, p. 1.429).

Ainda que se considere que o sistema é tendente à implementação do precedente com protagonismo, impingindo efeitos às causas individuais, há de ser feito o cotejo relacional de identificação da situação jurídica individual, e correlatos fatos jurídicos que já ingressaram no sistema, ou que virão a ser traduzidos na linguagem competente e adequada (ainda que fora da relação angular processual).

A força vinculante denota situação jurídica em que a coisa julgada não mais se traduz em imutabilidade plena, mas tão somente a um limite do exercício da jurisdição. Observe que naqueles processos em que se adjudica a qualidade de repercussão geral, os limites de eficácia da decisão serão dispostos de acordo com o próprio alcance da decisão transindividual, de modo que dentro das relações pragmaticamente construídas é que se dará (ou não), sua incidência. Elucidando, o exemplo do julgamento do Agravo Regimental em Reclamação no Pleno do Supremo Tribunal Federal, RCL 7778 AgR/SP, assim ementado:

> Agravo regimental em reclamação. 2. Ação coletiva. Coisa julgada. Limite territorial restrito à jurisdição do órgão prolator. Art. 16 da Lei n. 7.347/1985. 3. Mandado de segurança coletivo ajuizado antes da modificação da norma. Irrelevância. Trânsito em julgado posterior e eficácia declaratória da norma. 4. Decisão monocrática que nega seguimento a agravo de instrumento. Art. 544, § 4º, II, b, do CPC. Não ocorrência de efeito substitutivo em relação ao acórdão recorrido, para fins de atribuição de efeitos *erga omnes*, em âmbito nacional, à decisão proferida em sede de ação coletiva, sob pena de desvirtuamento da lei que impõe limitação territorial. 5. Agravo regimental a que se nega provimento.

(Rcl 7778 AgR, Rel. Min. Gilmar Mendes, Tribunal Pleno, j. 30-04-2014, Acórdão Eletrônico Dje-094 Divulg. 16-05-2014 Public. 19-05-2014).

Observe-se que a discussão travada em mandado de segurança coletivo dizia respeito ao direito de creditamento dos valores relativos ao IPI nas operações de aquisição de matéria-prima isenta oriunda da Zona Franca de Manaus, onde foi fixado o limite territorial em processo coletivo. Determinou-se em qual espaço se dará a eficácia da decisão, demarcando geograficamente a coisa julgada coletiva e, por corolário, impondo limitação do alcance da decisão transindividual. Estabeleceu-se, ainda que no campo da generalidade e da abstração, em quais condições se darão os dêiticos para construção e aplicação da norma jurídica.

Neste cenário, a interpretação da norma jurídica, portanto, demanda a construção de raciocínio acerca destes limites, com o uso de informações adquiridas de outros sistemas e seus necessários ingressos no Sistema Jurídico. Somente com a inserção no contexto da complexa construção jurídica dos próprios fatos será possível a implicação em relações jurídicas. E isso ocorre com todos os dados do mundo que o direito pretende ver regulados: somente pelo contato com a experiência é que se dará a aptidão de realizar a subsunção e implicação jurídica.

O próprio direito determina posições para estabelecer, posteriormente, as regras em que se darão as condutas intersubjetivas. Mas as complexidades semânticas e correlatos impactos pragmáticos são solucionados dentro do exercício jurisdicional, onde são postas novas posições e correlatas regras aplicáveis, o que demanda, novamente, construção interpretativa dos jurisdicionados e, no caso de decisões *erga omnes*, de toda a sociedade. Este ciclo, aparentemente infinito, tem na concretização sua efetividade, onde são traspassados determinados limites do dever-ser.

12.5 Interpretação concretizadora da norma jurídica para efetividade da regulação de condutas prescritas nas relações jurídico-tributárias

Todas as categorias até aqui estudadas importam na conclusão de que, para regulação das condutas humanas, o direito lida com o manejo de definições de fatos que lhes são relevantes. Numa atitude cíclica, identifica-se o fato jurídico (o ato humano juridicamente relevante), para possibilitar a incidência normativa que conterá uma prescrição de conduta humana. Interessante observar que, como manifestações de fenômenos, a própria existência dos objetos está condicionada àquilo que se pode atribuir significado. É atitude mental humana, muito próxima do modelo cartesiano da *res cogitans* e *res extensa*, mas sempre considerando as específicas regras de ingresso no Sistema Jurídico.

A conduta, ontologicamente considerada, encontra-se no plano do *ser*. É certo que o direito considera ocorrido o fato no plano da realidade tangível, estabelecendo implicações de como *deve-ser* a conduta. Como compatibilizar, portanto, que não há que se falar em convergência entre os mundos do *ser* (aléticos) e do dever-ser (deônticos)? Ora, plano do *dever-ser* encerra seu percurso em uma representação, dependente da vontade do destinatário do comando normativo em cumprir a conduta prescrita ou descumpri-la, em que é rompido o limite do deôntico e passa-se às contingências do *ser*.

É exatamente neste ponto limite do dever-se que atua a concretização. Além das expectativas procedurais inerentes a qualquer expedição de norma de caráter geral e abstrato, devem ser consideradas inserções na eficácia social da norma jurídica, em que são sopesados os sentimentos, as crenças e as estimativas do destinatário do comando jurídico, inclusive com o estabelecimento de sanções voltadas ao estímulo no cumprimento da conduta prescrita, tanto de ordem direta (premiais) como indireta (punitivas).

E neste ponto admite-se o diálogo entre o plano empírico e aquele advindo do resultado do labor de construção de sentido normativo. Somente com a identificação dos exatos limites da linguagem da realidade social poderá ser realizada a intersecção com a linguagem do direito posto, e concretude da norma jurídica que incidirá sobre essa realidade, com a implicação da linguagem artificialmente construída da facticidade jurídica. A referência, é claro, também é circular: o direito incide sobre os próprios fatos que constrói, com vistas a alterar condutas que se encontram no plano do ser. É também uma articulação linguística num contexto existencial, mas a curva assintótica estabelecida nos respectivos eixos deônticos, por mais próxima que esteja, não toca aquele plano.

Por isso insistimos que a construção do fato jurídico deve ser contextualizada à dimensão em que está sendo analisada, pois isso impacta na implicação da própria relação jurídica (ou relações jurídicas) e na definição dos bens jurídicos que serão afetados, além dos sujeitos que a compõem. O referente semântico da região material das condutas deve adjudicar-se às unidades normativas formadas por estruturas sintáticas e às manifestações dos fatores pragmáticos, o que demanda imiscuir-se nos recortes cognoscitivos da multiplicidade do real, dada a complexidade do tecido social.

Neste cenário, a movimentação de estruturas do Texto Fundamental até o domínio dos comportamentos interpessoais demanda uma compreensão da nomodinâmica, o que requer uma perspectiva histórica inerente aos objetos da cultura, região ôntica na qual pertence o direito. A dimensão do fato conotativamente descrito na hipótese normativa tributária implementa o sobreprincípio da segurança jurídica, quando observados os princípios da estrita legalidade e tipicidade tributária, estipuladores de limites objetivos. E reafirmamos que esse dimensionamento do fato é que dará azo à subsunção da previsão genérica da norma geral e abstrata, consubstanciando a edição da norma individual e concreta constituidora do fato jurídico tributário e da correlata obrigação. O ingresso dessa identificação (do fato) se dará conforme as prescrições do Sistema Jurídico, ou seja, pela linguagem probatória. Mas aquilo que se pretende e que se deve comprovar tem como escopo o arcabouço contextual que delimita os fatores pragmáticos voltados à aplicação do direito, ou seja, são os elementos linguísticos do discurso que constituem a realidade.

13. PROPOSIÇÕES CONCLUSIVAS

As proposições conclusivas visam, antes de tudo, a elucidar qualquer aspecto circuncisfláutico que tenha, ainda que não intencionalmente, permanecido nas proposições tecidas no presente trabalho.

A convivência humana é dinâmica e produz novas manifestações de relacionamento, cujas condutas intersubjetivas se dão no espaço físico e social, em que se torna imprevisível o fluxo do acontecer histórico, cujas mutações dificultam o controle e a padronização de conteúdos, acarretando na característica do Sistema Jurídico ater-se a formas de interação, a comportamentos com referentes semânticos genéricos, abrindo mão de ocorrências efetivas, no descompasso entre a realidade social e o ordenamento jurídico.

Novas situações comunicacionais demandam conhecimento minucioso do universo factual em que ocorrem as condutas humanas. A realidade normativa tributária, que aparece na forma de texto, demanda considerações semióticas para estruturá-la.

A norma jurídica não chega à completude de reger todas as condutas, pois não afeta a intrassubjetividade. Por isso, o seu regime é de completabilidade, pois a sociedade também está envolta em atualizações e alterações. A pragmática da comunicação jurídica estabelece modificações, sem necessariamente ocorrer alterações no texto. O direito define posições para, posteriormente, estabelecer quais serão as regras voltadas à regulação das condutas humanas, permanecendo em estado de aptidão para, através da norma, responder às circunstâncias da vida social.

Considerando a esquematização seletiva do fáctico, onde o tipo é necessariamente redutor da situação, os acontecimentos entram na janela da hipótese da norma jurídica. No consequente, inexoravelmente, há relação jurídica. Contudo, ainda que em proposições descritivas, pode-se afirmar a possibilidade de também haver relação jurídica na hipótese, tendo em vista que o dado ou conteúdo da descrição seja fato já normativamente modelado, pois o ser humano não pode ficar impassível frente ao objeto e não pode se isentar das vivências que influenciam no olhar ao objeto. Não há descritividade pura, ainda que se pretenda a inatingível neutralidade. A completude do sistema se dá pela porção de fatos alocados na hipótese e pelas condutas inseridas no consequente das proposições deônticas.

O direito reside na região ôntica dos objetos culturais, construídos pelo homem para modificar a realidade circundante, implementando valores. Estes valores, no entanto, não se encontram no direito posto, mas no próprio ser humano, que realiza atos de valoração. O direito é a síntese do real com o ideal, que tem base no texto, cuja atitude gnosiológica é a compreensão. Mas o direito somente é grandioso na medida em que ele é pensado, pois como o ser humano é um ser carente, está sujeito a enganos, e deve ter respeito se quiser buscar precisão e firmeza no discurso.

Observe-se que a positivação, como sequência de atos uniformes e descendentes ponentes de normas no sistema que visam à individualização e concretude das condutas, não guarda simetria com a derivação, pois a operação lógica-semântica de articulação de normas em outras sobrepostas ou sotopostas, em cálculos de coordenação e subordinação pode se circunscrever a porções normativas arquitetadas como subsistema, em cortes de núcleos semânticos voltados às normas terminais nas imediações das condutas intersubjetivas. Tem-se ciência de que a mera reflexão sobre o fenômeno da incidência já fará exsurgir situações hipotéticas alojadas em algum antecedente normativo, mas o intérprete somente as concretiza quando lança mão de expedir normas jurídicas no sistema: a interpretação é pressuposto da aplicação, ou seja, a derivação correlaciona-se com a intepretação e a positivação tem estrita consonância com a aplicação do direito.

Respeitada a ausência no sistema de qualquer norma impeditiva de eficácia técnica sintática e semântica, o intérprete passa a imiscuir-se no campo pragmático, modificando, com isso, a realidade circundante através de sucessivos momentos de dedutibilidade, implementando a eficácia normativa, através do estabelecimento de estrutura linguística dentro das determinações jurídico-positivas e dando, assim, por acontecido o fato e a correlata implicação em relação jurídica.

As normas são resultantes da interpretação dos enunciados, desde que analisados em conjunto para atribuição da significação deôntica, considerando as dimensões sintática, semântica e pragmática. Sendo as significações o espelho das normas – que em sentido amplo não se afere seu teor axiológico, mas aquelas articuladas na forma lógica dos juízos hipotético-condicionais relacionadas à regulação do comportamento e à instalação de relações jurídicas – as regras jurídicas são fruto da interpretação construída na mente do intérprete.

Mas defendemos que tais lucubrações têm posição teorética, ou seja, quando se interpreta a norma jurídica, adota-se a posição de resolução de provável litígio no caso concreto, servindo a proposição geral e abstrata como forma lógica a ser quantificada das proposições individuais e concretas, recobrindo a concrescência da conduta humana.

No campo tributário, as mutações juridicamente relevantes ocorridas no campo do real social têm seu ingresso e relato de acordo com os meios de prova admitidos pelo sistema positivo, consubstanciando-se em fatos jurídicos tributários (lícitos ou ilícitos), cuja eficácia que deles irradia é a instalação de relações jurídicas tributárias.

O jurista atua, portanto, como ponto de intersecção entre a teoria e a prática, na turbulenta vida social caracterizada pela hipercomplexidade das relações, através de linguagem técnico-empírica estruturada para obter relações de causa e efeito, fazendo valer as categorias abstratas artificialmente concebidas como verdades por coerência para construir comandos aptos à regulação da conduta humana. A linguagem da experiência atua, portanto, como intermediadora entre o saber teorético e a pragmática da comunicação jurídica, constante das interações irreflexivas.

O direito atua para imprimir direção às interações humanas, mas a normatização perfeita é um parâmetro que não será alcançado. Contudo, isto não põe fim à sua busca. A norma jurídica, portanto, não advém de um ato de vontade espontâneo, pois a própria vontade humana é condicionada à experiência do indivíduo que, apesar de exprimir o que pensa – uma comunidade de propósitos – tem seu pensamento socializado.

Ao deparar-se com o texto jurídico, o intérprete tem o trabalho de, primeiramente, dissecá-lo em sua estrutura sintática, atribuindo, assim, a dimensão semântica do comando normativo. Mas seu trabalho não para por aí: deve considerar o aspecto pragmático em sua construção de sentido. Não se busca, ao menos como resultado, a "vontade do legislador", o que não significa, dentro de seu horizonte cultural, deixar de considerá-la (levando-se em conta a amplitude do conhecimento – em seu termo lato – combinada com o momento histórico, político e social), mas sim a firmeza de seu discurso na construção de sentido normativo. Essa solidez tem sua raiz na Lógica, isto é, mediante a Lógica Jurídica é possível construir o sentido normativo em sua exata proporção.

Tal raciocínio leva à conclusão de que o exegeta, ao realizar a tarefa de construir sentido normativo, percorre níveis de linguagem, iniciando seu trabalho pelo texto bruto (suporte físico) do direito positivo, abstraindo a proposição até chegar ao nível da ciência jurídica: somente através da linguagem corrente dos juristas poderá o intérprete fazer a correlação dos conceitos trazidos no texto normativo com a situação concreta que lhe é posta.

Quanto maior o nível de abstração realizado pelo intérprete, maior será o caminho percorrido na subida pela espiral do percurso gerador de sentido, podendo formar as diretrizes necessárias para fundamentar aquela construção produzida, o que ocorre no plano da Teoria Geral do Direito e da Filosofia, etapa em que a verificação da solidez do discurso se dá pela formalização. Mas confirma-se a premissa adotada no presente trabalho: é imprescindível o regresso ao plano da facticidade, através da desformalização, para exata conformação da construção normativa ao quadro de concretude dos fatos.

A implementação de valores chega ao limiar das condutas inter-humanas, quase as tocando, quando expressada a ínsita singularidade do fato jurídico. Ainda que a regra-matriz de incidência, como norma geral e abstrata, venha veicular hipoteticamente o fato típico, com a classe de notas identificadoras dos acontecimentos, somente através da positivação insere-se o factual jurídico e estabelece-se, por vínculo implicacional, a relação jurídico-tributária em norma individual e concreta. Parte-se do conceitual para a concreção histórica. Mas ainda não se encontra completa a compreensão normativa apta à fenomenologia da incidência: somente através da concretização, como etapa última do percurso gerador de sentido em que se interpreta a realidade a ser ordenada, e seus limites advindos da situação concreta, o intérprete alcança a compreensão do comando normativo.

O jurista, portanto, necessariamente vale-se dos dados oferecidos pela natureza e pela experiência social, e com base nestes pressupostos constrói o sentido das regras jurídicas, sempre com orientação do Sistema Jurídico que lhe dê referência.

O direito, como técnica de modificação social, não vem para representar o mundo, mas para alterá-lo, implantando valores e projetando-se sobre o fluxo instável do suceder humano, num processo dialético estabelecido entre normas gerais e abstratas e normas individuais e concretas ou individuais e abstratas, tudo operando mediante a presença indispensável da linguagem.

Acolhe-se, portanto, que o direito é um tecido de linguagem, e através da própria linguagem constrói-se o plexo de normas jurídicas, resultantes de atos psicofísicos de enunciação, expressas por enunciados e inseridas no ordenamento por veículos que fazem as vezes de introdutores de regras jurídicas, obedecidas sempre as dimensões de ordem sintática, semântica e pragmática. A alteração do mundo social é processo de observação do direito da própria causalidade, ou seja, é dentro dela que disciplina as condutas intersubjetivas.

Reafirma-se, assim, a necessidade epistemológica de um plano interpretativo relativo à etapa da concretização, posterior ao percurso gerador de sentido, para considerar os elementos contextuais no processo interpretativo, que envolvem as circunstâncias fáticas do caso concreto, dando aptidão para inclusão como fatos jurídicos na classe de acontecimentos abstratamente previstos, e correlata relação jurídica que chega às imediações das condutas intersubjetivas.

A atividade hermenêutica traz consigo a tarefa de busca pelos valores que devem ser concretizados. Cabe ao intérprete construir os sentidos adequados conferidos aos textos legais, capazes, assim, de viabilizar a plena expressão daqueles na aplicação ao caso concreto.

A tarefa do intérprete na conversão do contexto da realidade social em linguagem jurídica através do desencadeamento do processo decisório de aplicação da norma jurídica, tendo como resultado o estabelecimento da relação entre o caso concreto e os textos jurídicos positivados se dará, portanto, na concretização.

Infere-se, assim, que a norma jurídica é o resultado da interpretação do texto legislativo mediante um processo de adjudicação de sentido que permite alcançar significados a partir dos significantes naqueles encontrados. Há, pois, um núcleo material nos textos legais que precisa ser concretizado a cada instante em que a norma deva reger uma situação individual.

Neste processo de adjudicação de sentidos aos textos, realizado com os olhos do presente, mas tendo por esteio elementos oferecidos pelo passado, o intérprete busca compreender adequadamente os textos, identificando seus sentidos possíveis e optando por aquele que melhor atenda às necessidades contemporâneas. Cumprida esta tarefa, parte, então, para o momento da aplicação, instante em que a atividade construtiva se materializa, dando a face à realidade. A tarefa da interpretação consiste em concretizar a lei em cada caso, ou seja, é a tarefa da aplicação.

No processo de construção de sentido, o intérprete não pode apreender o conteúdo da norma a partir de um ponto situado fora do contexto histórico, mas deve considerá-lo concretamente, sendo condicionante do conteúdo de seu pensamento. Conforme exposto no presente trabalho, a compreensão da norma jurídica é formada na linha de pensamento do intérprete, que tem seu início a partir de uma pré-compreensão ou intuição.

A tarefa de fundamentação dessa pré-compreensão se dará na etapa da concretização, da correlação da norma jurídica com o problema concreto, consubstanciado no método, que adotamos como *hermenêutico-analítico concretizador*. Ressalte-se que os aspectos pragmáticos próprios à interpretação concretizadora não pressupõem a exclusão do raciocínio subsuntivo consubstanciado pela Escola do Constructivismo Lógico-Semântico. Ora, a hermenêutica compõe-se tanto da semântica como da pragmática, dando sentido ao complexo da realidade, que engloba decisões, cultura e historicidade, equivalendo, assim, à interpretação construtiva (com o perdão do pleonasmo, pois toda interpretação é construtiva).

Com estes contornos, conclui-se que a etapa da concretização consistirá na efetividade dos princípios da certeza do direito, legalidade tributária e tipicidade tributária, trazendo a possibilidade de atingir o valor segurança jurídica. Somente com a análise do panorama geral da realidade social, aliada às alterações promovidas pela realidade jurídica, pode o jurista encontrar-se em terreno sólido nas relações jurídico-tributárias: o elemento de conexão confirmador da linguagem da experiência é a concretização.

REFERÊNCIAS

ABBAGNANO, Nicola. *Dicionário de filosofia.* 1ª ed. brasileira coordenada e revista por Alfredo Bosi; rev., trad. e trad. novos textos Ivone Castilho Benedetti. 6ª ed. São Paulo: Martins Fontes, 2012.

ABBOUD, Georges. *Processo constitucional brasileiro.* 2ª ed. São Paulo: RT, 2018.

ADEODATO, João Maurício. *Ética e retórica* – para uma teoria da dogmática jurídica. 3. ed. São Paulo: Saraiva, 2007.

_____. *Ensaio e discurso sobre a interpretação/aplicação do direito.* São Paulo: Malheiros, 2006.

_____. *Uma teoria retórica da norma jurídica e do direito subjetivo.* 2ª ed. São Paulo: Noeses, 2014.

ALEXY, Robert. *Teoria dos direitos fundamentais.* Tradução de Virgílio Afonso da Silva. São Paulo: Malheiros, 2008.

ALVES, Alaôr Caffé. Fundamentos dos atos de vontade e práxis linguístico-social no direito. Kelsen e Wittgenstein II. *In:* HARET, Florence; CARNEIRO, Jerson Carneiro (coord.). *Vilém Flusser e juristas:* comemoração dos 25 anos do grupo de estudos de Paulo de Barros Carvalho. São Paulo: Noeses, 2009.

_____. *Lógica* – pensamento formal e argumentação: elementos para o discurso jurídico. São Paulo: Edipro, 2000.

AMARAL, Gustavo da Silva. ISS – materialidade de sua incidência. *In:* DINIZ DE SANTI, Eurico Marcos. (coord.). *Curso de Especialização em Direito Tributário:* estudos analíticos em homenagem a Paulo de Barros Carvalho. Rio de Janeiro: Forense, 2009.

AMARO, Luciano da Silva. *Direito tributário brasileiro.* 3ª ed. São Paulo: Saraiva, 1999.

ANDRADE FILHO, Edmar Oliveira. *Imposto de Renda das empresas.* São Paulo: Atlas, 2007.

AQUINO, Tomás de. *Seleção de textos* – o ente e a essência. Tradução de Luiz João Baraúna. São Paulo: Nova Cultural. 2004.

ARAÚJO, Clarice von Oertzen de. Semiótica na hermenêutica e interpretação constitucional. *In:* SOUZA, Priscila de. (coord.) *VI Congresso Nacional de Estudos Tributários* – sistema tributário brasileiro e a crise atual. São Paulo: Noeses, 2009.

ARRUDA, Bianor. Coisa julgada, limites e relativização: o caso Metabel e o RE n. 590.809 em face dos novos paradigmas processuais e filosóficos. *In. XIV Congresso Nacional de Estudos Tributários:* racionalização do sistema tributário. São Paulo: Noeses, 2017. Disponível em: https://www.ibet.com.br/. Acesso em: 01 out. 2019.

ATALIBA, Geraldo. *Hipótese de incidência tributária.* 6ª ed. São Paulo: Malheiros, 2013.

AUSTIN, John L. *Cómo hacer cosas con palabras.* Tradução de Genaro R. Carrió e Eduardo A. Rabossi. Barcelona: Paidós, 2004.

_____. *How to do things with words:* the William James lectures delivered at Harvard University in 1955. 2. ed. J.O. Urmson and Marina Sbisà; Oxford: Clarendon Press, 1975.

BALEEIRO, Aliomar. *Direito tributário brasileiro.* Notas de atualização de Misabel Abreu Machado Derzi. 11. ed. Rio de Janeiro: Forense, 1999.

BARRETO, Aires F. *Curso de direito tributário municipal.* 2ª ed. São Paulo: Saraiva, 2012.

BARRETO, Paulo Ayres. Imposto sobre a renda – pessoa jurídica. *In: Curso de Especialização em Direito Tributário:* estudos analíticos em homenagem a Paulo de Barros Carvalho (coord.) Eurico Marcos Diniz de Santi. Rio de Janeiro: Forense, 2009.

BARROSO, Luís Roberto. *Interpretação e aplicação da Constituição:* fundamentos de uma dogmática transformadora. 5ª ed. São Paulo: Saraiva, 2003.

BECKER, Alfredo Augusto. *Teoria geral do direito tributário.* 5ª ed. São Paulo: Noeses, 2010.

BELLO, Héctor López. Derecho, lenguaje y compreensión: la dimensión hermenéutica del texto jurídico. *In:* ROBLES, Gregório; CARVALHO, Paulo de Barros (coord.). *Teoria comunicacional do direito:* diálogo entre Brasil e Espanha. São Paulo: Noeses, 2011.

BOBBIO, Norberto. *Teoria da norma jurídica.* Tradução de Ariani Bueno Sudatti e Fernando Pavan Baptista; apresentação de Alaôr Caffé Alves. 5ª ed. São Paulo: Edipro, 2014.

_____. *Teoria do ordenamento jurídico.* Tradução de Ari Marcelo Solon; apresentação de Tercio Sampaio Ferraz Junior. 2ª ed. São Paulo: Edipro, 2014.

BORGES, José Souto Maior. A verdade como correspondência entre enunciados jurídicos. *In:* ADEODATO, João Maurício; BITTAR, Eduardo C. B. (org.). *Filosofia e teoria geral do direito:* estudos em homenagem a Tercio Sampaio Ferraz Junior por seu septuagésimo aniversário. São Paulo: Quartier Latin, 2011.

_____. *Lei complementar tributária.* São Paulo: RT, 1975.

BRAGHETTA, Daniela de Andrade. Relações jurídicas interpretadas diante de decisões do Supremo Tribunal Federal. *In: XIV Congresso Nacional de Estudos Tributários:* racionalização do sistema tributário. São Paulo: Noeses, 2017. Disponível em: https://www.ibet.com.br. Acesso em: 01 out. 2019.

_____. *Tributação no comércio eletrônico.* São Paulo: Quartier Latin, 2003.

BRITTO, Lucas Galvão de. *A regra-matriz de incidência tributária e as definições produzidas pelas agências reguladoras.* São Paulo: Noeses, 2017.

_____. Dividir, definir e classificar: conhecer é recortar o mundo. *I Curso Internacional de Teoria Geral do Direito.* Veneza, 2016. Disponível em https://bit.ly/39F29L8 Acesso em: 28 jul. 2020.

_____. *O lugar e o tributo:* ensaio sobre a competência e definição do critério espacial da regra-matriz de incidência tributária. São Paulo: Noeses, 2014.

_____. Sobre o uso de definições e classificações na construção do conhecimento e na prescrição de condutas. *In:* CARVALHO, Paulo de Barros (coord.). *Lógica e direito.* São Paulo: Noeses, 2016.

CAMPILONGO, Celso Fernandes. *O direito na sociedade complexa.* São Paulo: Max Limonad, 2000.

CAPES. Portal de Periódicos Capes/MEC. Disponível em: http://www.periodicos.capes.gov.br/. Acesso em: 01 out. 2019.

CARNELUTTI, Francesco. *A prova civil.* Tradução de Lisa Pary Scarpa. 2ª ed. Campinas: Bookseller, 2002.

CARRAZZA, Roque Antonio. *Curso de direito constitucional tributário.* 25. ed. São Paulo: Malheiros, 2009.

_____. *ICMS.* 16. ed. São Paulo: Malheiros, 2012.

_____. *Imposto sobre a renda* – perfil constitucional e temas específicos. 2. ed. São Paulo: Malheiros, 2006.

_____; BOTTALLO, Eduardo D. Operações de exportação e equiparadas e imunidade à contribuição social sobre o lucro. *In: Revista Dialética de Direito Tributário*, n. 91, São Paulo: Dialética, 2003.

CARVALHO, Aurora Tomazini de. *Curso de teoria geral do direito:* o constructivismo lógico-semântico. 4ª ed. São Paulo: Noeses, 2014.

CARVALHO, Paulo de Barros. A interpretação do direito no novo CPC. *In: Revista da CAASP* n. 20, ano 4, São Paulo: OAB/ CAASP, dez. 2015.

_____. A respeito da liberdade. *In:* PARISI, Fernanda Drummond; TORRES, Heleno Taveira; MELO, José Eduardo Soares de. (org.). *Estudos de Direito Tributário em homenagem ao Professor Roque Antonio Carrazza.* v. 1. São Paulo: Malheiros, 2014.

_____. Algo sobre o constructivismo lógico-semântico. *In: Constructivismo lógico-semântico.* v. I. São Paulo: Noeses, 2014.

CARVALHO, Paulo de Barros. As regras-matrizes de incidência do ITR e do IPTU: análise dos principais critérios distintivos. *In: Direito Tributário em Questão* – Revista da Fesdt. v. 06, 2010.

_____. *Curso de direito tributário.* 25. ed. São Paulo: Saraiva, 2013.

_____. *Direito tributário* – fundamentos jurídicos da incidência. 9ª ed. São Paulo: Saraiva, 2012.

_____. *Direito tributário, linguagem e método.* 5ª ed. São Paulo: Noeses, 2013.

_____. *Direito tributário:* reflexões sobre filosofia e ciência em prefácios. São Paulo: Noeses, 2019.

_____. *Lógica e direito* (coord.). São Paulo: Noeses, 2016.

CAVALCANTE, Mantovanni Colares. Coisa julgada no processo tributário coletivo e a força transcendente de julgados em processos individuais. *In:* CARVALHO, Paulo de Barros. *XV Congresso Nacional de Estudos Tributários:* 30 anos da Constituição Federal e o sistema tributário brasileiro. São Paulo: Noeses, 2018.

CAVALCANTI, Temístocles Brandão. *Teoria dos atos administrativos.* São Paulo: RT, 1973.

CHARNESKI, Heron. Uma lei clara: a Lei n. 11.638/07 e a estabilização, na contabilidade, de conflitos tributários e societários. *Revista Dialética de Direito Tributário,* n. 155.

COÊLHO, Sacha Calmon Navarro. Introdução à teoria geral do direito tributário. *In: Tributação brasileira em evolução* – estudos em homenagem ao Professor Alcides Jorge Costa (coord. Raquel Elita Alves Preto). São Paulo: IASP, 2015.

COMANDUCCI, Paolo. *Razonamiento jurídico:* elementos para un modelo. México: Fontamara, 1999.

CONRADO, Paulo Cesar. *Compensação tributária e processo.* 2ª ed. São Paulo: Quartier Latin, 2010.

_____. *Processo tributário.* São Paulo: Quartier Latin, 2004.

COPI, Irving. *Introdução à lógica.* São Paulo: Mestre Jou, 1978.

COSSIO, Carlos. *La valoración jurídica y la ciencia del derecho.* Buenos Aires: Arayú, 1954.

CURY, Augusto. *Ansiedade* – como enfrentar o mal do século. A síndrome do pensamento acelerado: como e por que a humanidade adoeceu coletivamente, das crianças aos adultos. São Paulo: Saraiva, 2014.

DALLA PRIA, Rodrigo. Constructivismo jurídico e interpretação concretizadora: dialogando com Paulo de Barros Carvalho e Friedrich Müller. *In:* CARVALHO, Paulo de Barros; SOUZA, Priscila Souza (org.) *VIII Congresso Nacional de Estudos Tributários* – derivação e positivação no direito tributário. São Paulo: Noeses, 2011.

_____. *Teoria geral do processo tributário.* 2010. Dissertação (Mestrado em Direito). Pontifícia Universidade Católica de São Paulo (PUC-SP), São Paulo. Disponível em: http://www.dominiopublico.gov.br/. Acesso em: 04 jan. 2016.

DASCAL, Marcelo. *Interpretação e compreensão.* São Leopoldo: Unisinos, 2006.

DIMOULIS, Dimitri. *Positivismo jurídico.* São Paulo: Método, 2006.

DINIZ, Maria Helena. *Compêndio de introdução à ciência do direito.* São Paulo: Saraiva, 1988.

DWORKIN, Ronald. *O império do direito*. Tradução de Jefferson Luiz Camargo. São Paulo: Martins Fontes, 2003.

ECHAVE, Delia Tereza; URQUIJO, María Eugenia; GUIBOURG, Ricardo. *Lógica, proposición y norma*. Buenos Aires: Astrea, 1991.

ENCICLOPÉDIA jurídica da PUC-SP. Disponível em: https://enciclopediajuridica.pucsp.br. Acesso em: 01 out. 2019.

ESSER, Josef. *Principio y norma en la elaboración jurisprudencial del derecho privado*. Tradução de Eduard Valentí Fiol. Barcelona: Bosch, 1961.

FALCÃO, Amílcar de Araújo. Fato gerador da obrigação tributária. 2ª ed. São Paulo: RT, 1971 *apud* CELESTINO, João Baptista. *Direito tributário nas escolas*. 4ª ed. São Paulo: Sugestões Literárias, 1980.

FERRAGUT, Maria Rita. *Presunções no direito tributário*. 2ª ed. São Paulo: Quartier Latin, 2005.

FERRAZ JUNIOR, Tercio Sampaio. *Direito, retórica e comunicação:* subsídios para uma pragmática do discurso jurídico. 3ª ed. São Paulo: Atlas, 2015.

_____. *Introdução ao estudo do direito:* técnica, decisão, dominação. 2ª ed. São Paulo: Atlas, 1994.

_____. *Teoria da norma jurídica* – ensaio de pragmática da comunicação normativa. 4ª ed. Rio de Janeiro: Forense, 2009.

_____. Segurança jurídica e normas gerais tributárias. *In: Revista de Direito Tributário* n. 17-18, São Paulo: RT.

FERREIRA, Daniel. *Sanções administrativas*. São Paulo: Malheiros, 2001.

FIORIN, José Luiz. *Argumentação*. São Paulo: Contexto, 2016.

_____. *As astúcias da enunciação:* as categorias de pessoas, espaço e tempo. 2ª ed. São Paulo: Ática, 1999.

FLUSSER, Vilém. *Língua e realidade*. 3ª ed. São Paulo: Annablume, 2007.

FREITAS, Juarez. Hermenêutica jurídica e desvios cognitivos. *In: Revista de Direitos e Garantias Fundamentais,* n. 13. Vitória, jan.-jun. 2013.

FREUND, Julien. *Sociologia de Max Weber.* 4. ed. Rio de Janeiro: Forense, 1987.

GADAMER, Hans-Georg. *Verdade e método I.* Traços fundamentais de uma hermenêutica filosófica. Tradução Flávio Paulo Meurer. 6ª ed. Petrópolis: Vozes, 2004.

GAMA, Tácio Lacerda. *Competência tributária:* fundamentos para uma teoria da nulidade. 2ª ed. São Paulo: Noeses, 2009.

GRAU, Eros Roberto. A jurisprudência dos interesses e a interpretação do direito. *In*: ADEODATO, João Maurício (org.). *Jhering e o Direito no Brasil.* Recife: Universitária, 1996.

_____. *Ensaio e discurso sobre a interpretação/aplicação do direito.* São Paulo: Malheiros, 2002.

GRECO, Marco Aurélio. *Revista Dialética de Direito Tributário.* São Paulo: Dialética, n. 51.

HABERMAS, Jürgen. Wahrheit und Rechtfertigung – Philosophische Aufsätse. Frankfurt am Main: Suhrkamp. 1999. *In:* MARTINS, Clélia Aparecida. Sobre jogo de linguagem: Habermas e Wittgenstein. *Revista de Filosofia.* v. 35, n. 2, 2010.

HART, Herbert. L. A. *O conceito de direito.* Lisboa: Fundação Calouste Gulbenkian, 1986.

HEIDEGGER, Martin. *Ser e tempo.* v. I. Petrópolis: Vozes, 1988.

HOFFMANN, Susy Gomes. O imposto sobre serviços de qualquer natureza. *In:* DINIZ DE SANTI, Eurico Marcos. (coord.). *Curso de Especialização em Direito Tributário:* estudos analíticos em homenagem a Paulo de Barros Carvalho. Rio de Janeiro: Forense, 2009.

HOFFMANN, Susy Gomes. *Teoria da prova no direito tributário.* Campinas: Copola, 1999.

HUME, David. *A treatise on human nature*. Livro III, parte 1, seção 1. Nova York: 1961.

HUSSERL, Edmund. *Ideias para uma fenomenologia pura e para uma filosofia fenomenológica*. São Paulo: Ideias & Letras, 2006.

_____. *Investigações filosóficas* – sexta investigação. Elementos de uma elucidação fenomenológica do conhecimento. São Paulo: Nova Cultural, 2005.

IVO, Gabriel. *Norma jurídica:* produção e controle. São Paulo: Noeses, 2006.

JUPIASSÚ, Hilton; MARCONDES, Danilo. *Dicionário básico de filosofia*. 3ª ed. Rio de Janeiro: Jorge Zahar, 1996.

JUSTEN FILHO, Marçal. *O imposto sobre serviços na Constituição*. São Paulo: RT, 1985.

KAHNEMAN, Daniel. *Rápido e devagar:* duas formas de pensar. Tradução de Cássio de Arantes Leite. Rio de Janeiro: Objetiva, 2012.

KANT, Immanuel. *Crítica da razão pura*. São Paulo: Abril Cultural, 1980.

KELSEN, Hans. *Reine Rechslehre*. Edição portuguesa. 5ª ed. Coimbra: Arménio Amado, 1979.

_____. *Teoria pura do direito*. 3ª ed. Coimbra: Arménio Amado, 1984.

KOSIK, Karel. *Dialética de lo concreto*. México: Grijalbo, 1967.

LENZA, Pedro. *Direito constitucional esquematizado*. 23. ed. São Paulo: Saraiva, 2019.

LIEBMAN, Enrico Tullio. *Manuale di diritto processuale civile*. v. 2. 3. ed. Milano: Giuffrè, 1974.

LIMA, Hermes. *Introdução à ciência do direito*. Rio de Janeiro/São Paulo: Freitas Bastos, 1962.

LINS, Robson Maia. *Controle de constitucionalidade da norma tributária:* decadência e prescrição. São Paulo: Quartier Latin, 2005.

_____. *Curso de direito tributário brasileiro.* São Paulo: Noeses, 2019.

LUHMANN, Niklas. *O direito da sociedade.* Tradução do original "Das Recht der Gesellshaft" por Saulo Krieger. São Paulo: Martins Fontes, 2016.

MARTINO, Antonio Anselmo. Vision sistemica de la legislacion. *In:* ADEODATO, João Maurício; BITTAR, Eduardo C. B. (org.). *Filosofia e teoria geral do direito:* estudos em homenagem a Tercio Sampaio Ferraz Junior por seu septuagésimo aniversário. São Paulo: Quartier Latin, 2011.

MARTINS, Ricardo Marcondes. Neoconstitucionalismo. *Enciclopédia Jurídica da PUC-SP*, t. II (recurso eletrônico): direito administrativo e constitucional. (coord.) Vidal Serrano Nunes Jr. [*et al.*] – São Paulo: Pontifícia Universidade Católica de São Paulo, 2017.

MAXIMILIANO, Carlos. *Hermenêutica e aplicação do direito.* 20. ed. Rio de Janeiro: Forense, 2013.

MCNAUGHTON, Charles William. Constructivismo lógico-semântico. *In:* (coord.) CARVALHO, Paulo de Barros. *Direito tributário e os novos horizontes do processo.* São Paulo: Noeses, 2015.

MELLO, Celso Antônio Bandeira de. *Curso de direito administrativo.* 19. ed. São Paulo: Malheiros, 2005.

MENNE, Albert. *Introducción a la lógica.* Madrid: Editorial Gredos, 1969.

MESSIAS, Adriano Luiz Batista. A estrutura da norma jurídica que institui contribuições para a seguridade social. *Revista de Direito Tributário Contemporâneo,* ano 3, v. 15. São Paulo: RT, 2018.

_____. A importância dos atos de fala do enunciatário para construção das normas jurídicas. *Revista de Direito Tributário Contemporâneo*, ano 4, v. 19. São Paulo: RT, 2019.

MINATEL, Andréa Medrado Darzé. Da inconstitucionalidade da incidência do IPI na primeira saída. *In: XV Congresso Nacional de Estudos Tributários:* 30 anos da Constituição Federal e o Sistema Tributário Brasileiro. São Paulo: Noeses, 2018.

MIRANDA, Francisco Cavalcanti Pontes de. *O problema fundamental do conhecimento.* Porto Alegre: Globo, 1937.

_____. *Tratado de direito privado.* t. I. Campinas: Bookseller, 1999.

MORTARI, Cézar. *Introdução à lógica.* São Paulo: Unesp, 2001.

MOURA, Carlos Alberto Ribeiro. Husserl: significação e fenômeno. Doispontos: *Revista dos Departamentos de Filosofia da Universidade Federal do Paraná e da Universidade Federal de São Carlos.* Curitiba, São Carlos, v. 3, n. 1, p. 37-61, abr. 2006.

MOUSSALLEM, Tárek Moysés. Fontes do direito tributário. *In: Curso de especialização em direito tributário:* estudos analíticos em homenagem a Paulo de Barros Carvalho. Rio de Janeiro: Forense, 2005.

_____. *Fontes do direito tributário.* 2ª ed. São Paulo: Noeses, 2006.

_____. *Fontes do direito tributário.* São Paulo: Max Limonad, 2001.

_____. *Revogação em matéria tributária.* 2ª ed. São Paulo: Noeses, 2011.

_____. Sobre as definições. *In*: (coord.) CARVALHO, Paulo de Barros. *Lógica e direito.* São Paulo: Noeses, 2016.

_____. A lógica como técnica de análise do direito. *In:* CARVALHO, Paulo de Barros. (coord.) *Constructivismo lógico-semântico.* v. I. São Paulo: Noeses, 2014.

MÜLLER, Friedrich. *Juristiche Methodik.* Tradução de Odim Brandão Ferreira. 2ª ed. Berlin: Duncker & Humbolt, 1976.

_____. *Métodos de trabalho do direito constitucional.* Porto Alegre: Síntese, 1999.

_____. *O novo paradigma do direito* – introdução à teoria e metódica estruturantes do direito. São Paulo: RT, 2007.

_____. Teoria e interpretação dos direitos humanos nacionais e internacionais – especialmente na ótica da teoria estruturante do direito. *In*: CLÈVE, Clèmerson Merlin; SARLET, Ingo Wolfgang; PAGLIARINI, Alexandre Coutinho (org.). *Direitos humanos e democracia*. Rio de Janeiro: Forense, 2007.

_____. *Teoria estruturante do direito*. 2ª ed. São Paulo: RT, 2009.

NAVARRO, Pablo Eugenio. *La eficácia del derecho*. Madrid: Centro de Estudios Constitucionales, 1990.

NEVES, A. Castanheira. *Metodologia jurídica:* problemas fundamentais. Coimbra: Coimbra, 1993.

NEVES, Marcelo. *Teoria da inconstitucionalidade das leis*. São Paulo: Saraiva, 1988.

NOGUEIRA, Júlia de Menezes. *Imposto sobre a renda na fonte*. São Paulo: Quartier Latin, 2007.

NOGUEIRA, Ruy Barbosa. *Curso de direito tributário*. 14. ed. São Paulo: Saraiva, 1995.

OLIVEIRA, Heletícia Leão de. Teoria da norma jurídica no neoconstitucionalismo pós-positivista: uma concretização constitucional além do decisionismo. *Cadernos do Programa de Pós-Graduação em Direito da PPGDir.* UFRGS, v. X, n. 2. Porto Alegre: Edição Digital, 2015.

OLIVEIRA, Manfredo Araújo de. *Reviravolta linguístico-pragmática na filosofia contemporânea*. São Paulo: Loyola, 1996.

OLIVEIRA, Ricardo Mariz de. O conceito de renda – inovação do art. 43 do CTN pela Lei Complementar n. 104 – A questão da disponibilidade sobre lucros de coligadas e controladas no exterior. *Revista Dialética de Direito Tributário*, n. 73.

PAULINO, Maria Angela Lopes. A teoria das relações na compreensão do direito positivo. *In: Constructivismo lógico-semântico*, v. I. São Paulo: Noeses, 2014.

PEIXOTO, Daniel Monteiro. *Competência administrativa na aplicação do direito tributário*. São Paulo: Quartier Latin, 2006.

_____. Suspensão da exigibilidade do crédito tributário. Proposta de equacionamento teórico das causas suspensivas à luz das normas de competência tributária administrativa. *In:* DINIZ DE SANTI, Eurico Marcos. (coord.). *Curso de especialização em direito tributário* – homenagem a Paulo de Barros Carvalho. Rio de Janeiro: Forense, 2006.

PERELMAN, Chaim. À propos de la règle de droit: reflexions de méthode *apud* FREITAS, Juarez. *Hermenêutica jurídica:* o juiz só aplica a lei injusta se quiser. Porto Alegre: Ajuris, 1987.

PINKER, Steven. *Guia de escrita:* como conceber um texto com clareza, precisão e elegância. Tradução de Rodolfo Ilari. São Paulo: Contexto, 2016.

PISCITELLI, Tathiane dos Santos. Os conceitos de direito privado como limites à interpretação de normas tributárias: análise a partir dos conceitos de faturamento e receita. *In:* SOUZA, Priscila de. (coord.). *VII Congresso Nacional de Estudos Tributários*. São Paulo: Noeses, 2010.

QUELBANI, Mélika. *O círculo de Viena*. Tradução Marcos Marcionilo. São Paulo: Parábola, 2009.

REALE, Miguel. *Lições preliminares de direito*. 9ª ed. São Paulo: Saraiva, 1981.

_____. *O direito como experiência:* introdução à epistemologia jurídica. 2ª ed. São Paulo: Saraiva, 1999.

_____. *Teoria tridimensional do direito*. 5ª ed. São Paulo: Saraiva, 1994.

ROBLES, Gregorio. *As regras do direito e as regras dos jogos:* ensaio sobre a teoria analítica do direito. Tradução de Pollyana Mayer. São Paulo: Noeses, 2011.

_____. *O direito como texto:* quatro estudos da teoria comunicacional do direito. Barueri: Manole, 2005.

_____. *Teoría del derecho:* fundamentos de teoría comunicacional del derecho. v. I. 3. ed. Navarra: Civitas, 2010.

_____. *Teoría del derecho:* fundamentos de teoría comunicacional del derecho. v. II. Madri: RT, 2015.

ROSA, Íris Vânia Santos. *A penhora na execução fiscal.* 2ª ed. São Paulo: Noeses, 2019.

ROSS, Alf. *Direito e justiça.* Tradução de Edson Bini. São Paulo: Edipro, 2000.

SANTAELLA, Lucia. *Teoria geral dos signos.* Semiose e autogeração. São Paulo: Ática, 1995.

SANTI, Eurico Marcos Diniz de. Imunidade tributária como limite objetivo e as diferenças entre "livro" e "livro eletrônico". *In*: *Imunidade tributária do livro eletrônico.* São Paulo: IOB, 1998.

_____. *Prescrição e decadência no direito tributário.* São Paulo: Saraiva, 2011.

SANTOS, Ana Luiza Vieira; MESSIAS, Adriano Luiz Batista. Multas qualificadas devido a negócios jurídicos simulados em planejamento tributário. *Revista Jus Navigandi,* Teresina, ano 23, n. 5.522, 14 ago. 2018. Disponível em: https://jus.com.br/artigos/68294. Acesso em: 08 maio 2019.

SANTOS, Moacyr Amaral. *Primeiras linhas de direito processual civil:* adaptadas ao novo Código de Processo Civil. v. 1. São Paulo: Saraiva, 1985.

SAUSSURE, Ferdinand de. *Curso de linguística geral.* Tradução de Antônio Chelini, José Paulo Paes e Isidoro Blikstein. São Paulo: Cultrix, 1991.

SCAVINO, Dardo. *A filosofia atual:* pensar sem certezas. Tradução de Lucas Galvão de Britto. São Paulo: Noeses, 2014.

SCHLEIERMACHER, Friedrich. On the different methods of translation. *In*: WILLSON, A. Leslie. *German romantic criticism.* Continuum, 1982.

TARSKI, Alfred. Le concept de verité dans les languages formalisés. *In*: *Logique, sémantique, meta-mathématique*. t. premier. Paris: Armand Coliin, 1972.

TEUBNER, Gunther. *O direito como sistema autopoiético*. Tradução de José Engrácia Antunes. Lisboa: Fundação Calouste Gulbenkian, 1989.

_____. Dealing with paradoxes of law: Derrida, Luhmann, Wiethölter. *In*: PEREZ, Oren; TEUBNER, Gunther (org.). *On paradoxes and inconsistencies in law*. Oxford: Oxford, 2006.

TOMÉ, Fabiana Del Padre. *A prova no direito tributário*. 4ª ed. São Paulo: Noeses, 2016; 3ª ed., 2012; 1ª ed., 2005.

_____. *Contribuições para a seguridade social à luz da Constituição Federal*. 2ª ed. Curitiba: Juruá, 2014.

_____. O objeto do conhecimento científico e o paradoxo da interdisciplinaridade. *In*: (coord.) CARVALHO, Paulo de Barros Carvalho. *Constructivismo lógico-semântico*. v. II. São Paulo, 2018.

_____; FAVACHO, Fernando Gomes. O que significa pragmático para o constructivismo lógico-semântico: a tríade linguística "sintático, semântico e pragmático" utilizada por Lourival Vilanova e Paulo de Barros Carvalho na Teoria do Direito. *In*: *Quaestio Iuris*, v. 10, n. 01, Rio de Janeiro, 2017.

TORRES, Ricardo Lobo. *Curso de direito tributário e financeiro*. 7ª ed. Rio de Janeiro: Renovar, 2000.

VANONI, Ezio. *Natureza e interpretação das leis tributárias*. n. 47. Tradução de Rubens Gomes de Sousa. Rio de Janeiro: Padova, 1952.

VIEHWEG, Theodor. *Tópica e jurisprudência:* uma contribuição à investigação dos fundamentos jurídico-científicos. Tradução de Kelly Susane Alflen da Silva. Porto Alegre: Sergio Antonio Fabris, 2008.

VILANOVA, Lourival. *As estruturas lógicas e o sistema do direito positivo*. São Paulo: Noeses, 2005; 3ª ed., 2005; 4ª ed., 2010.

_____. *Causalidade e relação no direito.* 5ª ed. São Paulo: Noeses, 2015.

_____. *Escritos jurídicos e filosóficos.* v. I. São Paulo: Axis Mvndi/IBET, 2003.

_____. *Sobre o conceito de direito.* Recife: Imprensa Oficial, 1947.

_____. Notas para um ensaio sobre a cultura. *In:* VILANOVA, Lourival. *Escritos jurídicos e filosóficos.* v. II. São Paulo: Axis Mvndi/IBET, 2003.

VITA, Jonathan Barros. Classificação e cálculo de princípios. *In: Revista de Direito Tributário*, v. 104. São Paulo: Malheiros, 2009.

_____. *Teoria geral do direito:* direito internacional e direito tributário. São Paulo: Quartier Latin, 2011.

_____. Tributação, direito concorrencial e processo; as mudanças das circunstâncias de fato e de direito no campo da ação revisional do artigo 471 do CPC. *In:* CONRADO, Paulo Cesar (coord.). *Processo tributário analítico.* v. II. São Paulo: Noeses, 2013.

_____. As relações entre o direito tributário e os conceitos definidos pelo direito privado: (re)analisando a (i)legalidade do regime tributário de transição. *In:* SOUZA, Priscila de. (coord.). *VII Congresso nacional de estudos tributários:* direito tributário e os conceitos do direito privado. São Paulo: Noeses, 2010.

_____. *Teoria geral do direito:* direito internacional e direito tributário. São Paulo: Quartier Latin, 2011.

_____. Tributação, direito concorrencial e processo; as mudanças das circunstâncias de fato e de direito no campo da ação revisional do artigo 471 do CPC. *In*: CONRADO, Paulo Cesar (coord.). *Processo tributário analítico.* v. II. São Paulo: Noeses, 2013.

VOLLI, Ugo. *Manual de semiótica.* São Paulo: Loyola, 2007.

WARAT, Luis Alberto. *O direito e sua linguagem*. 2ª ed. Porto Alegre: Sergio Antonio Fabris, 1995.

WITTGENSTEIN, Ludwig. *Investigações filosóficas*. Tradução de José Carlos Bruni. São Paulo: Nova Cultural, 1989.

_____. *Tractatus logico-philosophicus*. São Paulo: Edusp, 2001.

WOLKART, Talita Pimenta Félix. Da infração à sanção tributária. *In*: SOUZA, Priscila de. (coord.). *VIII Congresso Nacional de Estudos Tributários:* derivação e positivação no direito tributário. São Paulo: Noeses, 2011.

Impressão e acabamento
psi7 psi7.com.br | book7 book7.com.br